Les brevets

OVNIS

Maîtrise de l'Espace-Temps

François et Paola Garijo

Les brevets OVNIS - Maîtrise de l'Espace Temps
© François Garijo et Paola Garijo 2022
Dépôt Légal mars 2022
N° ISBN : 979-10-97252-23-6
EAN : 9791097252236

Introduction
Et si les OVNIS venaient de notre futur ?

L'Univers est un algorithme quantique, car les lois quantiques sont universelles et tous les systèmes physiques, microscopiques obéissent aux mêmes fondamentaux. Selon la Théorie d'Everett[1], l'Univers se trouve ramifié en une superposition d'un nombre prodigieusement grand voire infini de mondes séparés voire contenus les uns dans les autres. La physique quantique témoigne de cette possibilité.

Si la gravité peut affecter le temps et que la lumière peut créer la gravité, alors la lumière peut affecter le temps.

John Preskill, professeur au California Institute of Technology défend sa théorie :

« L'espace-temps détient un code correcteur d'erreurs quantiques.»

John Preskill a construit une incroyable image de l'espace-temps sur les travaux antérieurs d'Almeheiri et de Polchinski :

Un mystérieux code quantique que notre Univers utilisé pour créer la réalité physique.

La recherche en physique quantique, l'espace-temps et les OVNIS, des organisations travaillent dessus, les scientifiques témoignent, font des divulgations inédites sur des instituts Top Secret en activité.

La vérité dépasse la fiction.

Le déplacement supraluminique et la modification de l'espace-temps sont à l'étude, des budgets immenses sont crédités.

---

[1]Apparition d'une multiplicité de mondes classiques relatifs aux observateurs, qui ont des destinées multiples, dans un unique Univers quantique, décrit par une unique solution de l'équation de Schrödinger : la fonction d'onde universelle.

Un espace-temps exprimé sous la forme d'un code de correction d'erreur quantique, dont la signification est plus profonde que nous ne l'imaginons. L'Univers entier dispose d'un encodage quantique géant qui crée les galaxies et la vie à l'aide d'algorithmes quantiques non seulement reproductibles mais aussi autoréparables. Si la gravité peut affecter le temps et que la lumière peut créer la gravité, alors la lumière peut affecter le temps. Un faisceau de lumière en circulation provoque en fait une torsion de l'espace vide selon les expérimentations de Ronald Mallett, professeur émérite de physique à l'Université du Connecticut.

L'espace et le temps sont liés dans la théorie d'Einstein.

« Imaginez que vous ayez un morceau de papier et que vous dessiniez une ligne droite dessus. Imaginez que vous mettiez le passé au milieu du papier, le présent en haut de la ligne et ensuite au point opposé le futur. Maintenant, je pourrais tordre l'espace de cette ligne en une boucle et me déplacer le long de cette courbe jusqu'au présent, continuer le long de cette courbe vers le futur. Ainsi, en tordant l'espace, je peux tordre les liens en boucle. Et cette boucle dans le temps peut me permettre de reprendre le chemin. Le faisceau de lumière laser en circulation pourrait en fait provoquer une torsion de l'espace à cet endroit et donc une torsion du temps », déclare Mallet le 26 mai 2021 à Maurizio Di Paolo Emilio[2] pour EE Times Europe.

Ces phénomènes inexpliqués que l'on décrit sous le terme d'OVNIS sont-ils des engins pilotés par des humains venus du futur avec des machines à voyager dans l'espace et le temps ?

<u>Et si les extraterrestres étaient simplement : NOUS ?</u>

[2]Maurizio Di Paolo Emilio est titulaire d'un doctorat en physique, il a travaillé sur divers projets internationaux dans le domaine de la recherche sur les ondes gravitationnelles avec des systèmes de compensation thermique, des microfaisceaux de rayons X et des technologies spatiales pour les communications et le contrôle moteur

L'astrophysicien Jean-Pierre Luminet décrypte dans : « L'écume de l'espace-temps » les nouvelles tentatives d'unification des lois de la physique.

Einstein révèle la manifestation de la courbure de l'espace-temps. L'espace n'est plus un cadre rigide, avec à l'intérieur des forces qui relient les objets, mais un milieu cosmologique élastique déformé par la masse des objets, et des planètes comme un tout relié depuis le big-bang. Le mouvement des objets et des astres est intrinsèquement inséré dans des courbures de l'espace-temps, dans une équation ultime, en 1968, Gabriele Veneziano trouve une formule mathématique pour décrire un tel processus.

Plus on va à très grande vitesse dans l'espace au-delà de celle de la lumière, plus le temps ralentit, cependant, une gravité même plus faible peut accélérer le temps. Selon Einstein l'espace-temps ressemble donc à un papier de caoutchouc, cette feuille comporte des déformations dans l'espace mais aussi dans l'espace-temps.

Plus la vitesse d'un objet en mouvement augmente, plus le temps ralentit, pour qu'une masse quelconque atteigne la vitesse de la lumière, et que le temps s'arrête pour elle à cet instant, il faudrait une énergie infinie.

Mais selon la théorie des cordes l'espace semble tridimensionnel, serait non pas constitué de 4 dimensions d'espace-temps (3 d'espace et 1 de temps), mais de 10, 11, ou même 26 dimensions. Ce sont des sortes de couloirs traversables pour voyager entre les étoiles en dehors du temps par effet tunnel entre des Univers distants ou parallèles.

Michael Masters, professeur d'anthropologie biologique à l'Université Technologique du Montana pense que l'explication la plus simple, est qu'il s'agit de notre descendance venant de notre futur :

Les histoires d'enlèvements sont principalement de nature scientifique, a déclaré Masters[3]. Ce sont probablement de futurs anthropologues, historiens, qui reviennent pour obtenir des informations d'une manière que nous ne n'avons pas actuellement sans accès à cette technologie[4].

Il jette un regard neuf sur cette perspective, en proposant quelques propositions qui suscitent la réflexion. C'est en tout cas une théorie à prendre en compte, il a reçu de nombreuses distinctions par le passé, notamment prix de mérite par la Montana Tech et prix d'excellence par la faculté Rose et Anna Busch. Eric W. Dawis, astrophysicien ayant travaillé pour le programme OVNI du Pentagone déclara au cours d'une de ses conférences confidentielles Top Secret, auprès d'une agence du ministère de la défense qu'il ne cite pas, que des récupérations d'objets extraterrestres confirment après étude qu'ils n'ont pas été fabriqués sur terre.

Selon le New York Times à ce sujet : il n'a pas été permis de déterminer la source de ce matériel exogène ce qui a conduit Davis à diagnostiquer que nous ne pouvions pas les avoir fabriqués nous-mêmes. Davis travailla pour le gouvernement, puis pour Aerospace Corp, sous-traitant pour le Ministère de la Défense fut est également membre du National Institute for Discovery Sciences (NIDS) de Robert Bigelow. Selon Victor Marchetti ancien directeur adjoint de la CIA :

« Nous avons en effet été contactés, peut être même visités, par des êtres extraterrestres et le gouvernement américain, en collusion avec les autres puissances nationales de la Terre est déterminé à garder cette information cachée du grand public[5]. »

---

[3]Space.com

[4]« Identified Flying Objects: A Multidisciplinaire Scientific Approach to the UFO Phenomenon » (Masters Creative LLC, 2019).

[5]Second Look, Vol 1, n°7 Washington DC, mai 1979.

Victor Marchetti, coauteur du best-seller : « La CIA et le culte du renseignement (1974) », pense que le gouvernement américain entretient des contacts secrets avec des extraterrestres. Il fonde ses soupçons par des conversations avec des collègues, mais admet qu'il ne peut pas le prouver, il se base sur des histoires qu'il a entendues de sources sures alors qu'il travaillait à des niveaux élevés de la CIA.

Ces récits alléguaient que la National Security Agency (NSA), qui collecte des renseignements électroniques, et a reçu des signaux étranges, selon des sources de renseignement : d'origine extraterrestre.

Marchetti n'a rien pu apprendre sur le contenu de ces communications, qui avaient un niveau de secret qui était extraordinaire même selon les normes de la NSA super secrète, lui-même directeur de la CIA n'y eut pas accès.

Dans les années 1980, les ufologues enquêteurs William Moore et Jaime Shandera ont entendu des histoires comparables en provenance de sources de renseignement de l'Air Force qui ne souhaitent pas divulguer leur nom.

Malgré cela, d'après Roscoe Hillenskoetter, ancien directeur de la CIA, une campagne délibérée pour décrédibiliser, ridiculiser les ufologues et le sujet afin de conserver la confidentialité sur les OVNIS fut menée depuis de nombreuses années.

L'objectif de démystification entraînerait une réduction de l'intérêt du public pour les soucoupes volantes.

L'ancien directeur du renseignement national John Ratcliffe s'est entretenu avec Maria Bartiromo de FOX News, affirmant qu'il y a beaucoup plus d'observations, que le public n'en a conscience.

Le directeur du renseignement national a déclaré que le rapport sur les OVNIS du Pentagone révèle que nous n'avons pas cette technologie sur Terre[6].

Ratcliffe avance qu'il y a eu des objets observés par des avions et des satellites militaires américains, ces inconnus ont réalisé des formes de vol qui seraient normalement impossibles avec n'importe quelle technologie humaine connue.

Fox News confirme les déclarations de l'astrophysicien et ancien consultant pour le programme OVNI depuis 2007, Eric W. Davis, avait réitéré ses déclarations au New York Times en juillet 2020 : Il avait donné un briefing classifié à l'Agence du Département de la Défense en mars 2020 concernant les véhicules hors-monde non fabriqués sur ce Terre. affirmant de la récupération de matériaux d'origine indéterminée, en disant qu nous ne pouvions pas les faire nous-mêmes.

Outre ces preuves selon lui, en étudiant les témoignages recueillis durant ces dernières décennies, il a été frappé par la cohérence des descriptions faites par les personnes prétendant avoir été en lien direct ou indirect avec ces objets volants non identifiés, mais également avec la description des occupants dans les vaisseaux OVNIS.

Une constante pour le moins étonnante attestée par les témoins directs d'OVNIS, nous amène à une évidence frappante. Ils font généralement tous la même description, ceci nous porte à prendre en considération que les extra-terrestres venus d'ailleurs sont des êtres bipèdes aux caractéristiques précises, capables de marcher debout, possédant souvent cinq doigts à chaque main, ont une symétrie bilatérale similaire à la nôtre, respirent notre atmosphère.

Ils nous ressemblent étrangement.

---

[6]Publié le 24 mars 2021.

Les témoins en question décrivent un humain évolué après des centaines d'années voire des milliers, très compatible avec nous mêmes.

Il est évidemment peu probable que nous en restions au niveau actuel de notre évolution et si notre espèce parvient à survivre et s'améliorer, elle tendra vers une peau glabre, une réduction des lobules de l'auricule, de plus en raison des voyages sur de grandes distances et durées hots apesnateur, l'homme mutera, perdra de sa musculature, diminuera en taille, la peau s'éclaircira puisque ne servant plus de barrière aux ultra-violets du soleil. Si une forme de vie intelligente apparait sur une autre planète, elle ne devrait pas nous ressembler puisque nous sommes le fruit de notre propre évolution terrestre, conditionnée par notre environnement. Mais il se peut que l'ADN soit aussi une création issue d'une source intelligente et raisonnée présente simultanément dans tous l'Univers.

La probabilité de jumélitude s'oppose à toutes les lois de l'évolution de la vie humaine sur terre telle que nous la concevons.

La complexité de l'ADN rend l'apparition spontanée et hasardeuse de cette molécule hautement improbable, la synthèse naturelle carbones est très complexe ce qui pose des problèmes pour expliquer comment ces molécules ont pu apparaître spontanément et interagir pour donner la vie et l'intelligence.

Le cycle de la vie terrestre est basé sur le carbone, pour nos scientifiques, hors du carbone point de vie.

Mais alors, rencontrer une forme de vie similaire aux humains, ne serait-ce qu'imaginer qu'elle puisse apparaître spontanément à l'identique sur une planète réunissant des conditions différentes relève selon eux de l'impossible.

Le nombre total d'espèces ayant vécu à un moment sur la Terre serait de l'ordre du milliard, pour parvenir à un corps humanoïde ressemblant au notre, une évolution qui avoisinerait les 130 millions d'années serait-nécessaire ?

Pouvons-nous le concevoir ?

Il faudrait parvenir à réunir une scrupuleuse concordance à la fois biologique, géophysique et climatique, bénéficiant d'une exposition adéquate aux rayons d'un astre comme le soleil, ainsi qu'une évolution cellulaire précise, un ratio oxygène azote adéquat.

Depuis l'apparition de la vie, voici trois milliards d'années, les formes de vie ont évolué pour donner la biodiversité actuelle, notre évolution, fut ponctuée par des changements climatiques et des adaptations biologiques en conséquence.

La théorie raisonnée la plus plausible est que les OVNIS ne viennent pas d'une autre planète en réalité d'un autre temps, mais d'un futur qui est le nôtre, le déplacement au travers d'une vitesse supérieure à celle de la lumière franchit la temporalité, les OVNIS sont venus étudier leur passé.

Michael P. Masters, développe une théorie personnelle pour tenter d'expliquer les concordances simples basées sur l'évolution humanoïde dans l'Univers et la probabilité d'apparition spontanée de ce type de vie dans plusieurs galaxies aux caractéristiques distinctes. Cette thèse, figure dans son livre :

« Identified Flying Objects », résultat de son travail à la Montana Technological University.

Selon lui : « il existe des théories concernant les OVNIS que nous pouvons explorer et prouver par des moyens scientifiques. »

Les OVNIS : « Sont-ils nos descendants venus du futur après que nous ayons découvert la technologie du voyage dans le temps, et un cycle d'évolution au travers de plusieurs siècles voire millénaires ? »

Cette supposition s'articule en effet sur des prospectives concernant l'évolution du corps humain et le développement technologique probable durant les millénaires à venir ce qui n'entre pas en contradiction avec la science actuelle. Selon Michael P. Masters :

« Si nous continuons d'évoluer de la même manière que nous l'avons fait au cours des six à sept derniers millions d'années depuis que nous avons commencé à marcher debout, notre neurocrâne va continuer à augmenter en taille et à devenir plus arrondi. Si cela se confirme, nous ressemblerons probablement beaucoup à ce qui est couramment décrit dans les rapports d'OVNIS. »… « Ces êtres que l'on dit extraterrestres sont peut-être juste des humains du futur venus pour étudier leur passé. D'autant qu'il est très probable que nous développerons la capacité de voyager dans le temps. Il n'y a rien dans les lois de la physique qui dit que c'est impossible. »

Si les extraterrestres ont parcouru tout ce chemin à travers l'espace, pourquoi ne pas se présenter à nous après un si long voyage ?

Avec le voyage dans le temps, les problèmes qui pourraient découler d'un voyage dans le passé, serait l'interaction avec le cycle de l'histoire risquant de le modifier voire compromettre l'existence future.

Dans ce contexte, jusqu'aux derniers jours avant sa mort, en 1955, Einstein poursuivit la théorisation d'une géométrie de l'espace-temps plus complexe que celle de sa relativité générale restant persuadé e cette possibilité.

La théorie des cordes qui prit naissance dans les travaux de Gabriele Veneziano en 1968 ainsi qu'Eugenio Calabi et Shing-Tung Yau, sur les dimensions spatiales supplémentaires courbées sur elles-mêmes, décrites par des formes géométriques que l'on appelle des espaces de Calabi-Yau[7] (Une variété de Calabi-Yau est un espace topologique très compact, dont la taille est trop petite pour être observée directement. cest un objet en six dimensions réelles x_1, x_2, x_3, y_1, y_2, y_3)

Ces formes d'Univers Parallèles sont tellement exponentielles qu'elles autorisent au moins 100^{500} Univers possibles, ce qui conduit à la notion de multi Univers dont le nôtre ne serait qu'une insignifiante partie.

Au milieu des années 1990 la théorie des super cordes était contenue dans une théorie plus vaste possédant onze dimensions d'espace-temps (10 d'espace plus une de temps).

Ces Univers existeraient, et même cohabiteraient et interagiraient dans une évolution qui pourrait d'ailleurs être accélérée par une évolution plus rapide que la nôtre, une temporalité propre que nous imaginons à peine possible à l'heure actuelle, dont le voyage dans le temps en fait peut-être partie.

Dans l'ouvrage : Petite introduction à la théorie des cordes, Steven Gubser, professeur de physique à l'Université de Princeton confirme que c'est un mystère :

« Ses adeptes, dont je suis, conviennent qu'ils ne la comprennent pas. »

---

[7] La taille d'une variété de Calabi-Yau vaut la longueur de Planck, soit 10^{-33}cm…). C'est une forme extrêmement complexe constituée à elle seule de 6 dimensions. Grâce à elles, on se retrouve bien avec dix dimensions : nos quatre dimensions habituelles (trois d'espace et une de temps) + les six des espaces de Calabi-Yau. À partir de la dimension complexe 3 (dimension réelle 6) le nombre de Calabi-Yau devient infini.

La taille d'une corde serait de l'ordre de 10^{-34} mètre. Elles ne peuvent s'exprimer, disent les équations, que dans un Univers comptant, au minimum, 6 dimensions spatiales supplémentaires par rapport aux trois que nous connaissons.

Ce qui porte à 10 le nombre de dimensions du monde des cordes.

Certains physiciens en ajoutent une, ce qui mène à 11, mais ce nombre ne se limite pas on peut aller jusqu'à 26 dimensions supplémentaires.

Existe-t-il un Univers parallèle au nôtre où tout serait inversé, dans lequel les particules voyageraient à l'envers non pas dans l'espace mais dans le temps. Peter Gorham et son équipe sous l'égide de la NASA, ont au cours de l'opération Antarctic Impulsive, capturé signaux d'un monde parallèle ce qui a cette heure reste pour eux la seule explication scientifique, un ou des Univers parallèles au nôtre, apparus eux aussi lors du big-bang, mais où tout serait inversé : le cours du temps, la gauche et la droite, le haut et le bas, le voyage dans le temps. Et si Stephen Hawking avait vu juste ?

L'astrophysicien britannique, disparu en mars 2018, a longtemps cherché à démontrer l'existence d'un Univers parallèle. Selon lui et d'autres physiciens, 1 % des neutrons seraient capables de passer d'une dimension à l'autre avant de devenir proton.

Les scientifiques d'Oak Ridge utilisèrent le réacteur nucléaire du laboratoire national, capable de produire plusieurs milliards de neutrons dans une expérience.

La physicienne Leah Broussard expéde un faisceau de neutrons contre un mur imperméable, de l'autre côté, un détecteur de neutrons détectea l'improbable, quelque chose à traversé.

Le résultat de ces essais et d'autres depuis 2019 ont abouti, les détecteurs ont décelé la présence de particules ayant franchi l'obstacle. C'est une expérience, réalisée pour la première fois en 1990, a surpris la communauté scientifique, 1 % de l'ensemble des neutrons d'un faisceau de particules subatomiques peut ainsi passer dans une autre dimension avant de se transformer en proton et revenir après rematérialisation comme par magie.

Cela nous permer de valider la théorie de mondes et planètes miroirs qui ensemble, forment un Univers invisible multiple aussi réel et vivant que le nôtre, cette maitrise du déplacement subatomique franchit les limites temporelles telles que nous les envisageons aujourd'hui :

Le voyage entre le futur et son passé, les obstacles, les distances.

Guy Tarade dans son livre publié en 1969 aux éditions J'ai Lu : « Soucoupes Volantes et Civilisations d'Outre Espace », rapportait au chapitre 6 que le temps s'étire puis se contracte et ne devient en définitive pour nous, qu'un phénomène de perspective ; une dimension dans laquelle nous apprendrons un jour à circuler. Dans l'ouvrage de Vincent Gaddis publié aux éditions France empire : « Les Vrais Mystères de la Mer», l'auteur aborde le problème des Soucoupes Volantes, une observation fut rapportée dans le « Coronet » d'Avril 1943, les faits remontaient début de 1940, un certain lieutenant Grayson effectuait une patrouille de nuit près de Douvres, quand il aperçut un avion à la silhouette inconnue. Il le prit en chasse sans pouvoir le rattraper, finalement, il le vit distinctement sous un rayon de lune. C'était un biplan, ses ailes portaient la croix de fer, symbole de l'Allemagne Impériale de 1918. Sur le fuselage était peint l'insigne du Baron Manfred Von Richtofen, l'as de l'aviation allemande abattu à la fin de la première guerre mondiale.

S'agissait-il d'une déformation de l'espace-temps ?

Nul ne le sut.

Le capitaine Cherouin, un français fut un des premiers à supposer que les OVNIS pourraient ne pas venir de l'Espace, mais du Temps, de notre futur[8].

Je pense que l'être humain à le droit de ne pas se placer de limites à son imagination il a le droit de conserver une totale liberté de penser, sans se fixer de restrictions pour que toutes les théories fussent-t-elles même les plus improbables soient permises et le fassen évoluer.

En 1900, pas de fusées sur la lune, satellites autour de la terre, téléphones portables, montres bracelet, ordinateurs, avions supersoniques, télévision couleur, GPS, tissus synthétiques, transplantation d'organes, appareils ménagers robotisés, train à grande vitesse, voiture à hydrogène….la liste est sans fin.

Tout cela leur était inconnu et impossible.

Toute personne affirmant le contraire ne pouvait être qu'un fou.

Cent ans plus tard ces avancées font partie de notre quotidien.

Les capacités du cerveau humain semblent illimitées et très peu exploitées, ce qui ne fut qu'un rêve devint un jour réalité dans tellement de domaines.

Les OVNIS sont-ils la découverte d'autres formes d'intelligence dans l'Univers, ou bien l'ultime création de notre subconscient collectif moderne, ou bien encore la théorie que l'on se refuse d'admettre, nos descendants du futur ?

----

[8]Soucoupes Volantes et Civilisations d'Outre Espace de Guy Terade p 85.

Carl Gustav Jung médecin psychiatre suisse publie la fin de sa vie en 1958 : « Un mythe moderne », sous-titré « Des signes du ciel », le phénomène OVNI est pour lui devenu sociétal, la réalité physique dans le sens le plus large, est le fruit de la fonction imaginaire inconsciente collective et individuelle.

Il s'est trompé et à placé son niveau de coompréhension du phénomène à la hauteur de ce que son intelligence lui permettait de comprendre. Nier un fait ne le fera jamais disparaitre.

Selon Jung il y eut un avant et un après la venue des OVNIS dans notre réalité du monde post moderniste :

« L'inconscient nous donne une chance, par ses communications et par les allusions imagées qu'il nous offre. Il est aussi capable de nous communiquer ce qu'en toute logique, nous ne pouvons savoir », sortes de phénomènes réels, mystifications, hallucinations collectives ?

C'est bien là que se cache l'objet du débat.

Les scientifiques disent que les OVNIS n'existent pas, alors que les preuves nous submergent.

The Hynek UFO Report par J.Allen Hynek :

« J'avais commencé comme simple démystificateur, prenant une grande joie à résoudre ce qui semblait au début être des cas déroutants. J'étais l'ennemi juré de ces groupes et passionnés de soucoupes volantes qui voulaient très sincèrement que les OVNIS soient interplanétaires. Ma propre connaissance de ces groupes est venue presque entièrement de ce que j'ai entendu du personnel du projet Blue Book: ils étaient tous des cinglés et des visionnaires.

Ma transformation a été progressive, mais à la fin des années soixante, elle était complète.

Aujourd'hui, je ne passerais pas un moment de plus sur le sujet des OVNIS si je ne sentais pas sérieusement que le phénomène OVNI est réel et que les efforts pour enquêter et le comprendre, et finalement pour le résoudre, pourraient avoir un effet profond, peut-être même être le tremplin vers la vision de l'humanité sur l'Univers.» Selon une fiche d'information de l'US Air Force, un total de 12 618 observations ont été signalées au Projet Blue Book parmi ceux-ci, 701 sont restés « non identifiés » :

«J'avais à peine entendu parler des ovnis en 1948 et, comme tous les autres scientifiques que je connaissais, je supposais qu'ils n'avaient pas de sens», se souvient-il dans ses mémoires, par la suite selon : The Close Encounters Man[9] l'astrophysicien debunker du gouvernement est devenu le défenseur le plus expert du phénomène OVNI que l'histoire ait connu.

Les extraterrestres peuvent survenir et disparaitre en un clignement de cils, lorsqu'ils sont sous forme physique ils semblent respirer le même air que nous dans sa composition terrestre. Cela signifie qu'ils sont humains par leur conception. Il est inimaginable que des êtres vivant dans des planètes radicalement distinctes de la nôtre puissent avoir évolué avec les mêmes caractéristiques et pourcentages d'oxygène, d'azote et de gaz rares tout en mutant physiquement dans une apparence morphologique similaire à celle des terriens ou très approximative.

La forme humanoïde aurait prédominé sur toute autre sur toutes les planètes de l'Univers cosmique.

~~Selon Jacques Vallée :~~

[9] The Close Encounters Man: How One Man Made the World Believe in UFOs

Day Street Books, 2017, de Marc O'Connell.

« Les OVNIS pourraient venir par des fenêtres ouvertes depuis d'autres dimensions, et des êtres dont nous n'avons pas encore découvert et compris les intentions viendraient dans la nôtre. Un système inconnu de nous façonne, contrôle et analyse l'existence humaine depuis la nuit des temps, une sorte d'interface entre la réalité et ce que la conscience humaine perçoit. »

Il précise :

« Le temps, l'espace et toutes les autres dimensions qui pourraient exister agissent comme une sorte de base de données informatique cosmique.

Dans le monde réel l'information et l'énergie sont en fait la même quantité physique. Mais dans un Univers constitué d'évènements informationnels, vous devez vous attendre à des coïncidences, à la télépathie, à des voyages dans le temps, à des réalités multiples, toutes ces choses qui semblent impossibles dans l'Univers énergétique en quatre dimensions. »

Le phénomène OVNI manipule et utilise l'espace et le temps.

Nous ne comprenons pas encore comment mails il pourrait voyager de façon intemporelle et multidimensionnelle.

L'idée fait son chemin, un livre : « Identified Flying Objects: A Multidisciplinaire Scientific Approach to the UFO Phenomenon » (Masters Creative LLC, 2019), jette un regard documenté sur cette perspective, qui est adéquation avec la réalité que nous observons, proposant même quelques perspectives qui suscitent la réflexion.

Certains visiteurs   venant d'autres mondes et Univers dimensionnels coexistent avec le nôtre avec la capacité consciente ou accidentelle d'entrer dans le notre dans une réalité et un contexte de vie beaucoup plus large et varié que celui dans lequel nous avons cadré les limites de ce que nous acceptons comme concevable.

Et si les OVNIS étaient des hommes venus du futur ?

Ces phénomènes inexpliqués que l'on décrit sous le terme d'OVNIS sont-ils des engins pilotés par des humains venus du futur avec des machines à voyager dans l'espace et le temps ?

Si les OVNIS viennent d'un autre monde, comment ont-ils traversé les gouffres de l'espace ?

Jacques Vallée propose :

« Le phénomène OVNI existe depuis toujours. Il est de nature physique et reste inexpliqué en termes de science contemporaine. Il représente un niveau de conscience que nous n'avons pas encore compris et qui semble capable de manipuler les dimensions au-delà du temps et de l'espace tels que nous le comprenons. J'avoue que je serais déçu si on apprenait un jour que les OVNIS s'avèrent n'être rien de plus que des vaisseaux spatiaux. »

L'astrophysicien Jean-Pierre Luminet décrypte dans : « L'écume de l'espace-temps », les nouvelles tentatives d'unification des lois de la physique.

Einstein révèle la manifestation de la courbure de l'espace-temps que l'espace n'est plus un cadre rigide, avec à l'intérieur des forces qui relient les objets, mais un milieu cosmologique élastique déformé par la masse des objets, et les planètes comme un tout relié depuis le big-bang, sorte de bande élastique en caoutchouc.

Ce mouvement des objets et des astres est intrinsèquement inséré dans des courbures de l'espace-temps, dans une équation quantique valide. Patrick Bet-David dans un entretien sur youtube avec Michio Kaku professeur de physique théorique au City College de New York et au CUNY Graduate Center parlent de cet univers, de Dieu et de cette multiplicité interdimmensionnelle de l'espace-temps[10].

En augmentant dans l'espace au-delà de celle de la lumière la vitesse, s'accompagne du ralentissement du temps, cependant, une gravité même plus faible accélére aussi le temps.

Selon Einstein l'espace-temps ressemble à un papier de caoutchouc, cette feuille comporte des déformations dans l'espace mais aussi dans l'espace-temps.

Le modèle de Jean Pierre Petit « Janus » offre une autre théorie alternative cohérente.

Le physicien Jean-Pierre Petit, part de l'équation de champs d'Einstein pour la transformer en un système où, les masses positives et les masses négatives courbent toutes les deux l'espace-temps, dans un monde négatif et jumeau au nôtre, des aéronefs n'auraient pas de propulseur.

Le simple fait leur masse inversée les projetterait dans l'espace à une vitesse beaucoup plus élevée les 300 000 km/s de la lumière.

Dès les années 1960, Andreï Sakharov proposé un modèle d'Univers double dit jumeaux, le premier est le nôtre, le second est son jumeau, un double inversé, dans ce modèle, les deux Univers sont disjoints et symétriques (énantiomorphes) et le temps s'écoule à l'envers dans le second par rapport au premier.

---

[10] https://www.youtube.com/watch?v=DXtpibqvFfE

Univers parallèle d'antimatière relié au nôtre, qui expliquerait l'énigme de la matière sombre. On retrouve la thèse de deux Univers dotés de flèches du temps opposées dans un ouvrage aux éditions Odile Jacob, intitulé : « L'Ecume de l'Espace-Temps ».

Si dans les années 1960, Andreï Sakharov propos un modèle d'Univers double dit jumeaux, le premier le notre et le second inversé en partant à rebrousse temps (rétrochrone) à partir de la fameuse singularité ou Instant zéro, il n'a pas envisagé que ces deux Univers pourraient n'en former qu'un seul à cause de ce problème de temps inversé, ce point fut alors résolu par le mathématicien français Jean Marie Souriau. Deux mondes cohabitent en un seul. Selon la théorie des cordes, l'espace semble tridimensionnel, serait non pas constitué de 4 dimensions d'espace-temps (3 d'espace et 1 de temps), mais de 10, 11, ou même 26 dimensions. Avec des sortes de couloirs traversables pour voyager entre les étoiles en dehors du temps par effet tunnel entre des Univers distants ou parallèles.

Revenons sur l''enseignant Michael P. Masters titulaire d'un doctorat en anthropologie, les OVNIS pourraient en réalité être des machines à voyager dans le temps venues du futur voyageant au travers de ces courbures de temps, des cordes reliées entre-elles.

Selon J.Petit, A. Sakharov et Jean Marie Souriau, le voyage se ferait entre les Univers jumeaux avec une particularité spatiio-temporelle allant du futur au passé puisque les deux mondes sont inversés.

En étudiant les témoignages recueillis durant ces dernières décennies, P. Masters a ainsi été frappé par la cohérence des descriptions faites par les personnes prétendant avoir été en lien direct ou indirect avec ces objets volants non identifiés, mais également avec les occupants des vaisseaux OVNIS.

Les témoins en question décrivent un humain ayant sans doute évolué après des centaines d'années voire des milliers.

La théorie raisonnée la plus plausible est que les OVNIS ne viennent pas d'une autre planète ces objets sont en réalité d'un autre temps, du futur, car le déplacement au travers d'une vitesse supérieure à celle de la lumière permettant de franchir les barrières du temps.

Les OVNIS sont venus étudier leur passé.

Ces phénomènes inexpliqués que l'on décrit sous le terme d'OVNIS sont-ils des engins pilotés par des humains venus du futur ?

Michael P. Masters développé une théorie personnelle pour expliquer les concordances et la probabilité d'apparition spontanée de notre type de vie dans plusieurs galaxies aux caractéristiques distinctes.

Cette thèse, l'enseignant la développe dans son livre, intitulé : « Identified Flying Objects », qu'il a rédigé pendant son travail à la Montana Technological University[11].

Dans ce contexte théorique, jusqu'aux derniers jours avant sa mort, en 1955, Einstein lui aussi, poursuivit la théorisation d'une géométrie de l'espace-temps plus complexe que celle de sa relativité générale.

Les formes de ces espaces parallèles potentiels sont tellement exponentielles, qu'elles autorisent au moins 100^{500} Univers possibles, formulations connues par les travaux de Gabriele Veneziano en 1968, l'espace-temps de la théorie des cordes. G. Veneziano comprend dix dimensions, neuf d'espace et une de temps.

La courbure de l'espace et du temps dans des chemins qui sont reliés, schématiquement appelés des cordes.

---

[11]https://www.ktvh.com/news/2019/03/25/mt-tech-professor-claims-ufos-are-time-machines-from-future/

Ces Univers existent peut-être, et même cohabitent et interagissent, une évolution différente pourrait d'ailleurs être envisagée, une évolution plus rapide que la nôtre, une temporalité propre que nous imaginons à peine possible à l'heure actuelle.

Le voyage dans le temps fait peut-être partie, de cette hypothèse globale.

Le nombre de dmensions est plus grand que nous pouvons le penser.

La taille d'une corde serait de l'ordre de 10^{-34} mètre. Les cordes ne peuvent s'exprimer, selon les équations, que dans un Univers comptant, au minimum, 6 dimensions spatiales supplémentaires par rapport aux 3 que nous connaissons.
Ce qui porte à 10 le nombre de dimensions du monde des cordes. Certains physiciens en ajoutent une, ce qui mène à 11, mais ce nombre ne se limite pas, on pourrait aller jusqu'à 26 dimensions supplémentaires.

C'est la courbure de l'espace-temps dans une boucle fermée.

Kaluza et Klein ont introduit le concept de cinquième dimension au début du XXe, la cinquième dimension possède un rayon de courbure si petit qu'elle est enroulée sur elle-même, formant un minuscule cercle impossible à observer, même avec les plus puissants accélérateurs de particules.

Existe-t-il un Univers parallèle au nôtre où tout serait inversé, dans lequel les particules voyageraient à l'envers non pas dans l'espace mais dans le temps ?

Peter Gorham et son équipe sous l'égide de la NASA, ont au cours de l'opération Antarctic Impulsive, capturé signaux d'un monde parallèle ce qui a cette heure reste pour eux la seule explication scientifique, un ou des Univers parallèles au nôtre, apparus eux aussi lors du big-bang, mais où tout serait inversé : le cours du temps, la gauche et la droite, le haut et le bas, le voyage dans le temps révélé.

La courbure de l'espace-temps dans l'Univers pour plier le temps de sorte à former en cercle temporel, est une boucle entre le passé et le futur.

Un voyageur peut avancer dans le futur et revenir en arrière dans le passé, théorie articulée par Ben Tippet, mathématicien et physicien de l'Université canadienne British Colombia, dans sa publication : Classical and Quantum Gravity. C'est mathématiquement faisable, mais en pratique nous ne savons pas encore le faire. C'est la théorie qui remplace la force de gravitation par la dynamique de l'espace-temps. L'espace et le temps sont tordus, inversés, et la science répond par l'affirmative.

La navigation ou le voyage par distorsion est possible au travers d'un trou de ver, des espaces multi connexes sont reliés, selon la théorie de l'espace courbe d'Einstein, en entrant au centre d'un entonnoir en rotation, on ressort du trou noir dans un autre Univers en s'affranchissant des contraintes de durée et de distance pour y parvenir.

La configuration de l'Univers est composée d'un ou plusieurs couloirs reliés entre eux par des passages ouverts, sorte de tunnels élastiques qui s'affranchissent du temps et des distances.

Ce tunnel ou pont entre deux Univers porte le nom de Pont d'Einstein-Rosen. En 1963 le mathématicien Roy Kerr démontre que la rotation du trou noir permet en son centre de ne pas subir les effets destructeurs des anneaux de neutrons en rotation sur sa périphérie.

Depuis lors, les physiciens ont découvert des centaines de configurations de trous de vers, nous reliant à des Univers Parallèles sur dix dimensions au moins, mais ce nombre pourrait être infini.

Un trou de ver reliant deux régions distantes de l'espace, connecte également deux périodes temporelles différentes, la théorie du voyage dans le temps est désormais établie.

En 1949 le mathématicien Kurt Godel, collègue d'Einstein à l'Institute for Advanced Study de Princeton démontra que si l'Univers est rempli d'un fluide ou d'un gaz en rotation, alors quiconque entre dans un tel Univers, pourrait revenir au point originel, mais avec un décalage arrière dans le temps.

Il reviendrait au même point mais dans le passé.

Michio Kaku, titulaire de la chaire de physique théorique au City Collège de New York, soutient[12] que la solution de tous ces paradoxes pourrait en définitive reposer sur la théorie quantique.

Dès 1919, le mathématicien Theodore Kaluza incorpora une cinquième dimension à la théorie à quatre dimensions de la gravitation d'Einstein. Cette cinquième dimension invisible reproduit les propriétés de la lumière dispose de sa propre dimension d'espace-temps.

A l'instant de la création de l'Univers avant le big bang, l'Univers était un concentré multi infinitésimal en dix dimensions, la théorie quantique on considère l'électron comme existant en plusieurs états d'énergie dans le même temps.

L'électron est libre d'évoluer entre différentes orbités ou états d'énergie, il existe donc simultanément en plusieurs états parallèles, ceci prouve la cohabitation de différents Univers en plusieurs états quantiques parallèles simultanés.

Un multi Univers cosmique[13], l'Univers infiniment petit et concentre s'est dilaté en une expansion constante après le big bang, conservant la mémoire de sa condition initiale au cours de quinze milliards d'expansion continue.

---

[12]Visions, Albin Michel, 1999

[13] https://www.pourlascience.fr/sd/cosmologie/le-multivers-quantique-9811.php

Le cosmologiste Stephen Hawking avance que notre monde terrestre est pour nous le plus probable et le plus stable de tous les Univers infinis qui coexistent dans distinctes dimensions.

Sa théorie en vaut une autre, c'est son opinion personnelle, mais tant que nous n'avons pas visité les autres mondes nous ne pouvons affirmer lequel est plus stable que les autres.

En fait chaque Univers dispose de sa propre évolution et nous sommes interconnectes entre tous au travers d'un réseau infini de trous de vers, une telle interprétation démontre que ce que l'on considère comme des OVNIS serait en fait, tout un ensemble de visiteurs d'autres dimensions et temporalités, ils peuvent venir de leur futur ou du notre par un couloir dans le temps de notre futur ou entre deux Univers parallèles.

Autre probabilité, en parvenant à réaliser un retour dans le passé traversant un trou de ver, on ne revient pas dans notre monde à nous, mais atteignons un point identique dans un autre Univers.

Les actions que nous ferions alors ne changeraient pas notre histoire passée, mais interagiraient avec l'évolution de l'histoire du monde dans lequel nous sommes entrés.

La science quantique permet de reculer dans le temps mais au travers de deux Univers différents, toute altération du passé agit dans un Univers parallèle qui n'est pas le nôtre[14].

Une civilisation avancée serait capable de voyager mais dans un autre Univers que le sien, ce qui rend impossible physiquement toute modification de son avenir qui compromettrait son existence future, tous les paradoxes liés au voyage dans le temps sont dissipés par cette simple explication.

---

[14] https://www.20minutes.fr/sciences/639171-20101214-sciences-des-scientifiques-estiment-avoir-decouvert-preuves-existence-autres-univers

Les effets de lumière, de brouillard, les interruptions électriques et électromagnétiques sont une conséquence évidente d'apparition d'objets ayant traversé ces passages dimensionnels, ils apparaissent subitement et se dispensent des lois physiques qui sont les nôtres.

Ces visiteurs temporels sont des intrus voyageant dans un temps différent, entrer en contact avec nous aurait moins d'intérêt que de nous étudier, nous analyser et tenter des hybridations génétiques pour faire avancer leur science ou se servir de nous dans des buts qui nous échappent pour le moment.

Le modèle standard de la cosmologie appelé « ΛCDM » théorise toute la vie de l'Univers sur une période de 14 milliards d'années.

Les questions majeures non résolues par le modèle ΛCDM sont au nombre de huit, conformément au language scientifique, ce qui ne peut s'expliquer est une "singularité" :
1) Non résolution de l'instant zéro à ce jour

2) Dissymétrie entre matière et antimatière

3) Homogénéité du rayonnement fossile

4) Structure de l'Univers matériel en éponge avec de grands vides en
forme de bulles où non existence du vide sidéral

5) Stabilité des galaxies en rotation

6) Accélération de l'expansion cosmique

7) Mystère du Répulsif Dipolaire

8) Courbures locales de l'espace anormalement importantes

Le répulsif dipolaire est un centre de répulsion efficace dans le flux à grande échelle de galaxies au voisinage de la Voie lactée , détecté pour la première fois en 2017, il fut dénommé grand supervide Répulsif Dipolaire. Notre galaxie, irrésistiblement attirée à 630 km/s vers un point de l'Univers, y serait-elle en fait repoussée par une autre région en train de se vider. Et qui devient de plus en plus vide. Plus l'astrophysique avance et d'avantage de singualarités viennent contredire nos convictions sur l'Univers et la réalité.

La physique quantique a résolu cette problématique[15].

Un objet peut-il entrer en collision avec une ancienne version de lui-même ?

En 1949, Kurt Gödel, en utilisant la théorie de la relativité générale d'Einstein, a découvert que c'était possible. Selon sa théorie, un univers est possible dans lequel les points d'une courbe temporelle sont directement et causalement liés à leur propre passé et ces points peuvent, via cette courbe, également interagir avec des versions plus anciennes d'eux-mêmes.

Selon John Ventre, l'ancien directeur d'État du Pennsylvania Mutual UFO Network, et le Dr Michael P. Masters , professeur d'anthropologie biologique à l'Université technologique du Montana, les ovnis ne sont pas en fait des extraterrestres qui nous visitent depuis l'espace, mais plutôt des appareils utilisés par les humains voyageant dans le temps ou sautant de dimension pour nous rendre visite depuis le futur ou des réalités alternatives[16].

---

[15]Quantum Physics of Time Travel: Relativity, Space Time, Black Holes, Worm Holes, Retro-

Causality, Paradoxes de Joseph Gabriel, 2017, chez Science Publishers.

[16] https://fr-academic.com/dic.nsf/frwiki/1466744

Le voyage dans le temps ne contredit pas la physique classique et cette dernière n'est pas en mesure d'expliquer ce qu'elle à permis de découvrir.

Une équipe de recherche internationale a trouvé une solution possible. En collaboration avec des scientifiques de l'Università della Svizzera Italiana de Lugano, en Suisse, et de l'Université australienne du Queensland, des chercheurs de l'Institut d'optique quantique et d'information quantique de l'Académie autrichienne des sciences (OeAW) ont abordé ce problème avec des méthodes de physique théorique classique.

Dans une étude publiée dans la revue : Classical and Quantum Gravity, ils nous font connaître qu'en supposant que la physique classique s'appliquait également dans des zones locales, selon le chercheur quantique Amin Baumeler, ils ont conclu, non seulement que les questions liées au voyage dans le temps peuvent être expliquées sans physique quantique, mais aussi que le voyage dans le temps ne contredit pas les lois de la physique[17].

Avant la mort d'Einstein, il était confronté à un problème embarrassant car son voisin à Princeton, Kurt Goedel, le plus grand logicien mathématique de tous les temps avait trouvé une nouvelle solution aux propres équations d'Einstein qui permettaient de voyager dans le temps.

Le temps s'enroulait en cercle, selon Goedel l'Univers rempli d'un fluide en rotation permettait à toute personne marchant dans ce sens de rotation de se retrouver à son point point de départ, mais à reculons dans le temps, dans son monde ou dans un autre si l'on l'associa à la théorie des cordes.

---

[17]Voyage dans le temps réversible avec liberté de choix : Ämin Baumeler, Fabio Costa, Timothy C Ralph, Stefan Wolf et Magdalena Anna Zych, Classical and Quantum Gravity, 2019, DOI : 10.1088/1361-6382/ab4973.

Dans ses mémoires, Einstein a écrit qu'il était dérangé par le fait que ses équations contenaient des solutions qui permettaient de voyager dans le temps.

Mais il a finalement contreversé en la matière : l'univers ne tourne pas, il se dilate, conformément à la théorie du Big Bang qu'il se refuse à désavouer, et donc la solution de Goedel pourrait être rejetée pour des raisons physiques.

Si le Big Bang tournait, alors le voyage dans le temps serait possible dans tout l'univers !

Impensable selon Einstein, et pourtant...

En 1963, Roy Kerr, mathématicien néo-zélandais, trouve une solution des équations d'Einstein pour un trou noir en rotation, qui avait des propriétés étranges.

Le trou noir ne s'effondre pas en un point mais en un anneau en rotation de neutrons. L'anneau circule si rapidement que la force centrifuge empêche l'anneau de s'effondrer sous l'effet de la gravité.

Toute personne traversant l'anneau ne disparait pas dans le vide, mais traverse l'anneau pour parvenir dans un univers alternatif.

Et si les OVNIS étaient des hommes venus du futur ?
Peut-on s'autoriser à penser cela ?
Des scientifiques l'ont fait avant nous

1919

En 1919, Théodore Kaluza incorpore une cinquième dimension aux quatre de la théorie théorie d'Einstein, cette dimension invisible reproduit les propriétés de la lumière et dispose de son propre espace-temps.

Le 31 mars 1922 dans une conférence à PARIS
« Le temps n'existe pas, selon Einstein »

Albert Einstein lui-même révèle la manifestation de la courbure de l'espace-temps, dans un milieu cosmologique élastique, à une très grande vitesse dans l'espace au-delà de celle de la lumière, le temps se déforme :

« L'espace-temps ressemble à un papier de caoutchouc dont les extrémités se rejoignent. »

Selon la théorie des cordes soutenue par les scientifiques, l'espace semble tridimensionnel, 4 dimensions d'espace-temps (3 d'espace et 1 de temps), est reconsidéré en 10, 11, ou même 26 :

26 dimensions parallèles est-ce une limite ?

1949

En 1949 Kurt Godel, collègue d'Einstein à l'Institut de Princeton démontre que si l'Univers est rempli d'un fluide ou d'un gaz en rotation, alors quiconque entre dans un tel Univers, pourrait revenir au point originel, mais avec un décalage arrière dans le temps.

Il reviendrait au même point de départ mais dans le passé.

1960

Dès 1960, Andreï Sakharov 1967 propose l'idée d'un modèle d'Univers doubles dit jumeaux, le premier est le nôtre (J.P. Petit aussi) 1977 :

Un second Univers jumeau au nôtre avec un temps différent

Sakharov et son idée d'Univers miroir, jumeau au notre n'est traduit en français qu'en 1984, c'est une théorie révolutionnaire.

1969

Guy Tarade dans son livre publié en 1969 aux éditions J'ai Lu : « Soucoupes Volantes et Civilisations d'Outre Espace », rapportait au chapitre 6 :

Le temps s'étire puis se contracte et se rejoint.

Selon Jacques Vallée : « Les OVNIS pourraient venir par des fenêtres ouvertes depuis d'autres dimensions. »

2016

Peter Gorham et son équipe sous l'égide de la NASA, ont au cours de l'opération Antarctic Impulsive 2016, capturé des : Signaux venant d'un monde parallèle.

La NASA constate des anomalies, certains rayons cosmiques ne proviennent pas de l'espace mais sortent de la glace du centre de la terre, ils n'ont pas pu traverser la Terre de part en part.

2018

En mai 2018, l'équipe de Luis A. Anchordoqui, de l'Université de New York, affirme que les analyses obtenues par son équipe sont indubitablement la preuve de l'existence réelle d'un :

Univers symétrique au notre.

L'astrophysicien Stephen Hawking, disparu en mars 2018, a démontré l'existence d'un Univers parallèle et la possibilité de passer de l'un à l'autre physiquement, bien que ceci contrarait ce qu'il pensait trouver.

En compagnie de James Hantle Hawking finalise un travail en Astrophysique de trente ans, conduit depuis 1980 :

L'existence de plusieurs Univers parallèles et identiques au notre.

1999

Le physicien Michio Kaku, du City Collège de New York : « Visions », Albin Michel, 1999 (son seul livre traduit en français) confirme que la solution de tous ces paradoxes repose entièrement sur la théorie quantique incluant obligatoirement des Univers Multiples. Il est physicien théoricien, vulgarisateur de la science, auteur à succès du NY Times, personnalité de la télévision et de la radio et co-fondateur de la théorie des champs de cordes « Hyperspace », « Les mondes parallèles ».

En 1994, Kaku propose de construire près de Dallas un accélérateur sept fois plus grand que celui du CERN, mais il doit convaincre le Congrès de budgéter les 20 milliards de dollars nécessaires.

Le dernier jour des auditions, un parlementaire demande à l'un des physiciens présents si leur machine nous permettrait de trouver Dieu. Il a répondu que nous pourrions découvrir outre le boson de Higgs les fondements de la création de l'Univers. Le projet a été abandonné, rejeté par le Congrès, Michio Kaku dira qu'il aurait voulu être là pour répondre ceci :

« J'aurais dit que cette machine allait nous rapprocher de la création de l'Univers autant qu'il est humainement possible de le faire. C'est une machine à genèse. »

Finalement, l'existence du boson de Higgs sera confirmée de manière expérimentale en 2012 grâce à l'utilisation du LHC, ce qui conduit à l'attribution du prix Nobel de physique à François Englert et Peter Higgs en 2013.

L'accélérateur de particules : Grand collisionneur d'hadrons (LHC), ouvre la porte à une nouvelle perspective. Juste après le big bang, le Champ de Higgs était nul, mais, lorsque l'Univers a commencé à se refroidir, et que la température est tombée en dessous d'une certaine valeur critique, ce Champ s'est développé spontanément, si bien que toutes les particules interagissant avec ledit Champ ont acquis une masse. Plus une particule interagit avec ce champ, plus elle est massive.

2020

L'astrophysicien Jean-Pierre Luminet dans : « L'écume de l'espace-temps » rétablit les nouvelles tentatives d'unification dans les lois de la physique et une perspective d'espace-temps flexible. Masse, temps, vitesse, interaction entre des mondes superposés intrinsèquement.

Le docteur[18] Michael P. Masters, est convaincu que les OVNIS sont en réalité des machines à voyager dans le temps, venues de notre futur, le phénomène OVNI peut être nos propres descendants lointains qui reviennent dans le temps pour nous étudier dans leur propre passé évolutif. Il développe cette théorie dans son livre, intitulé : « Identified Flying Objects», qu'il a rédigé aucours de son travail à la Montana Technological University.

Selon lui :

1) Les OVNIS sont nos descendants venant de notre futur.

---

[18]Doctorat en anthropologie de l'Ohio State University.

2) Ils voyagent entre des dimensions parallèles.

Parmi les théoriciens du voyage dans le temps Steven Gubser, professeur de physique à l'Université de Princeton ouvrage : « Petite introduction à la théorie des cordes», le rejoint dans l'idée des OVNIS traversant le temps.

Au sein de la Cornell University un ensemble de physiciens avance l'existence de 26 dimensions.

Suivant ce concept en 2021, Jean Pierre Petit dans son : « Hypothèse Janus », offre une porte ouverte à cette conception : Deux dimensions qui cohabitent au même endroit et au même moment", il rejoint Andreï Sakharov au sujet d'un monde négatif et jumeau au nôtre.

Ben Rich directeur de Skunk Works, de Lockheed Martin qui a fabriqué tous les avions testés dans la Zone 51, débattit lors d'une conférence à l'Université de Columbia, (Columbia Tribune), du fait que :

« L'espace-temps n'existe pas, passé, présent et futur sont reliés par des couloirs, nous sommes capables de renvoyer "ET" chez lui dans l'espace car nous détenons aujourd'hui la technologie qui le permet. »

24 janvier 2019 21h06 article Rossyia Today, d'Alexandre Karpov et Elizaveta Komarova :

Le département américain de la Défense a publié un document concernant les recherches classifiées dans le cadre du programme Advanced Aviation Threat Identification Program (AATIP), que l'agence a reconnu en 2017 budgétées 22 millions de dollars par an :

L'étude des dimensions parallèles et des portails temporels dans l'espace fait partie des recherches.

Les documents de l'Advanced Aviation Threat Identification Program (AATIP), que le Pentagone conduit de 2007 à 2012, ont été publiés à la demande du directeur de la Federation of Scientists of America Stephen Aftergood. Des documents ont été découverts pour la première fois par la I-Team de George Knapp , qui fait partie de Channel 8 News, filiale de Las Vegas CBS, qui enquête depuis des décennies sur le lien supposé du gouvernement avec les OVNIS.

Un sujet de recherches extraordinaire concerne pleinement le sujet des OVNIS venant du futur : Warp Drive, darl energy et la manipulation de dimensions supplémentaires menée par le Dr Richard Obousy de Obousy Consultants.

Le programme Extra Dimensional Manipulation a été sous-traité à une société de conseil scientifique privée, Obousy Consultants.

L'existence du programme AATIP en 2017 a été rapportée par le Washington Post et le New York Times. Dans le cadre de ce programme, le Département Américain de la Défense a mené une enquête sur des :

Incidents impliquant des objets volants non identifiés et l'étude de phénomènes atmosphériques non identifiés.

Recherches de portails dans l'espace-temps, le Pentagone y croit, il à même budgété des millions de dollars dans toutes sortes de projets, au point de créer des Forces de l'Espace.

Sous un décret du Président Trump, Aux États-Unis, des unités militaires associées à des programmes spatiaux ont leur propre commandement, notamment l'Air Force Space Force (AFSPC) et la Naval Space Force (SPAWAR). De leur côté, les Forces Aéro Spatiales comptent cent mille employés en Russie

De quoi les USA et la Russie ont-elles peur ?
La Naval Air Warfare Center Aircraft Division (NAWCAD), détient des projets dits Brevets OVNIS qui parlent d'une :

« Arme de modification de l'espace-temps »

détaillant les tests expérimentaux menés par le Dr Salvatore Cezar Pais l'homme derrière les brevets OVNIS.

La technologie terrestre actuelle évolue et rejoint l'astrophysique, la science a trouvé mais ne maîtrise pas la Thermodynamique Quantique aujourd'hui, ce n'est qu'une question d'années pour y parvenir enfin.

USA 1986

Richard Daniel alias Boyd Bushman Ingénieur en chef chez Skunk Works Lockheed Martin Space, niveau Top Secret Clearance de 1986 à 2000 dépose 26 brevets d'inventions sur la technologie « OVNIS » classés secrets, la propulsion anti-gravité est un des concepts recherchés.

Bushman affirme qu'il a travaillé sur la retroconception grâce aux appareils extra-terrestres récupérés. L'entreprise Lockheed travaillait notoirement sur des prototypes de soucoupes volantes depuis 1949[19]. Le livre du colonel John B. Alexander : UFOs, Myths Conspiracies and Realities (2011), relate son travail sur un projet du nom de New Trust en 1984 ayant pour objectif de coordonner les systèmes d'armes de la prochaine génération. Il rencontra le Dr Ron Blackburn de Lockheed Martin Skunk Works au cours d'un travail conjoint informel dénommé l'Advanced Theorical Physics Working Group, entièrement consacré à l'ingéniérie OVNI.

L'Ufologue Jacques Vallée confirme l'existence de ce groupe de travail d'après ses sources dans son ouvrage : Forbidden Science, Vol III (2016).

---

[19] The Lockheed UFO Case, Joel Carpenter. Agoura, California December 16, 1953.

Selon Vallée cela n'avait rien d'informel car l'ATPW était supervisé par le Département Américain de l'Energie, une conférence déroulée entre le 20 et le 25 mai 1985 en atteste[20]. L'ATPW est finalement dissous en 1988.

USA 1988

Bob Lazar, travaille comme technicien au Secteur 4 dans la Zone 51, sur des engins extraterrestres récupérés par l'armée américaine après la Seconde Guerre mondiale avec l'élément 115 comme énergie dans le moteur. .

En 2019, Jeremy Kenyon Lockyer Corbell a amené Bob réticent au grand écran, il n'a pas changé son témoignage d'une virgule. Lazar explique également que ces engins seraient propulsés par l'élément atomique 115 (l'ununpentium). Selon lui, cet élément est une source d'énergie lourde qui permet l'antigravité.

Lorsqu'il est bombardé de protons il produit de l'énergie par antimatière car lorsque le champ d'interaction forte de l'ununpentium est amplifié, l'effet antigravitationnel produit permet de créer une distorsion du continuum espace-temps. La presse réfutera ses propos y compris sur l'hypothétique l'existence de l'élément 115, pourtant en 2017 l'US Navy travaillera sur un projet de ce type avec deux variantes, une soucoupe et un triangle, de l'énergie à plasma, des micro-ondes et une motorisation magnétique anti-gravité.

L'ununpentium sera synthétisé pour la première fois en août 2003 à Dubna, en Russie, par une équipe américano-russe

---

[20]Les participants étaient Samuel Finch, Oke Shanon, John Kink du Los Alamos Laboratory, Bill Wilkinson de la CIA, Howell MacConnel de la NSA, Half Putthoff et Jack Hough, Ed Speakman de l'ISCOM - Renseignement Militaire), Bill Souder et Bob Wood de McDonelle Douglas 'compagnie qui avait travaillé sur des prototypes de soucoupes dès 1949), Jake Sewart du Sous Secrétariat de la Défense pour la Recherche et l'Ingéniérie, Bert Shubblebine de BDM,Ron Blackburn, Milt Jansen et Don Keuble de Lockheed, Ralf Freeman, Gary Bright, le radiologue Paul Tyler, Ed Dames et le lieutenant-colonel Mike Neery.

CERTIFICATE OF COPYRIGHT REGISTRATION

FORM TX
UNITED STATES COPYRIGHT OFFICE

REGISTRATION NUMBER

TXu   497 270

TX   TXU

This certificate, issued under the seal of the Copyright Office in accordance with the provisions of section 410(a) of title 17, United States Code, attests that copyright registration has been made for the work identified below. The information in this certificate has been made a part of the Copyright Office records.

EFFECTIVE DATE OF REGISTRATION

9   13   91
Month   Day   Year

REGISTER OF COPYRIGHTS
United States of America

OFFICIAL SEAL

DO NOT WRITE ABOVE THIS LINE. IF YOU NEED MORE SPACE, USE A SEPARATE CONTINUATION SHEET.

1 · TITLE OF THIS WORK ▼

YOUR PEACE IN STRESS

PREVIOUS OR ALTERNATIVE TITLES ▼

NA

PUBLICATION AS A CONTRIBUTION If this work was published as a contribution to a periodical, serial, or collection, give information about the collective work in which the contribution appeared.   Title of Collective Work ▼

NA

If published in a periodical or serial give: Volume ▼   Number ▼   Issue Date ▼   On Pages ▼

NA

2 · NAME OF AUTHOR ▼

a   "BOYD BUSHMAN, WHOSE PSEUDONYM IS RICHARD DANIEL"

DATES OF BIRTH AND DEATH
Year Born ▼   Year Died ▼
July 30, 1939   NA

Was this contribution to the work a "work made for hire"?
☒ Yes   ☐ No

AUTHOR'S NATIONALITY OR DOMICILE
Name of Country
Citizen of ► USA
OR Domiciled in ► USA

WAS THIS AUTHOR'S CONTRIBUTION TO THE WORK
Anonymous?   ☐ Yes ☐ No
Pseudonymous? ☒ Yes ☐ No

NATURE OF AUTHORSHIP Briefly describe nature of the material created by this author in which copyright is claimed. ▼
METAPHYSICS, PSYCHOLOGY, PHILOSOPHY, MENTAL-SCIENCE

NAME OF AUTHOR ▼

b   NA

DATES OF BIRTH AND DEATH
Year Born ▼   Year Died ▼

Was this contribution to the work a "work made for hire"?
☐ Yes   ☐ No

AUTHOR'S NATIONALITY OR DOMICILE
Name of Country
Citizen of ►
OR Domiciled in ►

WAS THIS AUTHOR'S CONTRIBUTION TO THE WORK
Anonymous?   ☐ Yes ☐ No
Pseudonymous? ☐ Yes ☐ No

NATURE OF AUTHORSHIP Briefly describe nature of the material created by this author in which copyright is claimed. ▼

NAME OF AUTHOR ▼

c   NA

DATES OF BIRTH AND DEATH
Year Born ▼   Year Died ▼

Was this contribution to the work a "work made for hire"?
☐ Yes   ☐ No

AUTHOR'S NATIONALITY OR DOMICILE
Name of Country
Citizen of ►
OR Domiciled in ►

WAS THIS AUTHOR'S CONTRIBUTION TO THE WORK
Anonymous?   ☐ Yes ☐ No
Pseudonymous? ☐ Yes ☐ No

NATURE OF AUTHORSHIP Briefly describe nature of the material created by this author in which copyright is claimed. ▼

3 · YEAR IN WHICH CREATION OF THIS WORK WAS COMPLETED This information must be given in all cases.
a   1991 ◄ Year

DATE AND NATION OF FIRST PUBLICATION OF THIS PARTICULAR WORK Complete this information ONLY if this work has been published.
b   Month ► NA   Day ►   Year ►   ◄ Nation

4 · COPYRIGHT CLAIMANT(S) Name and address must be given even if the claimant is the same as the author given in space 2. ▼

BOYD BUSHMAN
1924 BIG SKY DR.
LEWISVILLE, TEXAS 75067

APPLICATION RECEIVED
NOV 25 1991

ONE DEPOSIT RECEIVED
9/13/91

TWO DEPOSITS RECEIVED
9/13

REMITTANCE NUMBER AND DATE

TRANSFER If the claimant(s) named here in space 4 are different from the author(s) named in space 2, give a brief statement of how the claimant(s) obtained ownership of the copyright. ▼

NA

MORE ON BACK ► • Complete all applicable spaces (numbers 5-9) on the reverse side of this page.
• See detailed instructions. • Sign the form at line 8.

DO NOT WRITE HERE

Page 1 of ____ pages

Premier ouvrage de Boyd Bushman sous le pseudonyme de Richard Daniel écrit en 1991
sujet métaphysique, psychologique, philosophique, science mentale
le livre porte principalement sur les extra-terrestres et leur présence
titre : Votre Paix dans le Stress

TXu 497 270

EXAMINED
CHECKED BY
CORRESPONDENCE ☑ Yes
FORM TX
FOR COPYRIGHT OFFICE US. ONLY

DO NOT WRITE ABOVE THIS LINE. IF YOU NEED MORE SPACE, USE A SEPARATE CONTINUATION SHEET.

PREVIOUS REGISTRATION Has registration for this work, or for an earlier version of this work, already been made in the Copyright Office?

☐ Yes ☒ No If your answer is "Yes," why is another registration being sought? (Check appropriate box) ▼

☐ This is the first published edition of a work previously registered in unpublished form.

☐ This is the first application submitted by this author as copyright claimant.

☐ This is a changed version of the work, as shown by space 6 on this application.

If your answer is "Yes," give: Previous Registration Number ▼   Year of Registration ▼

DERIVATIVE WORK OR COMPILATION Complete both space 6a & 6b for a derivative work; complete only 6b for a compilation.

a. Preexisting Material Identify any preexisting work or works that this work is based on or incorporates. ▼

NA

b. Material Added to This Work Give a brief, general statement of the material that has been added to this work and in which copyright is claimed. ▼

NA

---space deleted---

REPRODUCTION FOR USE OF BLIND OR PHYSICALLY HANDICAPPED INDIVIDUALS A signature on this form at space 10, and a check in one of the boxes here in space 8, constitutes a non-exclusive grant of permission to the Library of Congress to reproduce and distribute solely for the blind and physically handicapped and under the conditions and limitations prescribed by the regulations of the Copyright Office: (1) copies of the work identified in space 1 of this application in Braille (or similar tactile symbols); or (2) phonorecords embodying a fixation of a reading of that work; or (3) both.

a ☐ Copies and Phonorecords   b ☐ Copies Only   c ☐ Phonorecords Only

DEPOSIT ACCOUNT If the registration fee is to be charged to a Deposit Account established in the Copyright Office, give name and number of Account.

Name ▼   Account Number ▼

NA

CORRESPONDENCE Give name and address to which correspondence about this application should be sent. Name/Address/Apt/City/State/Zip ▼

BOYD BUSHMAN
1924 BIG SKY DR.
LEWISVILLE, TX 75067

Area Code & Telephone Number ▶   (817) 763-3065   (214) 436-5431

CERTIFICATION* I, the undersigned, hereby certify that I am the

☒ author
☐ other copyright claimant
☐ owner of exclusive right(s)
☐ authorized agent of __________

of the work identified in this application and that the statements made by me in this application are correct to the best of my knowledge.

Typed or printed name and date ▼ If this application gives a date of publication in space 3, do not sign and submit it before that date.

BOYD BUSHMAN   date ▶ NOV. 20, 1991

Handwritten signature (X) ▼

MAIL CERTIFICATE TO

Name ▼
BOYD BUSHMAN
Number/Street/Apartment Number ▼
1924 BIG SKY DRIVE
City/State/ZIP ▼
LEWISVILLE, TEXAS 75067

Certificate will be mailed in window envelope

YOU MUST:
• Complete all necessary spaces
• Sign your application at space 10
SEND ALL 3 ELEMENTS IN THE SAME PACKAGE:
1. Application form
2. Non-refundable $10 filing fee in check or money order payable to Register of Copyrights
3. Deposit material
MAIL TO:
Register of Copyrights
Library of Congress
Washington, DC 20559

*17 U.S.C. § 506(e): Any person who knowingly makes a false representation of a material fact in the application for copyright registration provided for by section 409, or in any written statement filed in connection with the application, shall be fined not more than $2,500.

February 1990—200,000   ☆U.S. GOVERNMENT PRINTING OFFICE: 1990—262-305

Premier ouvrage de Boyd Bushman sous le pseudonyme de Richard Daniel écrit en 1991 déposé à l'United States Copyright Office : TXU 497 270

CERTIFICATE OF REGISTRATION

FORM TX
For a Literary Work
UNITED STATES COPYRIGHT OFFICE
REGIS

This Certificate issued under the seal of the Copyright Office in accordance with title 17, United States Code, attests that registration has been made for the work identified below. The information on this certificate has been made a part of the Copyright Office records.

Marybeth Peters

REGISTER OF COPYRIGHTS
United States of America

UNITED STATES COPYRIGHT OFFICE · THE LIBRARY OF CONGRESS
OFFICIAL SEAL

TXu 720 – 723

EFFECTIVE DATE OF REGISTRATION

2   7   96
Month   Day   Year

DO NOT WRITE ABOVE THIS LINE. IF YOU NEED MORE SPACE, USE A SEPARATE CONTINUATION SHEET.

1 TITLE OF THIS WORK ▼

Steps Beyond Thought

PREVIOUS OR ALTERNATIVE TITLES ▼
N/A

PUBLICATION AS A CONTRIBUTION If this work was published as a contribution to a periodical, serial, or collection, give information about the collective work in which the contribution appeared.   Title of Collective Work ▼
N/A

If published in a periodical or serial give: Volume ▼   Number ▼   Issue Date ▼   On Pages ▼
N/A

2 NAME OF AUTHOR ▼

a   Richard Daniel, Pseudonym

DATES OF BIRTH AND DEATH
Year Born ▼   Year Died ▼
N/A   N/A

Was this contribution to the work a "work made for hire"?
☐ Yes
☒ No

AUTHOR'S NATIONALITY OR DOMICILE
Name of Country
OR Citizen of ▶
Domiciled in ▶

WAS THIS AUTHOR'S CONTRIBUTION TO THE WORK
Anonymous?   ☐ Yes ☐ No
Pseudonymous?   ☐ Yes ☐ No
If the answer to either of these questions is "Yes," see detailed instructions.

NOTE
Under the law, the "author" of a "work made for hire" is...

NATURE OF AUTHORSHIP Briefly describe nature of material created by this author in which copyright is claimed. ▼
ENTIRE TEXT

b   NAME OF AUTHOR ▼
N/A

DATES OF BIRTH AND DEATH
Year Born ▼   Year Died ▼

Was this contribution to the work a "work made for hire"?
☐ Yes
☐ No

AUTHOR'S NATIONALITY OR DOMICILE
Name of Country
OR Citizen of ▶
Domiciled in ▶

WAS THIS AUTHOR'S CONTRIBUTION TO THE WORK
Anonymous?   ☐ Yes ☐ No
Pseudonymous?   ☐ Yes ☐ No

NATURE OF AUTHORSHIP Briefly describe nature of material created by this author in which copyright is claimed. ▼

NAME OF AUTHOR ▼
N/A

DATES OF BIRTH AND DEATH
Year Born ▼   Year Died ▼

Was this contribution to the work a "work made for hire"?
☐ Yes
☐ No

AUTHOR'S NATIONALITY OR DOMICILE
Name of Country
OR Citizen of ▶
Domiciled in ▶

WAS THIS AUTHOR'S CONTRIBUTION TO THE WORK
Anonymous?   ☐ Yes ☐ No
Pseudonymous?   ☐ Yes ☐ No

NATURE OF AUTHORSHIP Briefly describe nature of material created by this author in which copyright is claimed. ▼

3 YEAR IN WHICH CREATION OF THIS WORK WAS COMPLETED   This information must be given in all cases.
a   1995   ◀ Year

DATE AND NATION OF FIRST PUBLICATION OF THIS PARTICULAR WORK   Complete this information ONLY if this work has been published.
b   Month ▶   Day ▶   Year ▶   ◀ Nation

4 COPYRIGHT CLAIMANT(S) Name and address must be given even if the claimant is the same as the author given in space 2. ▼
Boyd Bushman
1924 Big Sky Dr.
Lewisville, Texas   75067

TRANSFER If the claimant(s) named here in space 4 is (are) different from the author(s) named in space 2, give a brief statement of how the claimant(s) obtained ownership of the copyright. ▼

APPLICATION RECEIVED
FEB 07 1996
ONE DEPOSIT RECEIVED
FEB 07 1996
TWO DEPOSITS RECEIVED
FUNDS RECEIVED

DO NOT WRITE HERE
OFFICE USE ONLY

MORE ON BACK ▶   · Complete all applicable spaces (numbers 5-11) on the reverse side of this page.
· See detailed instructions.   · Sign the form at line 10.

DO NOT WRITE HERE
Page 1 of 2 pages

Second ouvrage de Boyd Bushman sous le pseudonyme de Richard Daniel écrit en 1999
désigné le texte intégral résume sujet
le livre porte sur la retroingéniérie de technologie extraterrestre inconnue sur Terre
titre : Etapes bien au-delà

EXAMINED BY

CHECKED BY

□ CORRESPONDENCE
  Yes

FORM TX

FOR
COPYRIGHT
OFFICE
USE
ONLY

DO NOT WRITE ABOVE THIS LINE. IF YOU NEED MORE SPACE, USE A SEPARATE CONTINUATION SHEET.

PREVIOUS REGISTRATION Has registration for this work, or for an earlier version of this work, already been made in the Copyright Office?

□ Yes ☒ No If your answer is "Yes," why is another registration being sought? (Check appropriate box.) ▼

a. □ This is the first published edition of a work previously registered in unpublished form.

b. □ This is the first application submitted by this author as copyright claimant.

c. □ This is a changed version of the work, as shown by space 6 on this application.

If your answer is "Yes," give: Previous Registration Number ▼   Year of Registration ▼

5

DERIVATIVE WORK OR COMPILATION Complete both space 6a and 6b for a derivative work; complete only 6b for a compilation.

a. Preexisting Material Identify any preexisting work or works that this work is based on or incorporates. ▼

N/A

b. Material Added to This Work Give a brief, general statement of the material that has been added to this work and in which copyright is claimed. ▼

N/A

6

See instructions
before completing
this space.

—space deleted—

7

REPRODUCTION FOR USE OF BLIND OR PHYSICALLY HANDICAPPED INDIVIDUALS A signature on this form at space 10 and a check in one of the boxes here in space 8 constitutes a non-exclusive grant of permission to the Library of Congress to reproduce and distribute solely for the blind and physically handicapped and under the conditions and limitations prescribed by the regulations of the Copyright Office: (1) copies of the work identified in space 1 of this application in Braille (or similar tactile symbols); or (2) phonorecords embodying a fixation of a reading of that work; or (3) both.

a □ Copies and Phonorecords   b □ Copies Only   c □ Phonorecords Only

8

See instructions.

DEPOSIT ACCOUNT If the registration fee is to be charged to a Deposit Account established in the Copyright Office, give name and number of Account.

Name ▼   Account Number ▼

N/A

9

CORRESPONDENCE Give name and address to which correspondence about this application should be sent.   Name/Address/Apt/City/State/ZIP ▼

Boyd B. Bushman
1924 Big Sky Drive
Lewisville, Texas   75067

Area Code and Telephone Number ▶ (817) 935-2691

Be sure to
give your
daytime phone
◀ number

CERTIFICATION* I, the undersigned, hereby certify that I am the

Boyd B. Bushman

Check only one ▶

☒ author
□ other copyright claimant
□ owner of exclusive right(s)
□ authorized agent of

Name of author or other copyright claimant, or owner of exclusive right(s) ▲

of the work identified in this application and that the statements made
by me in this application are correct to the best of my knowledge.

Typed or printed name and date ▼ If this application gives a date of publication in space 3, do not sign and submit it before that date.

date ▶

Handwritten signature (X) ▼
Boyd B. Bushman

10

MAIL CERTIFI-CATE TO

Name ▼

Boyd B. Bushman

Number/Street/Apartment Number ▼

1924 Big Sky Drive

City/State/ZIP ▼

Lewisville, Texas   75067

Certificate
will be
mailed in
window
envelope

YOU MUST:
• Complete all necessary spaces
• Sign your application in space 10

SEND ALL 3 ELEMENTS IN THE SAME PACKAGE:
1. Application form
2. Nonrefundable $20 filing fee in check or money order payable to Register of Copyrights
3. Deposit material

MAIL TO:
Register of Copyrights
Library of Congress
Washington, D.C. 20559-6000

11

*17 U.S.C. § 506(e): Any person who knowingly makes a false representation of a material fact in the application for copyright registration provided for by section 409, or in any written statement filed in connection with the application, shall be fined not more than $2,500.

July 1993—400,000   PRINTED ON RECYCLED PAPER   ☆U.S. GOVERNMENT PRINTING OFFICE: 1993-342-582/80,020

Premier ouvrage de Boyd Bushman sous le pseudonyme de Richard Daniel écrit en 1999
déposé à l'United States Copyright Office : TXU 720 723

Grande Bretagne 1992

En avril 1992, les célèbres scientifiques anglais Brian Young, professeur à l'Université de Salford et directeur des projets stratégiques à la British Aerospace Défense, et le Docteur Ron Evans travaillent sur l'effet anti-gravité : Project Greenglow, The Quest For Gravity Control. Ingénieur aérospatial Dr Ron Evans chez BAE Systems a déclaré : « Nous n'envoyons aucune onde de quelque forme que ce soit, nous détectons l'influence gravitationnelle sur un objet. » Le Project Greenglow, est officiellement clôturé en 2005, mais un appareil a survécu, c'est un moteur électromagnétique sans propulseur ou EmDrive, créé par l'ingénieur aérospatial britannique Roger Shawyer.

Le concept d'un moteur EmDrive est relativement simple. Il fournit une poussée à un vaisseau spatial en faisant rebondir des micro-ondes dans un conteneur fermé.

L'énergie solaire fournit l'électricité pour alimenter les micro-ondes, ce qui signifie qu'aucun propulseur n'est nécessaire.

Le concept d'un moteur EmDrive fournit une poussée à un vaisseau spatial en faisant rebondir des micro-ondes
dans un conteneur fermé.

C'est exactement le projet de la Navy de Salvatore Pais rn 2014. Shawyer a déclaré dans un documentaire de la BBC Horizon, repris par le site Mail One le 23 mars 2016 : « Nous ne cherchons plus à contrôler la gravité elle-même. Nous combattons la gravité de manière intelligente.

Le système de propulsion EMDrive permettrait de voyager à des vitesses jusqu'à présent, uniquement vues dans la science-fiction.

Lorsque le concept a été proposé pour la première fois, il était considéré comme impossible car il allait à l'encontre des lois de la physique. »

André Füzfa de l'Université de Namur propose une méthode qui permet aux humains de contrôler la gravité, et dit qu'elle est réalisable avec les technologies actuelles, elle rejoint elle aussi le prototype de Salvatore Pais avec les cavités de résonance de la soucoupe volante ainsi que le modèle étudié par Bob Lazar dans la zone 51. Füzfa décrit le dispositif qui assumerait cette tâche et serait utilisé pour observer comment les champs magnétiques courbent l'espace-temps. L'article à son sujet dans : How Current Loops and Solenoids Curve Space-time exprime sa théorie. Pour dépasser les limites actuelles, André Füzfa affirme (How Current Loops and Solenoids Curve Space-time 15 décembre 2015) que la recherche doit utiliser un dispositif utilisant des électro-aimants supraconducteurs, comme les technologies du CERN ou du réacteur ITER.

Dans la première configuration d'André Füzfa, de grandes bobines supraconductrices empilées sont utilisées pour générer un champ gravitationnel artificiel. La seconde expérience détecte le champ grâce à des interféromètres très sensibles, qui contiennent des cavités de stockage[21].

Les expériences jusqu'à présent ont montré, faiblement, que les champs artificiels générés par les courants électriques peuvent être détectés par un changement dans la « géométrie de l'espace-temps ».

En 1996, Evgueni Podkletnov installé à Tampere, en Finlande, affirme que la gravité peut être annulée. Le Dr Eugene Podkletnov a développé un bouclier gravitationnel utilisant des supraconducteurs rotatifs à grande vitesse (modification du champ gravitationnel local.), un disque tournant à 12000 rotations par minute avec un nano-revêtement constitué d'une fine couche d'or, de 5 à 30 atomes d'épaisseur, qui est appliquée à la surface d'un disque d'aluminium à l'aide d'un dispositif d'implantation ionique de haute puissance, l'effet produit crée un vide.

---

[21] https://arxiv.org/pdf/1504.00333v3.pdf

Faisceau à impulsions gravitationnelles Podkletnov

Fédération de Russie 1993

Vladimir Leonov créé en Russie conçoit son prototype qui aboutit avec succès à sa théorie sur la super unification. Le nom de théorie du tout désigne une théorie physique susceptible de décrire de manière cohérente et unifiée l'ensemble des interactions fondamentales.

Leonov soutient que la seule source d'énergie dans l'Univers est le quantum, illimité et omni présent partout.

USA 1995

La NASA division de recherche Breakthrough Propulsion Physics, exploite officiellement l'anti-gravité, selon les travaux de Podkletnov.

Robert Bigelow emploie le Dr Alexander (de l'ex ATPW), et Jacques Vallée comme consultant[i] au sein de la division National Institute for Discovery Science (NIDS) de 1995 à 2004, (Jacques Vallée et Paola Leopizzi Harris, TRINITY: Le secret le mieux gardé, 2021, p 330).

Juste à côté du Strip de Las Vegas, se trouve un immeuble de bureaux de deux étages le National Institute for Discovery Science (NIDS).

Colm Kelleher Ph.D. administrateur adjoint du NIDS dit à ce sujet: « Nous n'étudions pas les extraterrestres », précise le scientifique. «Nous étudions les anomalies.»

C'est la même chose dans l'esprit de beaucoup de gens, mais pas dans notre esprit, dans un article pour Brandon M. Mercer, Tech Live Science, Tech Tv, et pour Discovery Science) ; « S'il y a des preuves d'une anomalie, nous commençons à chercher des preuves physiques », ajoute Kelleher.

Le conseil scientifique du NIDS comprenait deux astronautes ayant travaillé sur la Lune Harrison Smith (Sénateur) et Ed Mitchell (astronaute) ainsi que des médecins de l'aérospatiale, John Schuessler, Jacques Vallée, des physiciens de Los Alamos, Dr Colm Kelleher ('biologiste), Arold Puthoff, Dr Jessica Hutts (statisticienne), Christopher Green (selon les souvenirs de J. Vallée, (Jacques Vallée et Paola Leopizzi Harris, TRINITY: Le secret le mieux gardé, 2021, p 331).

Grande Bretagne 2000

En 2000, les Britanniques, financent le projet anti-gravité à Greenglow pour British Aerospace Systems Corporation.

USA 2002

Dans le livre : « The Hunt for the Zéro Point » de Nick Cook publié simultanément en août 2002 par la maison d'édition anglaise Arrow et l'américain Broadway Books, nous apprenons la guerre scientifique qui se déroule depuis des décennies pour vaincre l'anti gravité et l'adapter au transport aérien et cosmique.

USA 2004

Le NIDS de Robert Bigelow est dissous en octobre 2004, l'enquêteur Roger Pinson démissionné en janvier 2004, puis avec la mise à pied en mai 2004 de l'administrateur adjoint Bruce Cornet, il ne reste plus de personnel d'enquête. (Le Dr Cornet a traversé le pays pour occuper le poste au NIDS, mais a été licencié par Bigelow moins de 4 mois plus tard sans indemnité de départ et avant qu'il ne soit là assez longtemps pour percevoir le chômage) :

« Bien que vous ne le sachiez pas après avoir consulté le site Web du NIDS, l'attention du Conseil consultatif scientifique s'est depuis longtemps déplacée vers la recherche aérospatiale traditionnelle, Bigelow se concentrait sur les investissements sur sa future station spatiale.

Le National Institute for Discovery Science se composait désormais uniquement de l'administrateur Colm Kelleher et d'un réceptionniste », selon Dale Stephens de cox.net, article de Juillet 2004.

USA 2007

Le New York Times oriente ses articles de l'époque, sur les dépenses de 22 millions de dollars du Programme Avancé d'Identification des Menaces Aérospatiales (AATIP) en 2007, financé à la demande du Sénateur du Nevada Harry Reid.

L'AATIP enquêta durant plusieurs années sur les technologies et rapports d'OVNIS, programme dont fit partie Louis Elizondo, officier du renseignement militaire au contre-espionnage. Elizondo démissionna de ce poste en octobre 2017 pour devenir directeur de la sécurité mondiale et des programmes spéciaux pour TTSA UFO de Tom Delonge.

L'AATIP travailla en étroite collaboration avec la société de Robert Bigelow Advanced Space Studies. Le Pentagone confirma que les recherches de l'AATIP avaient pris fin en 2012, mais Louis Elizondo, à soutenu que le gouvernement avait retiré le financement de l'AATIP en 2012 mais qu'il continua à rédiger des rapports et réaliser des conférences pour le Département de la Défense au sujet des OVNIS donc qu'il était payé par le Pentagone.

Luis Elizondo qui a dirigé le programme secret OVNI /UAP du Pentagone pendant une décennie déclara[22] :

---

[22]Suite à l'observation d'un OVNI par un Super Horret F/A -18F sous commandement de l'USS Nimitz après déclaration de contact radar par le Princeton. Cet OVNI volait à plus de 80 000 pieds (24 384 mètres d'altitude) Deux intercepteurs furent lancés pour interception-identification peu après qu'il se soit stabilisé à 20 000 pieds (6 096 metres). Parvenus au point de contact/fusion radar ou le Princeton ne put plus différencier sur l'écho l'OVNI et ses intercepteurs car tros près les uns des autres, l'OVNI plonga pour planer à 15 mètres audessus de la mer, il s'agissait d'un objet ovale d'environ douze mètres (40 pieds), les vagues sur la mer semblaient bouillir sur son passage. Le commandant Fravor descendit sur lui, il dira par la suite : « Il à soudainement accéléré à une vitesse que je n"avais jamais vue auparavan dans toute ma carrière de pilote de chasse. »

« Nous pensons que tout ce que nous avons pu observer, accélération soudaine extrême, vitesse hypersonique, faible observabilité, voyage trans-intermédiaire et enfin et pas des moindres, l'élévation positive en antigravitationnelle, sont la manifestation d'une seule technologie. Ainsi nous ne cherchons pas à comprendre cinq technologies exotiques, mais seulement une, et nous pensons savoir de quoi il s'agit. » Trois ans plus tard la Navy déposa ses premiers brevets dits OVNIS imitant ces caractéristiques de vol point par point.

Dans l'article du New York Times : Glawing Auras and Black Monney, The Mysterious Pentagon UFO Program, nous pouvons lire que Bigelow avait récupéré et stocké des débris d'OVNI dans une installation située à Las Vegas. Bigelow argumentait en parlant de ses équipes techniques que : « Les chercheurs ont étudié les débris et également des personnes qui ont déclaré avoir subi des effets physiques lors des rencontres avec les objets et les ont examinés pour tout changement physiologique ».

Chine 2010

Le professeur Yang Juan de l'École d'Astronautique de l'Université Polytechnique du Nord-Ouest ; et le Dr Chen Yue de l'Académie des Technologies Spatiales dès 2010 ont développé le moteur anti-gravité du professeur Wan Zonghai. Dns la plus grande discrétion la chine expédie en orbite le premier appareil à moteur anti-gravité.

USA 2015

Alors que plusieurs entreprises sous contrat avec l'armée s'essoufflent à aboutir à des expérimentations sur les propulsions anti-gravitées à bord d'appareils en forme de soucoupe volante, des pilotes de l'U.S. NAVY observent une flottille d'OVNIS volant en vent contraire par plus de 120 nœuds.

USA 2017

Louis Elizondo divulguer ces travaux de 2007 à 2012 et il apparait sur des vidéos sur YouTube en ces termes : « Sur des preuves scientifiques irréfutables, ces objets volants (les OVNIS) présentent des caractéristiques qui ne figurent pas actuellement sur l'inventaire américain ni dans aucun inventaire étranger dont nous avons connaissance. Ce sont des choses qui n'ont aucune forme de propulsion évidente, se déplaçant de manière à inclure une manœuvrabilité extrême se situant bien au-delà, je dirais, des forces centrifuges saines qu'un humain ou quelque chose de biologique pourrait normalement supporter"[23].»

USA 2018

Elizondo conaffirmé que, bien que le financement gouvernemental ait pris fin en 2012, le programme UFOs secret s'est poursuivi avec le soutien des responsables de la Marine et de la CIA même après sa démission et qu'il fut rémunéré par eux.

Des rapports officiels en témoignent entre 2018 et 2020, confirmant également l'existence de programmes identiques au sein du NAWCAD, pour le Pentagone.

Le secrétaire à la Marine des États-Unis au siège de la division du Naval Air Warfare Center (NAWCAD) à Patuxent River, dans le Maryland déclare qu'il existe bien des projets sous budget de l'armée :

Des inventions classées confidentielles sous le titre Brevets OVNIS

Un astrophysicien du nom d'Eric W. Davis, consultant auprès de la division OVNI du Pentagone, déclare que :

« Certains des matériaux trouvés provenaient de sources que nous ne pouvions pas fabriquer nous-mêmes. »

[23] Intervew du 19 décembre 2017 entrevue avec Erin Burnett sur CNN.

Le Plasma Compression Fusion Device (NASA 1979), conduisant au développement d'une arme de modification de l'espace-temps, revient au grand jour lorsqu'entre 2014 et 2015 le NAWCAD charge l'US Navy de reprendre à son compte le concept. Le NAWCAD argumente sur sa faisabilité théorique et expérimentale en cours[24] :

Un de ces brevets décrit un engin hybride aérospatial-sous-marin censé être capable de prouesses en vitesse et maniabilité extraordinaires dans l'air, l'eau et l'espace grâce à un système de propulsion électromagnétique révolutionnaire en forme de triangle.

Lorsque le Dr Salvatore Cezar Pais, ingénieur en aérospatiale à la Naval Air Warfare Center Aircraft Division (NAWCAD), dépose un brevet pour un « dispositif de fusion par compression plasma » , qui peut se placer dans un appareil en forme de soucoupe volante ou de triangle, la technologie rejoint la science-fiction.

On se souvient de l'affaire de la technologie OVNI décrite par Bob Lazar et la fameuse caisse de résonance, concept identique chez André Füzfa, ainsi que Brian Young, professeur à l'Université de Salford et directeur des projets stratégiques à la British Aerospace Défense, et le Docteur Ron Evans, et d'autres personnes déjà citées dans ce livre

Le concept de Salvatore Pais utilise un mouvement contrôlé de matière chargée électriquement par vibration accélérée. un peu similaire à la soucoupe de Bob Lasar Zone 51 années 80. Selon un brevet, un dispositif miniature pourrait contenir des réactions de fusion capables de générer une puissance allant de un milliard de watts au térawatt (1 000 milliards de watts) ou plus.

---

[24] https://patents.google.com/?inventor=Salvatore+Pais&oq=inventor:(Salvatore+Pais)

https://patents.google.com/patent/US10135366B2/en

L'invention révolutionnaire du Dr Pais, produit une énergie propre, presque illimitée à partir de quelque chose qui n'est pas plus gros qu'un véhicule utilitaire.

Pais est l'auteur des brevets d'une technologie inconnue sur terre, impactant l'espace-temps quantique.

Le directeur de la technologie de l'US Naval Aviation Enterprise, le Dr James Sheehy, s'est personnellement porté garant de la légitimité de cette technologie aérospatiale à l'USPTO. Il a assuré à l'examinateur de brevets en charge de cette demande que la méthode de propulsion d'avion décrite a été prouvée par des tests que NAWCAD poursuit.

Incluant officiellement la mention d'une :

« Arme de modification de l'espace-temps. »

En comparaison c'est une arme qui peut faire ressembler la bombe à hydrogène à un pétard

Les communiqués officiels sont tous liés à un programme de recherche navale Top Secret incluant le :

Générateur de champ électromagnétique à haute énergie (HEEMFG).

L'avocat en brevets de la NAWCAD, Mark O. Glut, fait appel de la première décision négative du bureau d'enregistrement des inventions et soumet une documentation supplémentaire pour garantir que cet engin est effectivement « activé », ce qui signifie qu'il fonctionne réellement est construit comme décrit dans la notice.

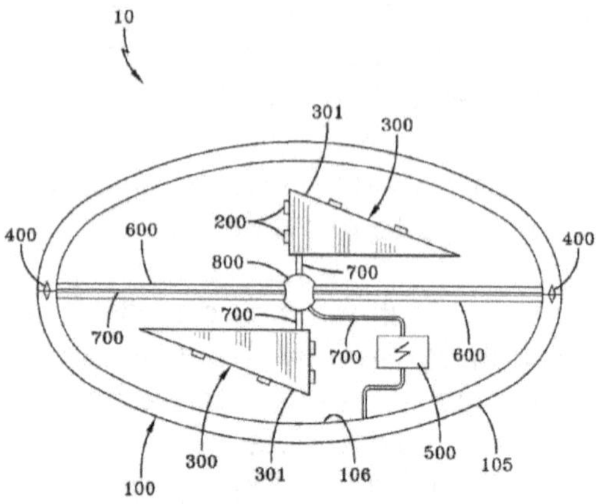

Générateur d'ondes gravitationnelles à haute fréquence, comprenant une coque remplie de gaz avec une surface de coque extérieure, des émetteurs de micro-ondes.

Au total, il semble qu'au moins 466 810 $ aient été consacrés pour la phase test de l'appareil en situation réelle, appareils envisagés semblent avoir été des versions du concept avec même plusieurs variantes de la même idée. Bien que les tests ont eu un raté.

Les ingénieurs de la NAVY, diagnostiquent la raison de la première panne :

« Le condensateur a confiné les électrons à son centre, plutôt qu'à la surface, ce qui est nécessaire pour la génération de l'effet. »

Qui devait générer le vide par résonance à l'extérieur de la paroi de la coque , toutefois, les examinateurs ne précisent pas les tests ultérieurs sur lesquels ils se basent pour valider le projet après expérimentation.

De nombreux documents indiquent que le projet HEEMFG est poursuivi par l'Office of Naval Research (ONR), le Naval Research Laboratory (NRL), l'Air Force Research Laboratory (AFRL), la NASA et la Defense Advanced Research Projects, l'Agence (DARPA).

En 2019, la Naval Air Warfare Center Aircraft Division (NAWCAD) de l'US Navy a déposé un certain nombre de brevets apparemment hors du commun qui pourraient, en théorie, révolutionner non seulement l'aviation militaire, mais à peu près tout ce qui existe.

Selon les estimations de Lockheed Martin à l'époque, le réacteur à fusion compact pourrait produire une alimentation constante de 100 mégawatts de puissance, assez pour faire fonctionner un porte-avions entier ou alimenter les maisons de près de 100 000 personnes, en utilisant seulement environ 25 livres d'isotopes d'hydrogène, de deutérium, et de tritium.

Lockheed Martin breveta le design d'une partie de son mini-réacteur à fusion nucléaire (CFR), le concepteur en chef du CFR et chef de l'équipe technique, Thomas McGuire oeuvra sur la fusion comme source de propulsion spatiale en réponse à une volonté de la NASA d'améliorer les temps de trajet vers Mars (voyage prévu entre 2025 et 2030.

Le projet prévoit de remplacer les émetteurs de micro-ondes qui chauffent le plasma dans leurs prototypes, par une injection de faisceau neutre, dans laquelle des atomes de deutérium électriquement neutres transfèrent leur énergie au plasma. Une fois amorcée, l'énergie de la fusion maintient la température nécessaire pour la fusion ultérieure, lorsque la pression du plasma provoque son expansion, le champ magnétique devient plus fort en raison du plasma.

L'intensité du champ magnétique est une fonction croissante de la distance par rapport au centre.

Cette problématique est la même rencontrée par les ingénieurs de l'US Navy dans le concept de Salvatore Pais. S. Cowley remet en question la petite taille suggérée d'une machine en état de marche telle que la Navy envisagerait. Cette miniaturisation ne serait pas compatible avec la puissance que cela va générer en un si petit confinement.

Le professeur de physique et directeur du laboratoire national de fusion au Royaume-Uni, Steven Cowley, souligne que l'expérience acquise par la construction d'autres réacteurs de fusion, suggère que lorsque la taille de la machine est doublée, on obtient une amélioration de 8 fois le confinement de la chaleur, c'est-à-dire la quantité de température extrêmement élevée nécessaire à la réaction de fusion peut être contenue sans, par exemple. trop chauffer les aimants supraconducteurs qui doivent impérativement être refroidis. Le réacteur chinois d'ingénierie de fusion (中国聚变工程实验堆, CFETR) tokamak, utilise un champ magnétique pour confiner le plasma et générer de l'énergie, Le 4 décembre 2020, l'HL-2M fut chauffé à environ 150 millions de degrés Celsius, dix fois plus chaud que le noyau solaire. L'un des plus grands défis demeure, il est nécessaire de surmonter la problématique du deutérium et tritium comme sources de combustible du CFETR.

La source de l'énergie recherchée par russes et américains désire dépasser ces stades imposés par la fusion nucléaire par la maitrise des particules quantiques où l'utilisation d'une matière noire dotée de capacités magnétiques avec le même effet sur l'expansion du cosmos que l'énergie noire.

L'énergie noire constitue environ 68 % de la densité d'énergie totale de l'Univers, et si la matière noire avait une qualité analogue au magnétisme, alors on se servirait de ce magnétisme dans le cosmos pour qu'un moteur en soit alimenté et un vaisseau soit propulsé aux confins de l'Univers par-delà les limites supraluminiques.

Nous ne pouvons déduire sa présence que par ses effets indirects sur la matière.

Pourrions-nous éventuellement comprendre l'origine de l'anisotropie de la vitesse de la matière noire ?

Selon Steen Harle Hansen professeur agrégé de l'Université de Copenhague :

« Honnêtement, notre découverte n'est peut-être qu'une coïncidence », « Si ce que nous avons découvert est exact, cela bouleverserait notre conviction que ce que nous pensions représenter, près de 70 % de l'Univers n'existe pas réellement », souligne le chercheur.

Autrement dit, nous n'avons à ce jour aucune véritable preuve de son existence, mais nous savons qu'elle est bien là.

Le « problème de la matière noire » en astrophysique réside dans le fait qu'on la détecte indirectement par ses effets gravitationnels, cette présence d'une grande quantité de masse immense dépassant plusieurs Univers et galaxies, remplissant le cosmos et qu'on n'a encore jamais réussi à voir remet beaucoup de théories physiques en question.

Le continuum espace-temps comporte quatre dimensions : trois dimensions pour l'espace, x, y, et z, et une pour le temps, t. Afin de pouvoir les manipuler plus aisément, on s'arrange pour que ces quatre grandeurs soient homogènes à une distance en multipliant t par la constante c.

L'idée de créer une bulle de vide autour d'une soucoupe volante, d'un tube ou d'une sphère avec des ondes pulsées ou de la magnéto dynamique remet aussi en question la notion de temps, de vide et d'espace-temps autour de l'objet en question.

Il est très difficile de s'imaginer que le temps ne soit pas le même suivant le référentiel dans lequel on le mesure et dans une constante d'équilibre, ceci est pourtant expérimentalement confirmé dans les accélérateurs de particules du CERN. La longueur d'un objet mesuré peut être différente selon le référentiel de mesure.

En manipulant des dimensions supplémentaires de notre espace avec des quantités énormes d'énergie, deux physiciens de la Baylor University ont théorisé la possibilité de conceptualiser l'idée d'un moteur de distorsion, plierait mais ne violerait pas les lois de la physique et voyagerait plus vite que la lumière dans le cosmos.

Louis Elizondo ancien employé du Pentagone dans la division de l'ingénierie OVNI, confirme tout comme le physicien Hal Putthof de Bigelow Aerospace, que les vaisseaux OVNIS ont l'habitude de créer leur propre bulle d'espace-temps leur permettant de voler à des vitesses incroyables impossibles pour nous : « Nous croyons que cela à avoir avec une grande quantité d'énergie et à la capacité de déformer l'espace-temps, pas de beaucoup, juste légèrement », selon Elizondo pour le Dailystar le 8 février 2018.

Nous apprenons donc par lui, que tous ces travaux depuis l'ATPW puis après sa dissolution, ceux des projets des firmes Bigelow : NIDS, BAASS, puis AAWSAP portaient sur la compréhension de cette technologie.

Le 16 janvier 2019, la DIA publie une liste de 38 titres de recherche poursuivis par le programme secret, en réponse à une demande en raison du Freedom of Information Act (FOIA) par Steven Aftergood, directeur du projet de la Fédération des scientifiques américains.

L'un de ces sujets de recherche dévoilés au public est :

« Trous de Ver traversables, Stargates et Negative Energy », dirigé par Eric W. Davis de EarthTech International Inc, fondée par Harold Puthoff, auparavant impliqué dans le projet Stargate.

Un autre projet appelé : Invisibility Cloaking, dirigé par le scientifique allemand Ulf Leonhardt, professeur à l'Institut des sciences Weizmann en Israël. Un autre; Warp Drive, Dark Energy, and the Manipulation of Extra Dimensions, attribué au physicien théoricien Richard Obousy, directeur de l'organisation à but non lucratif : « Icarus Interstellar ». Le 23 juillet 2020, le New York Times a rapporté que même si l'ancien sénateur Harry Reid croyait que des crashs d'objets d'origine inconnue pouvaient s'être produits et que les matériaux récupérés devaient être étudiés ; il n'a pas confirmé qu'elles s'étaient produits.

Les reportages du New York Times, ont également répété une affirmation faite par Eric W. Davis, un ancien employé de Harold E. Puthoff (co-fondateur de la société : To the Stars, selon laquelle un « véhicule hors du monde », pourrait être en possession du gouvernement américain.

Ce véhicule extraterrestre vole à une vitesse supraluminique
capable d'évoluer dans un espace-temps différent.

James Oberg, journaliste, historien et ancien employé de la NASA, a déclaré qu'un métal exogène d'origine extraterrestre suite à un crash d'OVNI, avait pas été récupéré et stocké non pas par des agents militaires ou gouvernementaux, mais par une société privée.

L'animateur de l'émission, Seth Shostak, nomma directement Robert Bigelow et ses travaux dans un de ses hangars à Las Vegas, exploitant des débris d'OVNIS sous contrat avec le gouvernement, mais Bigelow refuse d'en dire d'avantage à ce sujet.

Seth Shostak, astronome américain connu pour ses recherches dans le cadre du programme SETI dit : « Pourquoi le gouvernement donnerait-il le matériel à l'entrepreneur Robert Bigelow, pourquoi pas à des experts scientifiques en physique atmosphérique ou même en aviation ?
« Les gens réclament des preuves physiques depuis des décennies. Si ces preuves sont accumulées dans certains bâtiments de Las Vegas (Le siège de Bigelow Aerospace à Las Vegas au Nevada est un grand site en forme de hangar), ouvrons les portes. »

L'administrateur adjoint, le Dr biologiste Colm Kelleher, le personnel scientifique permanent, les Dr George Onet (vétérinaire) et Eric Davis étaient plus axés sur les enquêtes de contacts extraterrestres dans les affaires de mutilation de bétail et les analyses d'anomalies de toutes sortes, ils ne parlèrent pas de la retroconception d'OVNIS récupérés.

Mais, plusieurs membres du NIDS ont étudié les ovnis et le paranormal entre 1995 et 2004, principalement dans une zone désertique de l'Utah appelée Skinwalker Ranch. Puthoff et l'équipe du NIDS pensaient qu'il s'agissait d'une passerelle surnaturelle vers une dimension de l'espace.

Le ranch est maintenant le décor d'un programme de télé-réalité paranormal.

Le NIDS réussit à convaincre un scientifique de la Défense Intelligence Agency en visite à Skinwalker, puis la DIA s'est associée à Bigelow pour poursuivre à la fois un travail sur des projets spatiaux et en parallèle les OVNIS.

La présence d'artefacts exotiques en stockage du NIDS est confirmée.

L'ex journaliste scientifique pour la BBC, aujourd'hui producteur exécutif, et co-animateur de Big Picture Science, une émission de radio hebdomadaire d'une heure diffusée par plus de 150 stations de radio publiques Molly Bentley déclare :

« Pourquoi les artefacts de phénomènes aériens non identifiés dans son bâtiment ne sont-ils pas mis à la disposition des scientifiques des matériaux ou d'autres chercheurs pour étude ?

Si les preuves ne sont pas publiées, personne ne peut les évaluer. »

Nous parlons d'artefacts d'appareils se déplaçant par un moyen très inhabituel que les experts ont fini par découvrir dans les années 80 et viennent à peine d'en comprendre le mécanisme quantique. Molly a participé au Nasa Astrobiology Institute : SETI Institute
Current Projects :

- Are We Alone ? Weekly Science Radio Show 2008.
- Planetary Biology, Evolution, and Intelligence 2007.

L'entreprise Bigelow Aerospace s'est orientée vers le développement de stations orbitales spatiales, quand en février 2018, la société a annoncé la formation d'une nouvelle filiale, Bigelow Space Operations, pour gérer les aspects opérationnels de la commercialisation et de l'exploitation de stations spatiales en orbite terrestre basse. En mars 2020, l'entreprise a licencié l'ensemble de ses employés, 88 au total dans un mouvement causé au moins en partie par la pandémie de coronavirus.

Bigelow a déclaré à Loren Grush pour 60 Minutes le 30 mai 2017, qu'il s'était intéressé pour la première fois aux extraterrestres après que ses grands-parents eurent eu une fois une rencontre rapprochée avec un OVNI à l'extérieur de Las Vegas : « Cela s'est vraiment accéléré et leur est venu directement sur leur visage visage et a rempli tout le pare-brise de la voiture », a-t-il déclaré lors de l'interview, « Et il a décollé à angle droit et a décollé au loin. »

Il a également déclaré que les extraterrestres avaient définitivement visité la Terre.

Le journal l'Express en grande Bretagne informe ses lecteurs en 2018 :

« Le métal Mystérieux prétendument récupéré d'un OVNI et placé dans un stockage top secret par le Pentagone n'a pas été trouvé par le gouvernement américain. »

Un article choc du New York Times a révélé les détails d'une étude top secrète du Pentagone sur les menaces posées par les ovnis qui s'est déroulée de 2007 à 2012. Selon le New York Times, qui a déclaré avoir vu des documents du DoD relatifs à l'étude, des métaux inconnus de la science avaient été récupérés, testés et placés dans un stockage privé.

Il était largement admis dans la communauté des ufologues que les métaux devaient avoir été prélevés sur une scène de crash d'ovni comme le légendaire incident de Roswell en 1947.

La majeure partie de l'argent alloué par le DoD (Département de la Défense Américain) au projet serait passé par un contrat avec Bigelow Aerospace à Las Vegas, dirigé par l'homme d'affaires milliardaire américain Robert Bigelow, qui travaille également avec la NASA pour créer un nouveau vaisseau spatial issu de technologie non terrestre.

Selon l'article du New York Times, des documents du Pentagone indiquent que le métal et d'autres matériaux prétendument récupérés des ovnis ont été stockés dans des bâtiments spécialement convertis à Las Vegas dans le cadre d'un programme financé par le gouvernement américain.

Le matériau, « inconnu de la science » à la suite de tests, a été stocké dans des bâtiments de Bigelow Aerospace.

La fermeture de Bigelow Aerospace s'accompagne de la disparition de ces matériaux encore une fois. Express.co.uk a contacté M. Bigelow via Bigelow Aerospace pour essayer de découvrir ce qui est arrivé au matériel, il n'a jamais répondu à leurs demandes.

Un responsable du renseignement militaire, Luis Elizondo, qui disposait d'accréditation Top Secret au cinquième étage du C Ring du Pentagone, rencontra fin 2017, le journaliste indépendant Leslie Kean révélant l'existence du programme UFOs du Pentagone et des tentatives pour comprendre les propriétés des OVNIs, notamment les déplacements au-delà de la vitesse de la lumière.

Elizondo et ses collègues avaient déterminé que les phénomènes qu'ils avaient étudiés ne semblaient provenir d'aucun pays sur Terre.

Selon la métrique de Michael Alcubierre pour atteindre la vélocité au-delà de la supraluminique, ont doit comprimer le tissu de l'espace-temps devant un vaisseau et l'étirer à l'arrière, créant une bulle entourant ce dernier.

C'est une déformation en forme de vague de l'espace-temps, qui se contracterait dans une direction et se dilaterait dans l'autre avec en son centre le vaisseau en déplacement. Ainsi un objet au centre de la distorsion n'irait pas plus vite que la vitesse de la lumière, en fait l'objet à l'intérieur de la distorsion n'aurait pas à accélérer pour franchir les limites supraluminiques.

Le mécanisme proposé par Alcubierre nécessite des densités d'énergie négative utilisant une matière exotique dont l'existence, bien que possible théoriquement par la théorie quantique des champs ne fait pas l'unanimité au sein de la communauté scientifique (quantum, élément 115...).

La création d'un moteur à distorsion peut sembler utopiste, mais une équipe du Limitless Space Institute (LSI), financée par la Defense Advanced Research Projects Agency (DARPA) dirigée par le Dr Harold White ancien spécialiste de la NASA, pionnier du moteur à distorsion, ou Warp Ddrive en apporte la preuve.

La découverte a été complètement fortuite est en menant une analyse liée à un projet financé par la DARPA sur certaines géométries de cavités Casimir, l'équipe découvre une structure à l'échelle micro nanométrique qui prédit une distribution de densité d'énergie négative, correspondant étroitement aux exigences de la métrique d'Alcubierre.

Harold White précise que tout ceci fut accidentel car les cavités Casimir ne sont aucunement liées à la théorie ou à la mécanique de la distorsion.

L'effet Casimir est une force attractive entre deux plaques parallèles conductrices et non chargées, due aux fluctuations quantiques du vide :

« Je pense qu'il s'agit d'un excellent exemple de ce qui se passe lorsque l'on fait un travail pour une raison précise et que l'on découvre quelque chose d'autre que l'on ne s'attendait pas à trouver », déclara le Dr White au mois d'août 2021, lors du forum sur l'énergie de propulsion de l'American Institute of Aeronautics and Astronautics[25].

Revenons à cette idée et modélisons-là pour nous affranchir les limites de l'apesanteur, notre but est de conquérir l'anti-gravité, nous déplacer sur terre, et, envisager l'existence d'une énergie quantique identique dans le vide, source inépuisable et infinie d'énergie.

La faible vitesse des fusées actuelles fait partie des obstacles qui limitent la portée de nos programmes d'exploration spatiale.

Le Dr Fatima Ebrahimi, physicienne au Princeton Plasma Physics Laboratory du département américain de l'énergie, intègre le concept de plasma dans un champ magnétique (Pais, Bushman, Lazar, Leonov). L'idée est d'utiliser des champs magnétiques pour projeter des particules de plasma (un gaz chargé électriquement) dans le vide et générer en conséquence une poussée (l'idée provient de la Nasa fin années 70).

En orientant l'énergie magnétique éventuellement renforcée par le plasma, vers les parois d'un aéronef creuse avec caisse de résonance on rejoint l'idée de vague sur l'avant et l'arrière, le dessus ou le bas ainsi que plusieurs combinaisons. Souvenons-nous que les échantillons d'Eugene Podkletnov pèsaient généralement de 30 à 50 grammes, en utilisant uniquement les vibrations dans la chambre à vide, il lui fut impossible de déplacer ces objets jusqu'à cinq à sept centimètres de la surface du disque. Donc, la Navy aurait réussi un exploit technologique important.

---

[25]https://link.springer.com/article/10.1140%2Fepjc%2Fs10052-021-09484-z

Le déplacement se fait en créant une sorte de vide autour d'un appareil en forme de soucoupe volante dont las partie basse sert de caisse de résonance, une 5° force fondamentale est à venir, le quantum :

« Il existe quatre forces fondamentales connues qui contrôlent la matière et, par conséquent, l'énergie ; les forces nucléaires fortes, les forces nucléaires faibles, la force électromagnétique et la force gravitationnelle. Dans cette hiérarchie de forces, la force électromagnétique est parfaitement positionnée pour pouvoir manipuler les trois autres. Une charge électrique stationnaire donne naissance à un champ électrique (électrostatique), tandis qu'une charge en mouvement génère à la fois un champ électrique et un champ magnétique (d'où le champ électromagnétique). »

Les tests de faisabilité d'un générateur de champ électromagnétique à haute énergie (HEEMFG) de l'US Navy, ont eu lieu d'octobre 2016 à septembre 2019 par Salvatore Cezar Pais :

« Un engin utilisant un dispositif de réduction de masse inertielle avec une paroi interne, une externe et des émetteurs de micro-ondes. La paroi externe chargée électriquement et la paroi interne isolée électriquement forment une cavité résonante.

Les émetteurs de micro-ondes créent des ondes électromagnétiques à haute fréquence dans toute la cavité résonante, provoquant la vibration de la cavité dans un mode accéléré et créant un vide polarisé local à l'extérieur de la paroi. »

Les champs électromagnétiques à haute énergie générés artificiellement, tels que ceux générés avec un générateur de champ électromagnétique à haute énergie (HEEMFG), interagissent fortement avec l'état d'énergie du vide car ils créent un vide autour d'un appareil volant.

L'état de l'énergie du vide peut être décrit comme un état agrégé/collectif, composé de la superposition de toutes les fluctuations des champs quantiques qui imprègnent tout le tissu de l'espace-temps.

L'interaction à haute énergie avec l'état d'énergie du vide peut donner lieu à des phénomènes physiques émergents, tels que l'unification des champs de force et de matière.

Selon la théorie quantique des champs, cette forte interaction entre les champs est basée sur le mécanisme de transfert d'énergie vibrationnelle entre les champs.

**Le plasma sous vide quantique (QVP) est la colle électrique
de notre Univers.**

**The quantum vacuum plasma (QVP) is the electric glue of
our plasma universe.**

L'effet Casimir, le Lamb Shift et l'émission spontanée sont des confirmations spécifiques de l'existence de QVP.

Il est important de noter que dans les régions où les champs électromagnétiques sont les plus forts, plus les interactions avec le QVP sont puissants, par conséquent, plus la densité d'énergie induite des particules QVP qui naissent (la mer de Dirac d'électrons et positons). Ces particules QVP peuvent augmenter les niveaux d'énergie obtenus du système HEEMFG, en ce sens qu'une amplification du flux d'énergie peut être induite.

Il est possible de réduire la masse inertielle et donc gravitationnelle, d'un système/objet en mouvement, par une perturbation brutale du fond non linéaire de l'espace-temps local, équivalente à une excursion accélérée loin de équilibre thermodynamique (analogue à la brisure de symétrie induite par des changements brusques de transitions état/phase).

Le mécanisme physique qui entraîne cette diminution de la masse inertielle est basé sur la pression négative (donc la gravité répulsive) présentée par l'état d'énergie du vide local polarisé obtenue par couplage de vibration accélérée à haute fréquence avec une rotation axiale accélérée à haute fréquence d'un système/objet chargé électriquement.

En d'autres termes, la réduction de la masse inertielle peut être obtenue via la manipulation des fluctuations du champ quantique dans l'état d'énergie du vide local, à proximité immédiate de l'objet/système. Il est donc possible de réduire l'inertie d'un engin, c'est-à-dire sa résistance au mouvement/accélération en polarisant le vide à proximité immédiate de l'engin en mouvement.

**L'objet volant crée son propre vide
et son propre espace-temps autour de lui.**

La polarisation du vide local est analogue à la manipulation/modification de la densité d'énergie du réseau de l'espace local, en conséquence, des vitesses extrêmes peuvent être atteintes, sans échauffement, sans résistance, sans déformation du métal ni effet de g.

L'invention de Salvatore Cezar Pais, concerne un engin utilisant un dispositif de réduction de masse inertielle.

Il s'agit donc d'un dispositif en violation du principe d'équivalence, car en relativité générale, la masse d'un objet, et donc sa gravité, augmente à mesure qu'il se déplace rapidement.

En relativité générale, ils sont identiques, ce que l'on appelle le principe d'équivalence.

Le brevet de cet ingénieur de la Naval Air Warfare Center Aircraft Division à Patuxent River, Maryland utilise ce principe pour découpler la masse gravitationnelle de la masse de vitesse, afin d'annuler l'inertie.

En décembre 2018, l'Office des brevets des États-Unis a approuvé les brevets d'un engin volant à des vitesses gigantesques, pas seulement à travers le ciel mais dans l'espace et même sous l'océan.

Un engin contiendrait un gaz inerte tel que le xénon, un vide serait créé à l'extérieur du véhicule, et les micro-ondes produiraient des vibrations dans le vide.

Les quartiers de l'équipage seraient enfermés dans une cage de Faraday pour les protéger des rayonnements micro-ondes dans la partie supérieure.

Le résultat, serait un engin hybride qui se déplacerait avec une grande facilité dans les milieux air/espace/eau, en étant enfermé dans une bulle/gaine sous vide.

« C'est un non-sens », déclare Jeremiah Ostriker, astrophysicien professeur d'astronomie aux Universités Columbia et Princeton : « Si un avion jette des choses par-dessus bord, sa masse inertielle diminue, mais son élan diminue de la même fraction et donc il n'ira pas plus vite. »

La question serait alors, pourquoi la Marine enregistrerait-elle un brevet pour une invention impossible ?

Le laboratoire fédéral, NAWCAD dépose de nombreux brevets chaque année, cela n'indique pas nécessairement la présence réelle de la technologie ou la poursuite de son expérimentation, elle peut également protéger un concept afin de ne pas payer des droits à un pays tiers pour utiliser une invention.

Dans ce cas, les brevets protégeaient les concepts technologiques exclusifs jusqu'à ce que des recherches supplémentaires soient effectuées en garantissant les droits de propriété intellectuelle sur les inventions concurrentes.

Le service de dépôt des brevets U.S. Patent and Trademark Office (USPTO), refusa l'enregistrement une fois, Philip J. Bonzell, l'examinateur chargé d'examiner les documents de Pais, a rejeté la demande, il a déclaré que de tels appareils ne peuvent pas être construits.

La puissance requise pour faire voler l'engin serait absurdement élevée : « trois ordres de grandeur de plus qu'une étoile à neutrons », a-t-il écrit en rejetant le brevet. « Il faudrait 10^9 Tesla de puissance. »

Le scientifique en chef de la section Navy Warfare, James Sheehy, dépose l'invention et confirme qu'elle est activée et en cours de test. Au cours du processus de candidature, Sheehy, qui détient un doctorat en optique physiologique, déclare que le programme de test de Pais pour le véhicule expérimental était prometteur : « Sur la base de ces premières conclusions, j'affirmerais que cela deviendra une réalité », a-t-il déclaré dans une lettre à l'intention de l'examinateur Phillip Bonzell.

SUBMISSION UNDER 37 C.F.R. 41.37
IN THE UNITED STATES PATENT AND TRADEMARK OFFICE

In re Application of: Pais	)
Assignee: Dept of the Navy	)
Serial No.: 15/141,270	) Group Art Unit: 3644
Filed: 04/28/2016	) Examiner: Philip Bonzell
For: A Craft Using an Inertial Mass	)
Reduction Device	) Att. Docket No.: PAX 205
	)
	)

Commissioner of Patents and Trademarks
Washington, D.C. 20231

APPEAL BRIEF

Claims 1-4 (all of the claims) have been finally rejected, and the rejections of claims 1-4 are appealed herein. Final Rejection sent March 30, 2018, Advisory Action Before Filing of the Appeal sent July 11, 2018 stating application not in condition for allowance.

Rejet de la demande de brevet d'invention pour la Navy

Respectfully Submitted,

Date: August 16, 2018

Mark O. Glut
Registration #38,161
Department of the Navy
Office of Counsel, NAWCAD
47076 Liljencrantz Rd, Building 435
Patuxent River, MD 20670-1547
(301) 757-0582

Note de Marc O Glut datée du 16 août 2018

DEPARTMENT OF THE NAVY

NAVAL AIR SYSTEMS COMMAND
RADM WILLIAM A. MOFFETT BUILDING
47123 BUSE ROAD, BLDG 2272
PATUXENT RIVER MARYLAND 20670-1547

5216
Ser 40T/33
15 Dec 2017

From: Naval Aviation Enterprise (NAE) Chief Technology Officer (CTO), AIR 4.0T
To   Mr. Philip J. Bonzell, Primary Patent Examiner, USTPO

Subj: U.S. Patent Application 15/141,270 (PAX 205)

1. Mr. Bonzell, Dr Pais has shared your review of his patent disclosure and I agree with your main point that this mode of acceleration / movement is beyond the state of the possible, at least at present. If you understand the theory and follow the equations you do arrive at the same conclusion or supposition as Dr. Pais. It is clear from your review that you did invest the time and did follow the theory. As you well know everything with time, if of significance, which this certainly is grows in power / magnitude. The theory which led to the first ruby laser in 1960 is a perfect example. With time lasers have evolved into a myriad of different wavelengths, power, and pulse durations. In 1960 1 CW watt at 695nm was a landmark, while now a kJ at up to pico / atosecond pulse is not uncommon and is ever increasing expanding the potential usages. At the time Hughes claimed the invention while actually the Army at Picatinny Arsenal had built the first ruby laser in 1958 but never sought a patent much to DoD's loss

2. In U.S. Patent Application 15/141,270 (PAX 205) we are looking at very much the same phenomena. Dr. Pais is currently funded by NAWCAD to design a test article and instrumentation to demonstrate the experimental feasibility of achieving high electromagnetic (EM) field-energy and flux values (Watts/meter^2). He is currently one year into the project and has already begun a series of experiments to design and demonstrate advanced High energy Density / High Power propulsion systems.

3. Dr. Pais' approach of reaching this objective is to couple an electrically charged system's high frequency axial spin with high vibration frequencies operated in a rapidly accelerated transient mode to achieve extremely high electromagnetic field-intensities (EM energy flux), which as you understand is the equivalent of achieving extremely high E- and B-fields. If successful the realization of this result demonstrates that this patent documents the future state of the possible and moves propulsion technology beyond gas dynamic systems to field-induced propulsion based hybrid aerospace-undersea craft.

4. Dr. Pais is currently performing tests using a battery to charge a 10 cm test sample spinning at up to 100,000 RPM and is able maintain charge on these batteries for dwell times of more than 25 minutes (at max RPM) without loss of load. If the desired results are not achieved due to the sample's charge, then he will move to using a super-capacitor as the spinning test asset. With test asset surface charge density on the order of one Coulomb/meter^2, we expect to see high EM energy flux amplification as we accelerate the spin of the test asset up to 100,000 RPM, subjecting the test asset to several rapid acceleration transients.

5. Based on these initial findings I would assert this will become a reality. China is already investing significantly in this area and I would prefer we hold the patent as opposed to paying forever more to use this revolutionary technology. Please contact me if you would like to discuss further or have questions. I appreciate your time and thorough review.

Lettre du Dr James Sheeny du 15 décembre 2017

DECLARATION UNDER 37 C.F.R. 1.132

IN THE UNITED STATES PATENT AND TRADEMARK OFFICE

In re Application of: Pais	)
Serial No.: 15/141,270	) Group Art Unit: 3644
Filed: 04/28/2016	) Examiner: Philip Bonzell
For: A Craft Using an Inertial Mass	)
Reduction Device	) Att. Docket No.: PAX 205
	)

Commissioner of Patents and Trademarks
Washington, D.C. 20231

DECLARATION UNDER RULE 1.132

I, James Sheehy, declare and say as follows:

That I received a Doctor of Philosophy Degree (PhD) in physiological optics from the Pennsylvania State University, a Master's degree from the Rensselaer Polytechnic University in Human Factors Engineering (with research performed in energy efficient vehicles), and a Bachelor's degree from Kean University.

That I have served as a civilian employee of the United States Navy since 1985. During the course of my career at the Department of the Navy, I was a research and lab manager, and the Chief Scientist of the Naval Air Systems Command. I have directed all basic to advanced technology research while continuing to pursue research interests in perception, physiological optics, visual vestibular interactions, analog then digital sensors and displays for night vision / low light level devices, nonlinear materials and novel coatings for filters and lenses. As a result, I am well versed in the generation of electromagnetic fields and in physics in general (the subject matter of the above application).

That for the past eleven years I have been and am currently the Chief Technology Officer of the Naval Aviation Enterprise, and NAVAIR's Chief Scientist/CTO and technical authority, and spokesperson for all basic, applied, advanced research and transition. I was promoted to the Senior Executive Service in November 2001 and was awarded the Presidential Rank Award for sustained superior accomplishments in 2007.

That I am familiar with the above referenced patent application (and related amendment), as well as the development, usage and properties of the craft using an inertial mass reduction device. That as a result of my education and career, I am regarded as a subject matter expert and can be considered "a person of ordinary skill in the art" in the subject matter of the above patent application.

That the invention described in the above referenced patent application is enabled via the physics described in the patent application and the peered reviewed papers described in the Inventor Amendment dated January 23, 2018.

That I declare that all statements made herein of my own knowledge are true and that all statements made on information and belief are believed to be true; and further that these statements were made with the knowledge that willful false statements and the like so made are punishable by fine or imprisonment, or both, under 18 USC 1001.

James Sheehy

May 11, 2018

Lettre du Dr James Sheeny le 11 mai 2018

En 2020, la liste annuelle des brevets secrets selon la fédération des scientifiques américains était passée à près de 6 000 entièrements interdits de consultation par le public.

Un physicien, Terry Matilsky, professeur émérite d'astronomie et de physique à l'Université Rutgers, déclara que James Bonzell faisait simplement remarquer dans ses réserves lors de l'enregistrement de l'invention, que quelque chose de fondamental était indispensable.

Le concept de réduction de masse, qui est au cœur du brevet, est contraire à toute la physique connue, à commencer par la théorie de la relativité restreinte d'Einstein et la formule bien connue E=mc2 :

« Comment pouvez-vous réduire la masse de toute façon ? »

« Vous violez le principe de la conservation de l'énergie. »

« Comment est-ce possible ? »

Les brevets s'appuient tous les uns sur les autres, mais à leur base se trouve quelque chose que Pais appelle « l'effet Pais ».

C'est l'idée selon laquelle « le mouvement contrôlé de la matière chargée électriquement via des vibrations accélérées et/ou un spin accéléré soumis à des transitoires d'accélération lisses mais rapides, afin de générer des champs électromagnétiques à énergie/haute intensité extrêmement élevée ».

Essentiellement, Pais prétend utiliser des champs électromagnétiques correctement pour contenir une réaction de fusion. Cette réaction de fusion plasma qu'il prétend avoir inventée va révolutionner la consommation d'énergie.

Les experts émettent l'hypothèse qu'un réacteur à fusion fonctionnel conduirait à une énergie bon marché et omniprésente, pour le moment les projets de fusion plasma sont tous sous réaction atomique.

L'un des brevets de Pais et de la Marine décrivait à quoi serviraient le système de propulsion et l'entraînement à fusion un : « Engin hybride aérospatial sous-marin ».

Selon le brevet, l'engin pourrait voyager sur terre, en mer et dans l'espace à des vitesses incroyables.

D'autres brevets inventés par Pais et déposés par la Marine incluent un « supraconducteur à haute température », un « générateur de champ électromagnétique » et un « générateur d'ondes gravitationnelles à haute fréquence ».

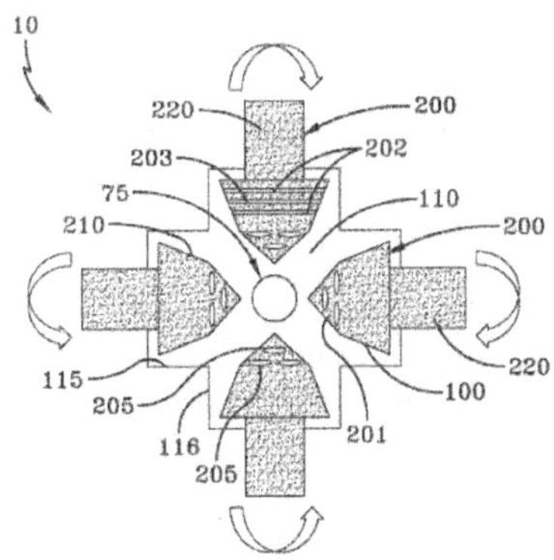

Invention de Salvatore Pais : Plasma compression fusion device.

Il a été suggéré que les États-Unis auraient pu se livrer à la désinformation en prétendant avoir fait un saut dans le développement d'avions exotiques avec des systèmes de propulsion inconnus.

Le directeur de la technologie de l'US Naval Aviation Enterprise, le Dr James Sheehy, affirme que cette technologie pourrait être une plus grande portée que nos moyens actuels ne peuvent gérer, ou imaginer, mais l'Amérique n'est pas la seule nation en course dans ce domaine, l'intérêt national, est suggéré comme importance majeure pour les USA :

« La Chine investit déjà de manière significative dans ce domaine », a déclaré James Sheeny à l'examinateur de brevets Philip Bonzell, et npus « préférerions que nous (les États-Unis) détenions le brevet plutôt que de payer éternellement pour utiliser cette technologie révolutionnaire » il l'affirme « cela deviendra une réalité.»

La Navy à peut-être du retard dans l'aboutissement de cette technologie et souhait préserver les USA au cas où une autre nation (la Chine en l'occurrence) présenterait des brevets internationaux obligeant les autres pays désireux d'utiliser ces brevets à payer des redevances importantes de centaines de millions de dollars.

Le brevet le plus étonnant concerne peut-être un engin hybride aérospatial sous-marin.

Gardez à l'esprit que la Marine a déposé une demande de brevet le 28 avril 2016, plus de dix ans après que les pilotes eurent vu des OVNIS en forme de Tic-Tac et par le plus grand hasard, un prototype de la navy et deux brevets d'invention figurent sur un tel objet aux USA.

L'Office des brevets et des marques U.S. Patent and Trademark Office (USPTO) finira par approuver le brevet en 2018, il expirera le 28 septembre 2036.

Le Dr Pais déclare sur son invention :

« Dans des conditions définies de manière unique, le Plasma Compression Fusion Device peut conduire au développement d'une arme de modification de l'espace-temps, SMW, une arme qui peut faire ressembler la bombe à hydrogène plus à un pétard, en comparaison. »

Ce terme va revenir à plusieurs reprises dans les déclarations publiques faites par les scientifiques de la Navy.

Alors que les réacteurs nucléaires, des centrales électriques aux porte-avions, produisent de l'énergie en divisant un noyau d'atome en deux noyaux plus légers, l'énergie de fusion impliquerait la fusion de deux ou plusieurs noyaux en un seul élément plus lourd

Lespace temps modifié par l'appareil de Salvatore Pais entre de plein fouet, dans une singularité, le temps imaginaire : tout en cherchant à relier la théorie quantique des champs à la mécanique statistique, le physicien théoricien Stephen Hawking a introduit un concept qu'il a appelé le temps imaginaire, il entretient une relation similaire au temps physique normal comme l'échelle des nombres imaginaires le fait aux nombres réels dans le plan complexe, et peut peut-être mieux être représenté comme un axe perpendiculaire à celui du temps régulier.

Il permet de considérer la dimension du temps comme s'il s'agissait d'une dimension de l'espace, de sorte qu'il est possible d'avancer et de reculer le long de celle-ci, tout comme on peut se déplacer à droite et à gauche ou de haut en bas dans l'espace, mais aussi modifier l'espace autour de soi.

Les OVNIS l'empreinte magnétique

Les champs magnétiques étranges en relation avec les OVNIS, furent découverts par les services secrets canadiens dans les années 50.

Field Resonance propulsion Concept - NASA

Concept de propulsion par résoanance de champ, développé sur la base d'une résonance entre des formes d'ondes électromagnétiques.

Des rapports classifiés, détaillent les perturbations électriques et magnétiques majeures sur terre en relation avec les OVNIS.

On peut détecter un ovni par son Empreinte Magnétique.

Le legs de Chris Rutkowski

« Les fichiers OVNI secrets au Canada", la vérité est là en ligne et consultable » titre le Toronto Star Jopurnal du 28 juillet 2020 article de Wanyee Li, bureau de Vancouver.

Chris Rutkowski habitant de Winnipeg ufologue passionné et auteur de 10 livres sur les ovnis au Canada, a fait don de sa collection personnelle dont plus de 10 000 documents issus du gouvernement canadien et 20 000 dossiers de diverses agences, à l'Université du Manitoba. Il a déclaré avoir obtenu certains des documents par le biais de demandes d'accès à l'information, pour les autres il les a simplement recueillis à partir des rapports confidentiels déclassifiés issus notamment, du Ministère des Transports Canadien consultables en ligne[26].

---

[26] https://www.thestar.com/news/canada/2020/07/27/secret-ufo-files-in-canada-the-truth-is-out-there-online-and-searchable.html

De son côté, le gouvernement canadien héberge une archive consultable de cas jadis Top Secrets, aujourd'hui déclassifiés sur les affaires datant des années 1950 à 1995.

De 1995 à 2021 le gouvernement canadien nie tout passage d'OVNIS sur son territoire et réfute l'existence de toute enquête officielle. Environ 9 000 documents allant des notes de service du Ministère de la Défense sur les "soucoupes volantes" aux rapports de la GRC, Gendarmerie Royale du Canada rédigés par des agents qui ont enquêté sur les observations d'OVNIS à travers le pays, sont disponibles sur le site Web de Bibliothèque des Archives Canadiennes :

9000 documents jadis classés Top Secret[27]

Ces recherches démontrent un bilan assez constant et ininterrompu de l'implication et de l'intérêt des officiels canadiens pour le sujet durant quarante ans[28].

Pour mémoire, le catalogue complet de 1500 cas du Blue Book UFO Unknowns (2003) Préparé par:Fund for UFO Research (FUROR), basé sur le catalogue Blue Book Contenu : Bien qu'il ne soit pas lui-même un document gouvernemental, ce document répertorie les 1 500 rapports d'ovnis déclassifiés que le Projet Blue Book n'a pas été en mesure d'expliquer, ainsi que les notes des membres du Blue Book (il est à noter que FUROR et le Projet Blue Book utilisent des critères différents, et que Blue Book lui-même n'a signalé que 701 inconnues lors de sa dissolution).

---

[27] https://gizmodo.com/declassified-government-documents-reveal-the-truth-abou-5063000

[28] https://www.bac-lac.gc.ca/eng/discover/unusual/ufo/Pages/default.aspx?PHPSESSID=49fg3t3b09q95uh46epvpdd2ve3icj79p84vtgtjirci71lfkaf0

PROJET MAGNET 1950

Wilbert Smith nait à Lethbridge, en Alberta, en 1910, diplômé de l'Université de Colombie-Britannique en génie électrique, il travaillait pour le ministère fédéral des Transports en 1939, avant de concevoir les systèmes de surveillance du Canada durant la guerre.

Smith deviendra par la suite responsable du département des communications, pour l'attribution des fréquences aux radios et aux agences de renseignement, ses responsabilités touchent à la sécurité nationale. On lui confie Radio Ottawa, le centre d'interception des communications soviétiques.

Le Canada écoutait les transmissions radio des soviétiques durant la guerre, des traductions de conversations porteraient sur des anomalies magnétiques et l'apparition d'avions ou appareils étranges. Ils surgissent de nulle part, leur apparence ne ressemble à rien de connu, ils sont détectables au radar et perturbent les appareillages par des interférences magnétiques qui disparaissent aussi subitement que les inconnus.

L'anomalie magnétique inconnue était définie comme un écart des valeurs du champ magnétique à la surface de la Terre par rapport à ses valeurs normales, inconnu, spontané et provisoire (магнитное обнаружение НЛО pour les russes).

Dans ce contexte Smith assiste à une conférence de la North American Radio Broadcast Association à Washington, DC qui finit de le persuader de l'existence des ovnis et qu'ils utilisent des forces magnétiques pour fonctionner.

À son retour au Canada, Smith rencontre le Dr Solandt, président du Conseil Canadien de Recherches pour la Défense (DRB) qui accepte de lio fournir un bâtiment pour servir de laboratoire avec de l'équipement et du personnel pour la recherche sur le géomagnétisme en corrélation avec le système de propulsion des ovnis. Au cours de 1950, les rapports d'objets volants non identifiés augmentant chaque jour au Canada.

Extrait d'une lettre de Smith au contrôleur des télécommunications pour lancer le projet Magnet :

« Il est donc recommandé qu'un Projet soit mis en place dans le cadre de l'étude de ce problème et, que le travail soit effectué à temps partiel jusqu'à ce que des résultats tangibles suffisants puissent justifier une action plus définitive. Le coût du programme dans ses phases initiales devrait être inférieur à quelques centaines de dollars et peut être pris en charge par notre crédit de Radio Standards Lab. »

Les objectifs du projet Magnet étaient alimentés par les concepts de géomagnétisme et la conviction qu'il serait possible d'utiliser et de manipuler le champ magnétique terrestre comme méthode de propulsion, des tests effectués par Smith ont été archivés en novembre 1951.

Smith pense qu'il est sur la piste de quelque chose qui pourrait s'avérer être une nouvelle technologie issue d'une source inépuisable infinie en corrélation évidente avec ses études et ses enquêtes sur les ovnis.

En Avril 1950, un mémorandum secret du Ministère de la Défense, révèle que Smith a demandé au CRDB (Chairman of the Defense Research Board, Dr Solandt) de s'assurer la coopération des Services afin de rapporter les observations de soucoupes volantes au-dessus du Canada [...] un nombre important de cas (d'ovnis) ayant été rapporté dans différentes parties du pays, il a été suggéré que les membres des services de renseignement et de la police appliquent des instructions spécifiques pour enquêter sur ces incidents et les rapporter au Département de la Défense[29]. Bibliotheque et archives du Canada une source importante.[30]

---

[29] https://biblio.uottawa.ca/atom/index.php/ufo-clippings

[30] https://www.bac-lac.gc.ca/eng/discover/unusual/ufo/Pages/timeline.aspx

Le ministère des Transports Canadien valide le projet Magnet pour déterminer si des véhicules extraterrestres pourraient exploiter le champ magnétique terrestre comme méthode de propulsion. Les Canadiens vont découvrir des anomalies magnétiques qui interviennent avant l'apparition d'OVNIS[31].

L'entrée officielle du Canada dans l'enquête sur ce phénomène OVNI débute avec M. Wilbert Smith, ingénieur spécialiste sur le géomagnétisme à la division fédérale des télécommunications d'Ottawa.

Curieusement, la CIA connait l'existence du projet Magnet avant que le gouvernement canadien ne valide sa création, dans son mémo du 21 novembre 1950 : Smith rapporte l'intérêt des Américains qui lui font savoir qu'ils aimeraient bien avoir une réunion avec les responsables canadiens si le Canada se lance activement dans ces recherches. Ce mémo est classé secret jusqu'en 1969, date à laquelle il a été accidentellement déclassifié malgré une note jointe restreinte, précisant qu'il ne devra jamais être communiqué au public.

Il ne devra jamais être communiqué au public.

La CIA épiait Smith et connaissait ses buts bien avant qu'il ne contacte ses supérieurs canadiens à ce sujet.

Dix jours plus tard, le 2 décembre 1950 le projet Magnet est validé. Smith rencontre le Dr Solandt, président du Conseil Canadien de Recherches pour la Défense (DRB) qui accepte de lui fournir un bâtiment afin de servir de laboratoire avec de l'équipement, trois ingénieurs et deux techniciens.

Pour la recherche sur la manipulation du géomagnétisme en corrélation avec le système de propulsion des OVNIS d'origine extra-terrestre.

---

[31] Documents du ministère de la Défense nationale (RG 24, acquisition 83-84/167, case 7523, dossier DRBS 3800-10-1, 1°partie)

Documents du ministère de la Défense nationale (RG 24, acquisition 83-84/167, case 7523, dossier DRBS 3800-10-1, partie 1)

L'entrée officielle du Canada dans l'enquête sur ce phénomène ovni débute avec M. Wilbert Smith, qui travaillait sur le géomagnétisme à la division fédérale des télécommunications du DOT à Ottawa.

Ensuite seront impliqués dans le dossier : le Ministère des Transports. (DOT), le Conseil de recherches pour la défense (DRB), leConseil national de recherches (CNRC).

Deux ans plus tard en 1952, le premier centre de recherche ovni au monde à Shirley's bay une installation gouvernementale sur la rivière à environ 15 km à l'ouest d'Ottawa.

Le bâtiment du projet Magnet existait jusqu'en 2011 au complexe du Ministère de la Défense Nationale de Shirley's Bay, connu sous le nom de « Centre de Recherche et développement pour la Défense du Canada », bâtiment n°67 sur l'avenue Carling, il finira démoli en 2011.

Il ne reste plus qu'un terrain vague à la place.

L'équipement de détection d'OVNI avait été installé et annoncé par le ministre des transports Canadien Lionel Chevrier à la presse, il s'en suivit qu'il fut beaucoup caricaturé et moqué en raison de la création d'une piste d'atterrissage pour les OVNIS.

Arnault Wright, l'officier canadien en poste à l'ambassade à Washington, poste d'attaché militaire permanent, aide activement Wilbert Smith à obtenir des informations américaines sur les OVNIS.

En décembre 1952, il lui propose de rencontrer des scientifiques américains travaillant sur les OVNIS.

La CIA va entrer en contact avec Mr Wright par une approche indirecte de personnes qu'il pense être tous ufoloogues.

L'accréditation du R&DB précise que : Mr Wright aura accès aux informations classifiées dans tous les domaines de la collaboration américano-canadienne au plus haut niveau secret défense. Wright était un agent secret sous couverture d'attaché militaire.

Un ovni gigantesque survole le Canada à 15h01 le 8 août 1954, juste à la verticale de Shirley's Bay alors que le site est interdit de survol par tout appareil civil et militaire, aussi il s'agit bien d'un objet volant non identifié de taille conséquente, les canadiens sont stupéfaits.

Deux jours plus tard le 10 août 1954, Smith est licencié, son équipe dissoute, le centre de recherche fermé sur ordre du ministère des Transports en totale contradiction avec les résultats extraordinaires obtenus.

Malgré cet imprévu, Smith est autorisé à y rester s'il le souhaite à titre privé, mais tout financement gouvernemental pour mener ses recherches est interrompu, mais le projet ne s'arrête pas car les services secrets Nord Américains couvrent les frais de fonctionnement.

Dans un résumé des témoignages d'observation pour 1952, Smith émarge des caractéristiques communes significatives des OVNIS :

« Ils ont un diamètre de d'environ 30 mètres et plus ; peuvent voyager à des vitesses de plusieurs milliers de miles par heure, atteindre des altitudes bien au-dessus de celles qui devraient supporter des avions et une force suffisante permettant toutes les manœuvres requises », (Smith, rapport du Projet Magnet, 1952, p. 6).

Compte tenu de la taille apparente et des capacités technologiques des embarcations, le rapport de 1952 conclut à l'évicence d'une présence extraterrestre, selon lui :

« Il apparaît que nous sommes confrontés à une probabilité de l'existence réelle de véhicules extraterrestres, indépendamment du fait qu'ils s'intègrent ou non dans notre schéma des choses. De tels véhicules doivent nécessairement utiliser une technologie considérablement en avance sur ce que nous avons. La prochaine étape de cette enquête devrait être un effort vers l'acquisition de cette technologie, sans aucun doute d'une grande valeur pour nous. » Son témoignage est significatif : The New Science by Wilbert B. Smith (1910-1962)[32],

Dans sa conclusion, Smith reformule ses dires :

« Compte tenu de ces facteurs, il est difficile de concilier cette performance avec les capacités de notre technologie, et à moins que la technologie d'une nation terrestre ne soit beaucoup plus avancée qu'on ne le pense, nous sommes obligés de conclure que ces véhicules sont probablement extraterrestres, malgré nos préjugés contraires », (Smith, rapport du projet Magnet, 1952, p. 6).

Conclusion du Projet Magnet 1952, ces véhicules sont extraterrestres, selon le livre : « Need to Know: UFOs, the Military, and Intelligence », Pegasus Books (1 octobre 2007) de Timothy Good, l'un des plus grands experts mondiaux des phénomènes extraterrestres. Cette affaire est très connue, notamment rapportée par Timothy Good qui a donné des conférences au Pentagone et à l'armée de l'air française et a également agi en tant que consultant pour plusieurs enquêtes du Congrès américain et il vit en Angleterre. En 1958 Wilbert Smith déclara qu'il existait des connaissances qu'ils avaient comprises au cours du travail du projet Magnet, que des éléments concernant les OVNIS avaient été apprises après analyse et : « On sait qu'il existe divers éléments du hardware mais ils sont mis en sécurité ».

Dans la liste des enregistrements audio disponible à ce sujet, ~~se trouve un entretien avec~~ son fils après le décès de Wilber[33],

[32] Copyright 1964, by Murl Smith Published by Fenn-Graphic Publishing Co., Ltd (Canada) également sur : rexresearch.com.

au cours de laquelle il parle ouvertement du travail de son père. Il faudrait l'entendre par pour discerner à quel point son fils est honnête, il développe des choses que Wilbert lui-même ne mentionne jamais publiquement, seulement à ses proches. Par exemple les petits ovnis de type drone qui espionneraient le laboratoire de son père, et comment leurs voisins leur diraient de garder leurs petites soucoupes volantes loin de leur jardin car cela brûlerait leurs arbres.

Tableau de liens[34] pour diffuser chaque enregistrement à partir des archives Internet, ainsi que leur description.

Alternativement, ils peuvent également être téléchargés à partir de leur site. Le téléchargement facilite grandement l'écoute à votre guise et le suivi de vos progrès.

84 : Wilbert B. Smith rapporte son point de vue sur ses recherches sur les soucoupes volantes et les hommes de l'espace le 09.06.1957. (16:15)

85 : Wilbert B. Smith parle de son implication dans le projet Magnet et de ses recherches sur les gens de l'espace. 11.11.1957. (30:00)

86 : Wilbert B. Smith donne une conférence sur Nous ne sommes pas seuls dans l'univers le 02.01.1958. (13:00)

87 : Conférences de Wilbert B. Smith sur la Philosophie des soucoupes, 16 mars 1958. (10:15)

88 : Wilbert B. Smith rapporte ses théories impliquant le magnétisme et les ovnis le 1er février 1958, qu'il a appelé la nouvelle science. (60:00)

89 : Wilbert B. Smith La Nouvelle Science continue. (33:00)

---

33 écouter : https://archive.org/details/ProjectBlueBookGuide/94.mp3 n° de piste 94

34 https://archive.org/details/ProjectBlueBookGuide/94.mp3

90 : Cam. Herbert B. Knowle, conseil d'administration du Comité national d'enquête sur les phénomènes aériens (NICAP), discute des fragments métalliques d'un OVNI abattu par un avion à réaction de l'USAF pendant le Washington, DC Flap en 1952. Knowles est au téléphone avec Earl J. Neff du Cleveland Ufology Project (CUP) à l'émission d' Alan Douglas en 1966. Knowles parle des recherches de Smith sur le métal. Un enregistrement historiquement important, puisque Knowles a vu et manipulé le métal. (03:45)

91 : Robert Beck, NICAP, raconte sa rencontre avec le personnel du projet Magnet en Californie le 29.08.1966. Le projet Magnet existait toujours, même après que le gouvernement canadien ait mis le projet en veilleuse ! (05:45)

92 : Robert Groves est interviewé par Earl J. Neff (CUP) le 07.08.196. Groves raconte sa rencontre avec Wilbert B. Smith avant sa mort et discute des théories de la nouvelle science de Smith. 63:00

93 : Le projet Magnet est discuté par Earl J. Neff (CUP) et Harvey Morgan, radio KYW à Cleveland le 01.03.1963. Cette émission était une collaboration entre Neff et Morgan, appelée Ufology Roundtable, qui était diffusée chaque semaine. Ceci est le programme 14. Les sujets incluent l'analyse de Wilbert B. Smith et Angel Hair. 27:30

94 : Le fils de Wilbert B. Smith, James, est interviewé par Errol Bruce-Knapp, David Furlotte et Palmiro Campagna dans l'émission radio Strange Days Indeed, 03.09.2002. 26:30

95 : Vancouver, BC Beeping Case : Lettre audio de Herbert Clark, président du Vancouver Area Flying Saucer Club au major Donald E. Keyhoe du National Investigations Committee on Aerial Phenomena , demandant l'opinion de Keyhoe concernant un étrange incident de bip à Hollyvern Ridge Station de ski près de Vancouver, Colombie-Britannique le 06.06.1966. 10h00

96 : Cas pilote d'OVNI de Canadian Pacific Airlines de juin 1966. Le Dr J. Allen Hynek parle au premier officier de Canadian Pacific Airlines qui décrit une rencontre avec un OVNI. 13:45

97 : Lake McGregor, Alberta Canada Cas d'ovnis et interviews de témoins du 08.09.1968 et octobre 1968. Interviews par Earl J. Neff du Cleveland Ufology Project (CUP). 13h00

98 : Gene DuPlanier donne un medley de résumés de cas d'ovnis pour la Canadian Broadcasting Company en 1967. 28:00

Alors qu'il était à Washington pour assister à la conférence NARB, deux livres ont été publiés, l'un intitulé Derrière les soucoupes volantes, de Frank Scully et l'autre, Les soucoupes volantes sont réelles, de Donald Keyhoe. Les deux livres traitent principalement des observations d'objets non identifiés et les deux livres prétendent que les objets volants étaient d'origine extraterrestre et pourraient bien être des vaisseaux spatiaux d'une autre planète. Scully a affirmé que les études préliminaires d'une soucoupe tombée entre les mains du gouvernement des États-Unis indiquaient qu'elles fonctionnaient selon des principes magnétiques jusqu'alors inconnus : « Il m'a semblé que notre propre travail en géomagnétique pourrait bien être le lien entre notre technologie et la technologie par laquelle les soucoupes sont conçues et exploitées. Si l'on suppose que nos investigations géomagnétiques sont dans la bonne direction, la théorie de fonctionnement des soucoupes devient assez simple, avec toutes les caractéristiques observées expliquées qualitativement et quantitativement.»

Outre cela :

« L'un de ces accidents inexpliqués s'est produit à un endroit appelé Esandon, situé à environ 20 milles au sud-ouest de la ville de Québec. Nous avons enquêté sur la région par laquelle cet avion BOAC a dû passer juste avant son crash, et bien sûr, gros comme la vie et deux fois plus naturel.

Nous avons trouvé un très grand et très fort vortex. Nos instruments l'ont montré hors de tout doute. Il avait environ mille pieds de diamètre et à peu près circulaire, avec une ligne de démarcation assez nette au bord de celui-ci[35]. »

Transcription d'une présentation de WB Smith, (Date et publication inconnues) :

« Selon la théorie de la relativité, si je monte dans un vaisseau spatial et que je pars de la terre à une vitesse très proche de la vitesse de la lumière, et je sors pour dire, Alpha Proxima, puis je me retourne et je reviens, les gens sur terre disent que je suis parti depuis environ 10 ans. D'après mon horloge, je ne suis parti que depuis un an.

C'est apparemment le résultat de la dilatation du temps dans la théorie de la relativité, en ce sens que le vaisseau spatial dans lequel je voyage se déplaçait par rapport à la Terre à une vitesse presque égale à la vitesse de la lumière.

Le paradoxe surgit lorsque l'on considère que par rapport au vaisseau spatial, la Terre s'éloignait exactement à la même vitesse.

Par conséquent, pour les personnes à bord du vaisseau spatial, qui sont relativement stationnaires, 10 ans auraient dû s'écouler, et au moment où la Terre leur reviendra, cela n'aurait dû être absent qu'un an. Ainsi, vous pouvez voir tout de suite que la prémisse même sur laquelle la théorie de la relativité est fondée à savoir que si A est relatif à B, alors B doit être relatif à A vous conduit à un paradoxe impossible.

Ce paradoxe est complètement résolu si vous reconnaissez la nature variable du temps, et lorsque vous vous déplacez d'une partie de l'Univers à une autre, vous rencontrerez toutes sortes de valeurs de temps dans certains intervalles donnés.

---

[35] Source : http://www.rexresearch.com/smith/magnet.htm.

Nous devenons esclaves de l'horloge dans la mesure où nous pensons que les intervalles rythmés par l'horloge sont le temps lui-même, nous avons donc beaucoup de mal à nous réajuster[36]. »

Francis Ridge (membre du MUFON, du CUOS et de l'ex. NICAP), à révélé une transcription d'entretien entretien entre George Popovitch ainsi que C.W. Fitch (Ref.Franck Edwards, Flying Saucers Serious Business, Lilestuart Pocket Books Edition section, Pick Up The Pieces, pages 47 à 50, ainsi que Donald Keyhoe dans The Flying Saucer Conspiracy, Holt Hardcover, N.Y., 1955, page 272, et Jacques Vallée, Paola Harris - Trinity, le secret le mieux gardé, 2021, Starworks USA, page 330.

Entretien entre George Popovitch et Wilbert Smith.

En 1952 selon les affirmations de Smith, au moment de la grande vague d'OVNIS, l'US Air Force avait récupéré un morceau d'OVNI qui avait été abattu près de Washington DC. l'U.S. Air Force lui avait prêté un fragment pour analyse. Il l'a montré à un ami, le contre-amiral HB Knowles. Lorsqu'on lui demande s'il avait rendu la pièce à l'Air Force, Smith répond : « Pas l'Air Force. Bien plus haut que ça. »

C'est la première référence d'un artéfact officiellement identifie comme extra-terrestre analyse et ce fut par une équipe canadienne

Tout en refusant d'en dire plus ou de révéler d'avantage de détails[37].

---

[36] Source : http://www.rexresearch.com/smith/smith2.htm#transcript

[37] The New Science by Wilbert B. Smith : Copyright 1964 by Murl Smith, Fenn-Graphic Publishing Co., Ltd (Canada)

Cam. Herbert B. Knowles, conseil d'administration du Comité national d'enquête sur les phénomènes aériens (NICAP), discute des fragments métalliques d'un OVNI abattu par un avion à réaction de l'USAF pendant le Washington, DC Flap en 1952. Knowles est au téléphone avec Earl J. Neff du Cleveland Ufology Project (CUP) à l'émission d' Alan Douglas en 1966. Knowles parle des recherches de Smith sur le métal. Un enregistrement historiquement important, puisque Knowles a vu et manipulé le métal[38].

Les chercheurs C.W Fitch et George Popovitch, rapportent, la conversation entre Smith et l'Amiral Henry Braid Wilson selon laquelle un fragment de soucoupe volante avait été récupéré et analysé en 1952 par les ingénieurs et techniciens du projet Magnet. En juillet 1952 lors de la vague OVNI au-dessus de Washington DC, des poursuites aériennes avec des chasseurs de l'US Air Force furent entreprises contre les extra terrestres dans le ciel. Un pilote suivait une soucoupe volante fluorescente lorsqu'il aperçut un éclat brillant s'en détacher (suite à un tir sur la cible après ordre de faire feu car la Maison Blanche était également survolée).

Des recherches au sol furent entreprises et un morceau de métal fut trouvé et récupéré une heure plus tard, il pesait 250 grammes, puis il fut découpé avec une scie diamantée pour analyses.

Le morceau qui fut confié par l'USAAF à Smith, était environ 30% de la pièce d'origine, à peu près 80 grammes.

L'analyse donna une proportion d'oxyde de fer, ainsi qu'une agglomération de silicate de magnésium dans une matrice composée de particules mesurant 15 microns. Harthur L. Lindall confirma les faits et l'analyse du fragment lors d'une entrevue le 14 septembre 1989 (TRINITY: Le secret le mieux gardé, 31 juillet 2021, de Jacques F. Vallée et Paola Leopizzi Harris p 294 et p 295.

---

[38] http://www.nicap.org/bios/NICAP-Bios/Smith_WB.htm, nicap.org, reports n°520723

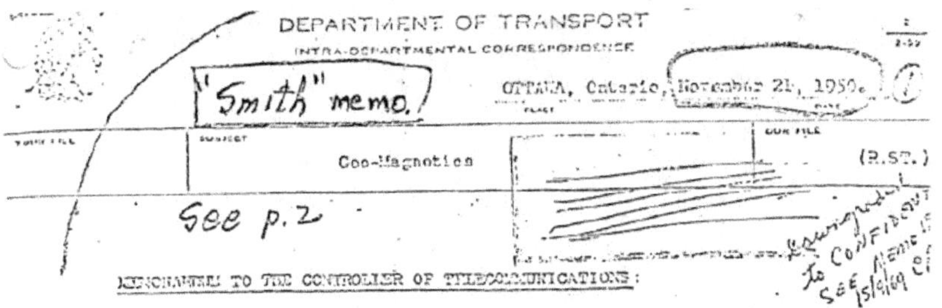

MEMORANDUM TO THE CONTROLLER OF TELECOMMUNICATIONS:

For the past several years we have been engaged in the study of various aspects of radio wave propagation. The vagaries of this phenomenon have led us into the fields of aurora, cosmic radiation, atmospheric radio-activity and geo-magnetism. In the case of geo-magnetics our investigations have contributed little to our knowledge of radio wave propagation as yet, but nevertheless have indicated several avenues of investigation which may well be explored with profit. For example, we are on the track of a means whereby the potential energy of the earth's magnetic field may be abstracted and used.

On the basis of theoretical considerations a small and very crude experimental unit was constructed approximately a year ago and tested in our Standards Laboratory. The tests were essentially successful in that sufficient energy was abstracted from the earth's field to operate a voltmeter, approximately 50 milliwatts. Although this unit was far from being self-sustaining, it nevertheless demonstrated the soundness of the basic principles in a qualitative manner and provided useful data for the design of a better unit.

The design has now been completed for a unit which should be self-sustaining and in addition provide a small surplus of power. Such a unit, in addition to functioning as a 'pilot power plant' should be large enough to permit the study of the various reaction forces which are expected to develop.

We believe that we are on the track of something which may well prove to be the introduction to a new technology. The existence of a different technology is borne out by the investigations which are being carried on at the present time in relation to flying saucers.

While in Washington attending the NARB Conference, two books were released, one titled "Behind the Flying Saucer" by Frank Scully, and the other "The Flying Saucers are Real" by Donald Keyhoe. Both books dealt mostly with the sightings of unidentified objects and both books claim that flying objects were of extra-terrestrial origin and might well be space ships

Provided to S.T. Friedman
by Scott Foster.

.... 2

Memo secret : Memo Smith le 24 novembre 1952 p2

from another planet. Scully claimed that the preliminary studies of
one saucer which fell into the hands of the United States Government
indicated that they operated on some hitherto unknown magnetic
principles. It appeared to me that our own work in geo-magnetics
might well be the linkage between our technology and the technology
by which the saucers are designed and operated. If it is assumed that
our geo-magnetic investigations are in the right direction, the theory
of operation of the saucers becomes quite straightforward, with all
observed features explained qualitatively and quantitatively.

I made discreet enquiries through the Canadian Embassy
staff in Washington who were able to obtain for me the following
information:

a. The matter is the most highly classified subject in the United
   States Government, rating higher even than the H-bomb.

b. Flying saucers exist.

c. Their modus operandi is unknown but concentrated effort is being
   made by a small group headed by Doctor Vannevar Bush.

d. The entire matter is considered by the United States authorities
   to be of tremendous significance.

I was further informed that the United States authorities are investigating
along quite a number of lines which might possibly be related to the saucers
such as mental phenomena and I gather that they are not doing too well since
they indicated that if Canada is doing anything at all in geo-magnetics they
would welcome a discussion with suitably accredited Canadians.

While I am not yet in a position to say that we have solved
even the first problems in geo-magnetic energy release, I feel that the
correlation between our basic theory and the available information on
saucers checks too closely to be mere coincidence. It is my honest opinion
that we are on the right track and are fairly close to at least some of the
answers.

Mr. Wright, Defence Research Board liaison officer at the
Canadian Embassy in Washington, was extremely anxious for me to get in touch
with Doctor Solandt, Chairman of the Defence Research Board, to discuss with
him future investigations along the line of geo-magnetic energy release.

.... 3

I do not feel that we have as yet sufficient data to place before Defence Research Board which would enable a program to be initiated within that organization, but I do feel that further research is necessary and I would prefer to see it done within the frame work of our own organization with, of course, full co-operation and exchange of information with other interested bodies.

I discussed this matter fully with Doctor Solandt, Chairman of Defence Research Board, on November 20th and placed before him as much information as I have been able to gather to date. Doctor Solandt agreed that work on geo-magnetic energy should go forward as rapidly as possible and offered full co-operation of his Board in providing laboratory facilities, acquisition of necessary items of equipment, and specialized personnel for incidental work in the project. I indicated to Doctor Solandt that we would prefer to keep the project within the Department of Transport for the time being until we have obtained sufficient information to permit a complete assessment of the value of the work.

It is therefore recommended that a PROJECT be set up within the frame work of this Section to study this problem and that the work be carried on a part time basis until such time as sufficient tangible results can be seen to warrant more definitive action. Cost of the program in its initial stages are expected to be less than a few hundred dollars and can be carried by our Radio Standards Lab appropriation.

Attached hereto is a draft of terms of reference for such a project which, if authorized, will enable us to proceed with this research work within our own organization.

(W.B. Smith)
Senior Radio Engineer

WBS/CC

La Gendarmerie Royale du Canada était la première unité de police contactée au sujet d'objets volants non identifiés, ses dossiers rendus publics à la Bibliothèque des Archives du Canada contiennent des faits commençant en 1959. Chaque dossier renferme l'observation, l'emplacement dans le ciel, les déclarations des témoins, le nom et la profession des ceux-ci et une évaluation de leur crédibilité.

De nombreux dossiers sont encore classés secrets et c'est cela qui est le plus important, qu'y a-til après soixante dix ans dans ces cas OVNIS qui ne doive pas être rendu public ?

Certaines de ces informations sont protégées par la loi sur la protection des renseignements personnels du Canada entrée en vigueur en 1983 qui empêche l'accès aux archives et réduit seulement à un petit nombre de quelques enquêtes furent envoyés au Conseil National de Recherches (NRC) pour inclusion dans leur fichier non météorologique, le reste demeure confidentiel.

Les Affaires OVNIS sont classées dans les archives :

« Fichier Non Météorologique »

Un accord a été finalisé entre les États-Unis et le Canada pour instituer un système conjoint de signalement des ovnis, Cirvis/Merint il permet à la CIA d'avoir accès en direct et en temps réel à toutes les informations à ce sujet. Le gouvernement canadien nia qu'une telle entente ait jamais eut lieu[39].

Thèse soumise au Comité d'études supérieures dans la réalisation partielle des exigences pour le diplôme de docteur en philosophie à la Faculté des arts et des sciences de l'Université de Trent intitulée : Histoire de l'enquête sur les ovnis au Canada de 1950 à 1995.

---

[39] Documents du ministère des Transports RG 12, acquisition 1980-81/303 700-20, 2° partie

Elle recense les faits et statistiques de cinquante ans de secrets d'État non divulgués au grand public au motif d'assurer la sécurité et les intérêts stratégiques du Canada[40].

Cette thèse de doctorat d'études supérieures est disponible en ligne sur le site de l'Université de Trent[41].

En 1995, en raison de compressions budgétaires, le gouvernement et ses agences ont complètement cessé de collecter des rapports OVNIS. Parmi les anciens dossiers figurent trois cas demeurent à ce jour des faits majeurs au Canada datant de 1967 :

Incident du lac Falcon Lake

En mai 1967, Stefan Michalak rencontre deux ovnis, l'un d'eux l'a gravement brûlé et lui causé un empoisonnement par irradiation. Michalak raconté avoir vu un engin atterrir devant lui. Il s'est approché, mais lorsqu'il a redémarré, soufflant de l'air chaud hors d'un panneau d'échappement, cela mit le feu à sa chemise et laissé une brûlure à motifs de grillage quadrillé sur sa poitrine.

Sur plusieurs années cette trace non guérissable apparaissait et disparaissait de sa poitrine à intervalles non définissables.

Michalak sentait le soufre et l'ozone depuis cet incident, ni les bains ni les douches ne pouvaient le masquer. Le 10 décembre 1993, l'émission Mystères diffusée sur TF1, a fait un reportage sur cette affaire en interrogeant Michalak lui-même ainsi que son fils et plusieurs médecins.

---

[40] Peterborough, Ontario, © Copyright Matthew Hayes, septembre 2019.

[41] http://digitalcollections.trentu.ca/objects/etd-776

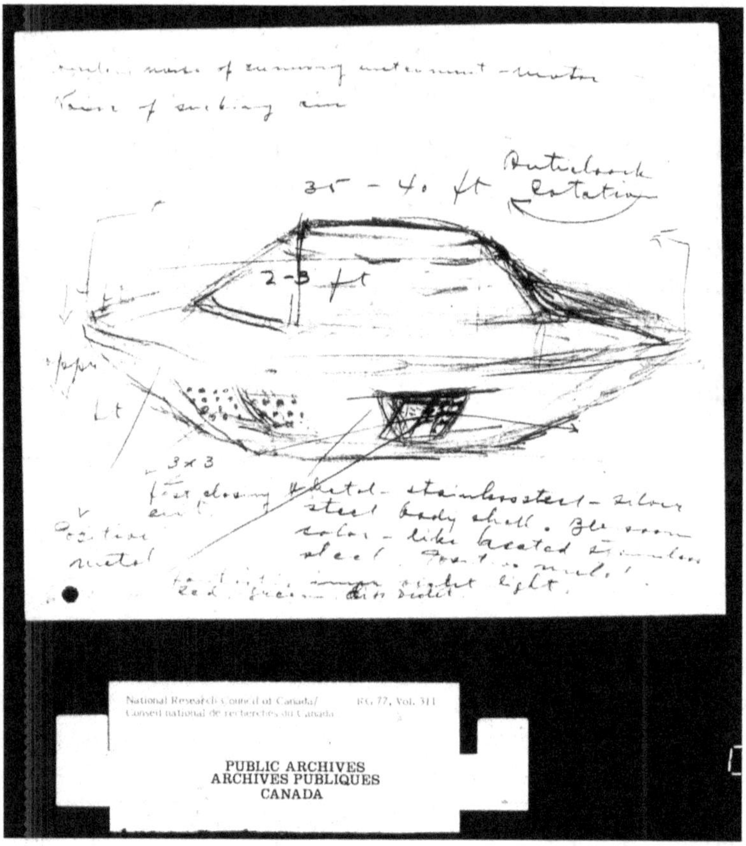

Croquis de la soucoupe volante basé sur le récit de 1967 de Stefan Michalak d'une rencontre d'OVNI à Falcon Lake.

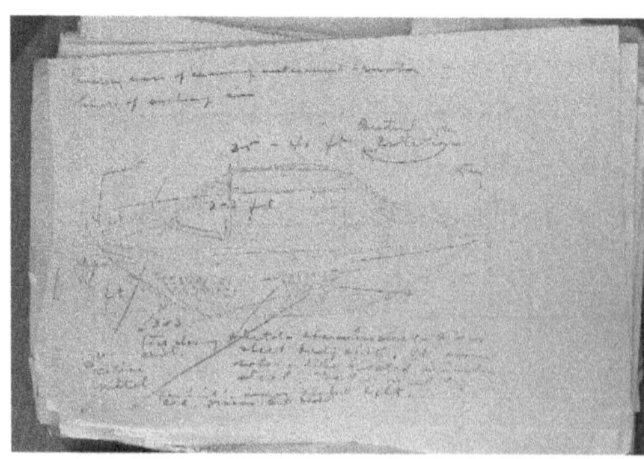

Bibliothèque et Archives Canada/Fonds du Conseil national de recherches du Canada

Reel T-1744

Crash du port de Shag Harbour

Le 4 octobre 1967, le village de pêcheurs de Shag Harbour, en Nouvelle-Écosse assiste au crash d'un ovni.

Un objet volant a été vu survolant le Canada et la Russie.

Vers minuit, la GRC locale a reçu plusieurs appels au sujet d'un engin volant qui s'est immergé dans le port. L'engin a émis un sifflement et un éclair lorsqu'il a touché la mer, a flotté au-dessus de l'eau pendant plusieurs minutes avant de couler. Certains témoins, dont des agents de la GRC, se rappellent avoir vu de la mousse jaune scintillante l'entourer. Avant qu'un bateau puisse atteindre, il a coulé sous l'eau. Une équipe de plongée a fouillé le port mais n'a trouvé aucune épave.

Un musée ufologique local construit par Laurie Wickens retrace cet évènement hors du commun : The World Only Governement Documented Shag Harbour real Ufo Crash.

Vers 22 :30 plusieurs témoins dont les résidents locaux Laurie Wickens, Norman Smith et David Kendrick ont aperçu cet objet dans le ciel qui s'est ensuite écrasé, un OVNI long de 18 mètres avec 4 ou 5 lumières sombre dans les eaux du port.

Ce sera plus de 76 témoins et observateurs dont les gendarmes, gardes côte, gardes-chasse, pêcheurs. Plus de 10 localités différentes comportent des témoins, certaines distantes de plus de 300 km de Shag Harbour.

Vers 22h50 les bateaux de pêche locaux trouvent une mousse jaunâtre sur la mer, cela est confirmé par Laurie Wickens.

Faits troublants, le 4 octobre 1967 la présence d'un sous-marin britannique près du crash est signalée et le lendemain 5 octobre les Gardes Côte ne trouvent rien, pas même des débris en surface.

De plus, un rapport militaire classifié est retrouvé 25 ans plus tard par deux enquêteurs du Mufon, l'armée canadienne poursuivit un second OVNI qui aurait voyagé sous l'eau entre Shag Harbour et Shelburne (27km) près de l'ancienne base navale le jour du crash.

Le 6 octobre une installation en urgence d'une berge atomique se pose à Shelburne, des plongeurs descendent mais ne trouvent rien. De nombreux témoignages d'habitants font état d'une recherche secrète parallèle à environ 30 miles au nord-est impliquant jusqu'à 7 navires américains et canadiens ancrés dans le port de Shelburne.

Le contrôle des véhicules dans le village de Shag Harbour et de Shelburne (1400 habitants et 300 habitants) ne laisse passer que les habitants, les villes sont bouclées par l'armée.

Shelbourne renferme la Station d'écoute des Forces Canadiennes (SFC) pour le système de surveillance sonore (SOSUS) pour suivre les sous-marins et navires du Pacte de Varsovie de 1955 à 1994, ainsi qu'un réseau de denses et secrets tunnels reliant Shag Harbour à Shelbourne, leur usage n'est pas encore défini à ce jour.

Le 9 octobre, la recherche publique est annulée, rien n'a jamais été trouvé officiellement, toutefois entre le 9 et le 12 octobre 1967 des rapports de récupération d'au moins 5 pièces provenant d'un engin inconnu ainsi que des témoignages sont insérés dans un dossier militaire confidentiel. Le 11 octobre deux autres OVNIS sont vus, planant au même endroit du crash, le lendemain 12 un sous-marin soviétique est signalé, depuis lors, Laurie Wickens, n'a de cèsse de faire savoir ce qui s'est passé ce jour là : Un Roswell Canadien.

Grâce au dévouement des enquêteurs Chris Styles et Don Ledger, une liste de témoins oculaires et de personnes impliquées dans la recherche et la récupération de l'objet, le Roswell Canadien, va surgir de l'oubli :

« Dark Object The World's Only Government-Documented UFO Crash by Don Ledger (Goodreads Author) and Chris Style, published March 6th 2001 by Whitley Strieber. » Don Ledger est un pilote privé à la retraite et auteur, se concentrant sur des cas OVNIS Maritimes, dont un qui portait sur le désormais célèbre incident de Shag Harbour en 1967.

Ledger a passé trois mois au début des années 1990 à faire des recherches sur l'incident et d'autres similaires.

Il a visionné plus de 7 700 microfilms des Archives canadiennes pour faire des recherches sur le sujet avant de rédiger son premier livre : Maritime UFO Files.

Il y a eu une augmentation des rapports d'OVNIS au cours des dernières années à travers le Canada, l'Ufology Research of Manitoba a recueilli et distribué des données sur les signalements d'OVNIS à travers le pays depuis 1989.

Le dernier rapport a révélé que les observations étaient en hausse en 2020, passant de 849 à 1 243 à travers le Canada, soit une augmentation de 46 %.

Les provinces du Canada atlantique ont vu ces chiffres augmenter considérablement, passant de 39 en 2019 à 130 en 2020. En raison de la façon dont les chiffres sont rapportés par Ufology Research, tous les chiffres pour le Canada atlantique sont inclus, mais sur ces 130 rapports, la Nouvelle-Écosse a ouvert la voie, avec 50 rapports provenant de cette seule province.

L'incident de Shag Harbor vu du ciel

Alors qu'il se rendait à Toronto, le capitaine d'Air Canada, Pierre Charbonneau, sur le vol 305 à plus de 3600 mètres, fait remarquer au copilote Robert Ralph, qu'il y avait quelque chose d'étrange sur le côté gauche de l'avion à 19 h 15. Charbonneau signale un objet qui suit un parcours parallèle à quelques kilomètres de là.

Il le décrit comme un objet rectangulaire brillamment éclairé avec une chaîne de petites lumières. À 19 h 19, les pilotes observent une importante mais silencieuse explosion près de l'objet.

Vers 19 :21 une deuxième explosion s'est produite avant de s'estomper en un nuage blanc autour de l'objet. L'engin vire en direction de Shag Harbour en changeant de couleur.

Le co-pilote demande s'il faut faire un rapport ?

Après un long silence Pierre Charbonneau dira : « Nous devrions c'était très proche »

Il mettra tout de même en garde le co-pilote qui était toujours en formation pour Air Canada :

« Dis-leur simplement ce que tu as vu. Le Canada ayant un accord avec les USA sur les observations qualifiées d'OVNIS vu en plein vol. »

Accord JANAP datant de 1962 qui interdit toute déclaration d'OVNIS autre qu'à l'autorité Militaire Canadienne ou Américaine sous peine de sanctions.

Laurie Wickens 1er appelant la gendarmerie, était au volant d'une voiture avec quatre amis quand il a vu l'objet. Il était tard 23h20, il rentrait au Village quand il a vu quatre lumières clignotantes dans le ciel, l'une après l'autre en ligne droite. Cela semblait descendre mais pas à grande vitesse. Parfois semblait arrêter sa descente, faire du surplace puis reprendre lentement la chute, les eaux du port étaient à 30 mètres sur sa gauche. Il continuait de rouler pour ne pas le perdre de vue et pensait qu'un avion allant s'écraser.

Il entend un sifflement suivi d'une détonation, puis l'objet touche la surface à environ 200-300 mètres au large. L'engin flotte sur l'eau et sombre peu à peu avec une sorte de lumière jaune pâle.

Laurie Wickens décide avec l'avis de ses amis de remonter dans la voiture et rejoindre la cabine téléphonique la seule de la région à moins de 2km. Il appelle la gendarmerie (situé à Barrington Passage) en leur signalant qu'un appareil, probablement un avion s'est écrasé.

Suite à son témoignage suivi de nombreux appels téléphoniques, trois agents de la Gendarmerie sont arrivés sur le rivage près du site d'impact. Le caporal V. Werbicki et le gendarme Ron O'Brien, du détachement de Barrington Passage, approchaient de l'est du site lorsqu(ils tombent sur le gendarme Ron Pond, qui patrouillait sur l'autoroute n°3 fût témoin de l'incident, Il se dirigeait vers Shag Harbour depuis une position à l'ouest du site d'impact, ce qui lui a permis de voir l'OVNI alors qu'il était encore en vol.

Lorsque les trois officiers rejoignent le site d'impact, ils découvrent une lueur d'un jaune pâle et une traînée de mousse jaune dense alors sue l'OVNI sombre peu à peu sous leurs yeux après avoir flotté à environ un demi-mile du rivage soit 2000m.

Les rapports d'enquête indiquent quelques jours plus tard qu'un second objet volant était apparemment venu en aide du premier objet. Le rapport indique aussi que des hydrophones de l'OTAN ont réussi à étudier les objets et de nombreuses photos auraient été prises.

Ce qui rejoint également les dires d'autres témoins oculaires rapportant qu'un autre OVNI est venu de l'eau pour apparemment aider l'objet qui s'était submergé devant eux. Objet sorti de l'eau en marée descendante et courant estimé à 4 nœuds (7km/h)

Dans le livre de l'ufologue Mr Styles et du pilote Don ledger on apprend qu'ils ont trouvé dans ce même rapport une ligne indiquant : « qu'un certain type de matériel » a été récupéré et expédié à Dartmouth au dépôt d'armement naval pour traitement.

L'affaire a été portée à l'attention limitée de l'Organisation de Recherche sur les phénomènes aériens (APRO). Le Dr Levine, enquêteur affecté à l'affaire, a effectué deux appels téléphoniques, un était adressé à l'officier de garde du Commandement maritime et l'autre à un porte-parole de la GRC (gendarmerie). Le Dr Levine a été assuré qu'il n'y avait rien dans l'affaire et une enquête plus approfondie était inutile. Ainsi, l'intérêt pour l'affaire Shag Harbour s'est estompé jusqu'en 1993.

Deux enquêteurs du MUFON ont utilisé des coupures de journaux et des rapports de police pour retrouver des témoins oculaires, et des personnes impliquées dans l'effort de sauvetage. Des entrevues avec l'équipage et les plongeurs du NCSM Granby ont permis de découvrir de nouvelles informations non divulguées depuis 25 ans.

Selon les rapports provenant de membres d'équipage et de plongeurs de la fleet diving unit de la marine, l'objet qui s'est écrasé dans l'eau au large de Shag Harbour avait été suivi et vu par des militaires, cet OVNI a voyagé sous l'eau à environ 25 kms jusqu'à Government Point(côte de la Nouvelle Ecosse) un endroit où l'armée américaine gérait un système de détection d'anomalies magnétiques.

Cette base Américaine située à 30 min du lieu de l'incident, était déguisée en un institut océanographique jusqu'en 1980 année de sa révélation au public. Elle faisait partie des 64 sites dans le monde équipé du SOSUS surveillance par sonar, destinés à la recherche de sous-marins soviétiques dans l'Atlantique Nord.

Les données recueillies de cette nuit (distance, hydrophone, graphique, ont été classifiées, la dernière consultation date de 1984 (par un militaire).

Le système SOSUS de l'OTAN à détecté et suivi des OVNIS, l'alerte à été donnée, les russes presqu'en secret et les américains vont se rendre sur la zone.

Les faits : la marine a fait venir des navires qui ont enquêté jusqu'à une semaine après le crash, certains rapports indiquent qu'une barge a été amenée des États-Unis pour aider à la mission de récupération et quelle disposait d'éléments radioactifs. Un témoin, un plongeur américain, affirme que des photos de l'objet ont été prises et qu'un matériau ressemblant à de la mousse a été récupéré.

La base secrète évoquée serait située entre les deux villages de pêcheurs. Des tunnels secrets sous l'océan de cette base, furent pour la première fois photographiés par des techniciens en 2014. Elle relirait Shag Harbour et Shelburne sur plusieurs km. Cinq techniciens de maintenance avaient eu l'accès aux lieux en 1989 et 1990, suite à des inondations, ces tunnels furent définitivement inondés en 2016.

Le NORAD d'après certains rapports aurait contrairement à ces déclarations publiques, suivi l'objet depuis qu'il était entré dans l'atmosphère terrestre et fait un passage autour de la Sibérie, des avions de chasse ont été envoyé pour l'intercepter puis il s'est dirigé vers la région de Shag Harbour. Apparemment, les militaires savaient que l'objet était entré dans l'eau, puis dirigés vers le nord-est autour de l'île du cap Sable. L'objet s'est finalement immobilisé sous l'eau autour de Shelburne.

Il est rapporté qu'il s'est arrêté sur la ligne de détection d'anomalies magnétiques de l'armée Américaine utilisée pour détecter les sous-marins.

Printemps 1994, un témoin prétend avoir fait partie de l'équipe d'identification des aéronefs de la Force aérienne canadienne. Il ne comprenait pas pourquoi on l'avait envoyé à une détection nautique.

On lui a dit qu'ils étaient en mission sur un sous-marin russe intrus. Apparemment, tout le matériel récupéré était conservé et on disait constamment à tous de se taire sur ce qu'ils récupéraient.

Un des plongeurs aurait parlé en disant clairement que tout ce qu'il avait récupéré et enquêté n'était : «ni russe ni de Moscou». Il a également été déclaré que les plongeurs de Shag Harbour savaient que l'objet était déjà parti et qu'ils ne faisaient rien de plus qu'une opération de couverture, ils trouvaient également les militaires Américains tendus.

Un instructeur de l'unité de plongée de la flotte, Guy Fenn permit de retracer le nom de quatre autres plongeurs présents lors de cette recherche. L'un était malade d'un cancer, deux autres refusaient de parler, mais un autre plongeur prénommé Harry fut plus coopératif.

Il a été déclaré à un certain Bob MacDonald, que les navires militaires étaient là depuis plus d'une semaine. Ils avaient localisé l'objet à l'aide d'un sonar. Les plongeurs étaient bien descendus par paires et avaient ramassé des débris, y compris de gros morceaux et une sorte de matériau solide ressemblant à de la mousse.

Une partie se décomposait pendant qu'ils en parlaient. Le plongeur leur dit aussi à contrecœur qu'il n'y avait aucun doute que l'objet était de nature extraterrestre : « Je ne sais pas ce que c'était là-bas et je ne sais pas d'où cela venait. Mais cela ne venait pas de cette planète. »

Lors d'une dernière conversation téléphonique, Harry a refusé de parler davantage et a dit qu'il ne donnerait jamais l'histoire complète de Shelburne. Il a aussi ajouté tout comme un autre militaire qu'une mission de largage rapide d'une bouée sonar top secrète au-dessus de la région de Shelburne avait été faite.

Voici un rapport de témoin sur certains événements étranges suivis depuis le phare de Cap Roseway ; à environ 4000m de l'autre côté du port de Shelburne :

« Dans la nuit du 4 octobre, juste avant minuit (ou seulement environ une demi-heure après l'accident de Shag Harbour), quelque chose de très étrange s'est produit. En marchant vers le phare Barry Crowell, avec le gardien qu'il était sur le point de me remplacer, Brenton Reynolds, nous avons vu 3 fusées soudainement apparaître, et éclairer la zone. »

Venant près d'eux à terre sur l'île, dans une certaine détresse, un bateau Zodiac en caoutchouc avec à son bord des hommes très effrayés, vêtus de vêtements militaires sombres. Ils parlaient avec des accents britanniques. Les hommes étaient trempés et leur chef a expliqué qu'il s'agissait d'une simulation d'entrainement. Ils devaient sécuriser le phare, tenir l'île et contrôler les opérations du phare et le trafic radio. Ils venaient d'après eux d'un sous-marin.

Pendant les 2 ou 3 jours suivants, les britanniques ont été ravitaillés par hélicoptères.

Un petit avion circulait constamment dans la région pendant plusieurs jours. Crowell pensait que les hommes n'étaient pas de vrais ou de bons militaires car ils semblaient mal entraînés ou troublés. Il pensait qu'ils faisaient peut-être partie d'un exercice de l'OTAN mais semblaient peu se conformer aux codes militaires. Il leur apportera également des vêtements ainsi que des plats chauds.

L'homme de service du phare témoignera aussi avoir trouvé un objet métallique échoué sur la plage il prétend l'avoir personnellement remis à un fonctionnaire du service de l'immigration et de la citoyenneté Canadienne.

L'ufologue Christopher Styles a trouvé des dossiers reliant ce témoignage démontrant que le Canada venait d'acheter 3 sous-marins du Royaume-Uni.

Le premier devait arriver à Halifax le 4 ou le 5 octobre. Mais il a été détourné vers Shelburne Harbour la nuit du crash, il s'agit du Onondaga, à l'exception de trois Canadiens, l'équipage était entièrement britannique.

Le 12 octobre 1967, la flotte militaire aurait quitté précipitamment le port de Shelburne, lorsqu'un sous-marin soviétique est détecté dans les eaux alliées. Un navire de surface part l'intercepter, car il vient dépasser la limite territoriale autorisée des 12000 miles de distance.

En 1988 et 2009, deux missions d'exploration privées sont menées, en conditions difficiles, visibilité de 3 à 5 mètres, forte croissance algues varech qui empêche de s'approcher ou de recueillir d'autres éléments. Aucune autre flore ou faune dans cet espace alors qu'elle se développe au-delà de quatre anomalies sonar détectées. La communication entre surface et plongeurs ne fonctionne pas sauf les premières minutes, idem pour la plongée Cousteau en 2018. Sur le lieu où l'OVNI fut détecté par l'armée, Fabien Cousteau entendra sous l'eau une grosse interférence, similaire à une fréquence radio et des bruits parasites cinquante ans après l'incident, les courants sont forts, la mission doit être annulée.

Un cas plus récent d'ovni géant avec impact magnétique

1990 Phénomène OVNI au-dessus de Montréal

Le 7 novembre 1990, une femme aperçoit quelque chose dans le ciel en nageant dans la piscine sur le toit de son hôtel du centre-ville de Montréal. Elle voit un objet métallique rond projeter une série de faisceaux lumineux brillants. Son observation déclenche une réaction en chaîne. Elle en parle au sauveteur, qui appelle le gardien de l'hôtel, qui contacte la police et un journaliste du journal

La Presse. La GRC, les militaires et même la NASA sont appelés. Le phénomène aérien dure près de trois heures de 19h20 à 22h10.

L'incident fait sensation en raison de l'excellente documentation et du grand nombre de témoins très fiables.

Certains théorisent que ce n'est rien de plus que le résultat des aurores boréales, écartant la possibilité d'une observation d'OVNI. L'événement retient l'attention de Bernard Guénette, chercheur ufologue de Montréal. D'étranges effets magnétiques passagers, très localisés interrompent des appareils, perturbent les communications, sont détectés au radar.

En 1992, Guénette et le Dr Richard Haines, un ancien scientifique de la NASA, publie 25 pages sur l'observation, concluant que : « la preuve de l'existence d'un grand objet très inhabituel, planant et silencieux est indiscutable ». Cela suggère qu'une sorte d'énorme objet physique, d'environ 540 mètres de large, d'origine inconnu, et bien réel, a traversé le ciel.

La Rice Fonden Library dispose d'un nombre significatif d'articles de Richard F. Haines, comprennent des documents qui couvrent la période entre les années 1970 et 2010. Entre autres sa correspondance personnelle et professionnelle, les documents administratifs du NARCAP et les brouillons de ses projets de recherche, les propres brouillons de Haines et les imprimés pour les présentations à des conférences. Il contient également un grand ensemble de photos d'ovnis avec des notes et des analyses, ainsi que des cassettes audio des interviews de témoins d'ovnis[42].

Années 1960 : le Dr Gordon Patterson crée le projet UTIAS UFO[43]

Témoignage de Rod Tennyson, professeur émérite, UTIAS :

---

[42] http://archives.library.rice.edu/repositories/2/resources/1404

[43] https://www.utias.utoronto.ca/category/utias-history/

L'est le Dr Omond Solandt, président du DRB, qui formule une demande officielle de création d'un comité gouvernemental pour « voir si nous pouvons tirer quelque chose de ces rapports sur les soucoupes volantes » en 1952. Il convient de noter à ce stade que le Dr. Solandt était un bon ami du Dr Gordon Patterson, fondateur et premier directeur de l'Institut d'aérophysique de l'Université de Toronto (UTIA), le précurseur de l'UTIAS. Le DRB a financé une grande partie des premières recherches à l'UTIA et a aidé à financer le déménagement de l'aérodrome de Downsview et la construction de l'UTIA à sa vue actuelle.

Le comité formé par le Dr Solandt s'appelait, inexplicablement, « Project Second Story » sous la présidence du Dr Peter Millman, qui travaillait à l'Observatoire fédéral d'astrophysique du CNRC à Ottawa. Il est intéressant de noter la composition de ce comité car cela indique un fort intérêt du gouvernement pour le sujet OVNI à cette époque ; les membres comprenaient des représentants des directions du renseignement aérien et naval, des opérations et de la planification militaires et des membres de la DRB. Après plusieurs réunions réparties au cours de l'année, le comité a conclu que la situation ne justifiait pas une enquête officielle à grande échelle.

Millman lui-même, cependant, a conclu qu'il y avait effectivement un certain nombre de cas inexpliqués, et a recommandé que la communauté internationale établisse un format standard pour l'enregistrement et le rapport d'observation.

Tout au long des années suivantes, le MDN a maintenu un dossier sur les ovnis basé sur des rapports soumis au gouvernement par le public, et dans certains cas, a en fait envoyé des enquêteurs pour interroger des témoins de telles observations.

En fait, les enquêteurs du MDN ont visité des sites précis où des « atterrissages » auraient eu lieu. Ces rapports sont restés confidentiels et n'ont pas été mis à la disposition du public canadien.

En 1968, les dossiers ont été remis au CNRC sous la supervision du Dr Millman, qui travaillait maintenant dans le programme de recherche sur la haute atmosphère au CNRC. Ces rapports ont été conservés au CNRC dans ce qu'on a appelé le « fichier d'observation non météorologique ». La tâche principale du CNRC dans ce domaine, selon Millman, était de rester un dépôt gouvernemental pour les observations publiques, sans aucun travail de terrain ou d'enquête entrepris par le CNRC.

Projet UTIAS OVNI

Le Dr Patterson décide d'établir un noyau de scientifiques de l'aérospatiale pour enquêter sur les observations au Canada : « J'étais ravi quand il m'a demandé de diriger notre groupe d'enquête en ces premiers jours d'observations d'OVNI. Deux de mes collègues, le Dr Stan Townsend et le Dr Ray Measures, ont accepté de travailler avec moi. Fait intéressant, aucun des professeurs seniors de l'UTIA n'a pas voulu s'impliquer, peut-être pour des raisons évidentes. Cependant, nous trois, étant professeurs adjoints juniors, avons pensé que ce serait une excellente expérience d'apprentissage pour en savoir plus sur ce sujet et pour collaborer avec des scientifiques américains tels que le Dr Hynek et le Dr James MacDonald.

Le Dr MacDonald, connu pour ses rapports approfondis sur les ovnis, a plaidé auprès des Nations Unies et de l'US Air Force pour soutenir officiellement la recherche sur les ovnis. Le Dr McDonald avait servi dans la section du renseignement de la marine américaine pendant la guerre, 1942-45, et a été directeur de l'Institute of Atmospheric Physics à l'Université de l'Arizona.

En 1968, il s'est rendu à l'UTIAS[44] pour examiner son dossier sur l'existence d'ovnis. Plus tard, en 1971, nous avons appris sa mort mystérieuse dans le désert de l'Arizona.

L'Institut avait également une relation de travail avec le Conseil national de recherches du Canada à Ottawa qui avait accès aux rapports d'observation du MDN.

Ainsi, notre première tâche consistait à visiter le CNRC et à examiner les dossiers du MDN qui n'étaient pas ouverts au public.

Je me souviens que le professeur Barry French nous a accompagnés lors de cette visite, car il était intrigué par ce que le MDN pourrait avoir dans ses dossiers.

Dès notre arrivée sur place, on nous a demandé de signer un accord de non-divulgation qui nous empêcherait de divulguer le contenu des fichiers que nous étions sur le point de lire, sous peine de sanctions sévères en cas de non-conformité. »[45]

---

[44]https://www.utias.utoronto.ca/2018/08/15/1960s-dr-gordon-patterson-establishes-the-utias-ufo-project/

[45]Publié dans Histoire de l'UTIAS | Tags: Canada UFO, Conseil national de recherches du Canada.

Les russes et l'empreinte magnétique OVNI

Plusieurs cas russes font état d'anomalies magnétiques, de trains qui s'arrêtent lors d'un passage OVNI, de radars affolés, de montres qui ne fonctionnent plus, de voitures et de radios qui s'interrompent mystérieusement, un fait mérite d'être considéré avec intérêt :

L'OVNI d'août 1991

L'agence officielle RIA Novosti du 22 juillet 2008 rapporte une affaire très sérieuse en provenant d'une source gouvernementale non nommée.

Le 28 août 1991 une station radar militaire sur la péninsule de Mangyshlak a repéré un très grand objet qui est apparu de nulle part presque au centre des écrans. L'objet avait une longueur de 600 mètres et un diamètre d'environ 110 mètre se déplaçant légèrement au nord-ouest de la station au-dessus de la mer Caspienne d'ouest en est, altitude 6600 mètres avec une vitesse de croisière uniforme de 960 km/h.

Aux demandes de renseignements identification : Ami ou ennemi ? Il n'a pas répondu.

Quatre minutes plus tard, à 04h46, les opérateurs ont demandé au site d'essai de Kapustin Yar, la zone 51 russe si des lancements de prototypes secrets étaient en cours. Kapustin Yar a répondu à la question par la négative, mais a confirmé l'observation de l'OVNI par leur équipement.

L'information a été reçue par le quartier général de la zone de défense aérienne transcaspienne. Une paire de MiG-29 volant près de la ville de Shevchenko (Aktau) a été envoyée pour intercepter l'inconnu, et une autre paire de Migs décolle en renfort.

Les pilotes ont reçu l'ordre d'identifier l'objet, de le faire atterrir sur l'aérodrome et, en cas de désobéissance, d'ouvrir le feu pour le détruire. Le point d'interception estimé était la côte ouest de la mer d'Aral. Le contact a eu lieu à 05h12. Les pilotes ont observé l'objet visuellement et sur les écrans radar, l'objet n'a pas réagi aux demandes et ordres de descendre et de suivre l'avion de tête.

Cet OVNI est décrit comme un dirigeable géant sans aucune partie saillante, brillant faiblement au soleil, la surface non éclairée ressemblait à de l'acier inoxydable gris. Dans la partie principale, il y avait deux hublots ronds d'un diamètre de 1/6 de la hauteur.

L'objet n'a pas entrepris d'actions hostiles, ignorant la présence des chasseurs.

Le commandant aérien a joint le poste de commandement au sol, suggérérant que deux chasseurs se rendent sur les côtés de l'objet le plus près possible, tirent des rafales d'avertissement parallèles à sa course et le forcent ainsi à descendre.

À 05h14, une paire de MiG a effectué cette manœuvre, s'approchant de l'objet à 800 mètres des deux côtés. L'opération d'interception du dirigeable s'est terminée très rapidement.

En essayant d'ouvrir le feu, les systèmes d'armes des avions ont échoué, à l'approche de l'objet à une distance de 600 à 500 mètres, des interruptions ne fonctionnement plus, les moteurs et les instruments sont tombés en panne. L'objet lui-même, après avoir effectué plusieurs courtes manœuvres en zigzag le long de l'horizon et à la verticale, a commencé à augmenter rapidement sa vitesse à 3200, puis 5400 et 6800 km/h en peu de temps.

L'objet a été surveillé depuis les stations radar de Baïkonour, Alma-Ata, Sary-Shagan, Sverdlovsk.

La poursuite a été arrêtée car la cible volait à des vitesses inaccessibles par les avions à réaction sur terre.

L'OVNI a continué à se déplacer vers l'est avec une légère déscélération jusqu'à une altitude de 4500 mètres, à travers la zone aérienne d'Almaty.

Les contrôleurs ont envoyé un avertissement à tous les avions civils et aux avions de l'armée de l'air concernant le danger d'une collision avec un OVNI géant, mais cela ne s'est pas produit.

À 05h27, l'objet a disparu du champ de vision de tous les radars à une altitude de 4400 dans la région du lac Issyk-Kul.

Fin septembre 1991, des informations ont été divulguées aux ufologues selon lesquelles dans les montagnes, à l'est de la ville de Przhevalsk (aujourd'hui la ville de Karakol), un gros OVNI s'est écrasé et du personnel militaire fut mandaté pour récupérer l'épave.

Cette information n'a jamais été confirmée par les autorités

Les soldats ont été informés du crash d'un bombardier prototype secret soviétique.

Sur le site de l'accident, un certain nombre de substances inconnues de la science ont été découvertes, notamment des isotopes magnétiques du silicium.

La couleur autour et des OVNIS

Le Dr Robert M. Wood était engagé dans le déchiffrement de la physique des OVNIS tout en gérant un projet de recherche sur l'antigravité pour McDonnell Douglas de 1968 à 1970, sous le nom de code BITBR. Un sujet d'étude étonnant arriva sur son bureau :

La vitesse de propagation de la lumière et sa couleur sont modifiées lors du passage d'un champ magnétique
dans un gaz de l'atmosphère.

Manifestation externe de lueur diffuse dans l'air autour de l'OVNI, émission de lumière locale ou directionnelle, variant en intensité et en couleur selon l'altitude du vol, apparition d'odeurs soufrées sur le site d'atterrissage ou faible vol stationnaire de l'OVNI.

Lors de l'observation d'un OVNI dans l'obscurité il est entouré d'une lueur colorée ou recouvert d'une brume bleue.

Cela suggère que la source de la lueur n'est pas l'objet lui-même, mais l'atmosphère qui l'entoure soumise à un effet electro-magnétique.

De par la nature de la lueur, il est possible d'établir quels atomes du mélange gazeux de l'air sont responsables d'une couleur particulière.

Les couleurs de lueur les plus typiques sont le rouge, l'orange, le jaune, le vert, le bleu, le violet et le blanc. Le rayonnement électromagnétique des OVNIS dans la gamme des hautes fréquences, en fonction de son intensité, excite certains atomes de l'air.

Argon, Néon, Kripton, Xénon, Azote

Parfois, la lueur de l'air autour de l'OVNI est si intense qu'elle cache complètement la forme de l'objet à l'observateur.

En vol stationnaire à basse altitude ou avant d'accélérer pendant le décollage, un OVNI émet généralement une lumière rouge ou orange. Au fur et à mesure qu'il accélère, les couleurs changent séquentiellement du jaune, du vert au blanc.

Les couleurs mélangées sont déterminées par les niveaux de potentiel d'excitation possibles pour un gaz atmosphérique donné.

Le gaz le plus simple à exciter est le xénon, pour lequel le potentiel d'ionisation est le plus faible, un changement brusque de direction de vol d'un OVNI s'accompagne d'un éclair de lumière blanche brillante.

À des fréquences de rayonnement électromagnétique des OVNIS proches de 4000 MHz, un mécanisme de lueur différent survient.

Ce n'est pas associé à l'ionisation des gaz, mais à la transition des électrons vers différents niveaux d'énergie. Ce processus s'accompagne de l'émission de lumière. On suppose qu'une enveloppe de plasma apparaît à la surface de l'OVNI en raison de l'absorption à long terme de l'énergie micro-onde pulsée émise sur les gaz.

Avec un changement soudain de la position d'un OVNI dans l'espace ou sa disparition instantanée, quelque chose de semblable à un léger brouillard rougeoyant reste dans l'air.

Cela peut s'expliquer par le fait que l'OVNI a chargé de l'oxygène atmosphérique, l'amenant à un état métastable, puis, après le départ de l'OVNI, il y a une transition lente de l'oxygène vers l'état fondamental, accompagnée d'une libération de lumière spécifique.

Ce processus dépend de la température et de la pression des gaz atmosphériques, qui sont largement déterminées par l'altitude et donc du vol de l'OVNI.

Les jours brumeux et pluvieux, les observations montrent que lorsqu'un OVNI pénètre dans les nuages, ils commencent à briller d'une lumière inhabituelle, d'arcs électriques et de bruits électrostatiques.

On sait que la concentration d'hydrogène dans l'atmosphère est maximale lorsque l'humidité de l'air approche les 100 %.

On suppose que c'est l'hydrogène, qui a un faible seuil d'excitation à une longueur d'onde de 0,48 µm (micromètre) qui est à l'origine de la lueur bleu-vert des nuages autour de l'OVNI.

À basse altitude, les vols d'OVNI sont souvent accompagnés de sifflements, de craquements métalliques et parfois d'étincelles.

Le grand potentiel négatif par rapport au sol provoque la fuite de charges négatives du corps de l'OVNI dans l'atmosphère.

Les décharges électriques, comme le rayonnement micro-ondes des OVNIS, initient des processus chimiques dans l'air sur le site d'atterrissage ou d'un vol stationnaire sur une zone.

Ces processus s'accompagnent de l'apparition d'odeurs fortes et persistantes de composés chimiques toxiques sur le sol et la végétation.

L'azote excité acquiert une activité chimique,
grâce à laquelle il se combine avec de nombreux autres éléments.

En se combinant avec l'hydrogène, il forme de l'ammoniac, avec l'oxygène de l'oxyde nitrique.

À des températures inférieures à 150°C, il peut se former du dioxyde d'azote qui, en réagissant avec d'autres gaz atmosphériques, forme du nitrobenzène, connu également sous le nom nitrophène ou essence de mirbane.

Il se présente sous la forme d'un liquide incolore ou de cristaux jaunes suivant la température.

C'est une substance toxique huileuse avec une odeur d'amande amère.

Les décharges électriques créent une forme d'oxygène (trioxygène) hautement réactive, appelée ozone.

Au contact étroit avec les OVNIS, l'odeur de dioxyde de soufre est souvent mentionnée par les témoins oculaires.

Le rayonnement micro-ondes pulsé augmente l'intensité des transformations chimiques dans l'air et le sol.

Cela fut prouvé par des tests (brevets déposés par l'entreprise Lockheed Martin au Texas, McDonnell Douglas Aviation, la NASA et l'US Navy) portant sur des caisses de résonnance avec des micro-ondes pulsées..

Un système de détection dirige l'énergie électromagnétique, de préférence des signaux radiofréquence, vers une zone d'activité cible.

Le système identifie les variations anormales se produisent en raison de la réfraction de l'onde d'énergie électromagnétique traversant le flux d'échappement gazeux autour de la cible.

Une différence du trajet écoulé entre deux émissions distinctes indique un changement de vitesse, en chronométrant la durée, la vitesse et la distance parcourue sont calculées par ce changement de tension corrélé à l'accélération.

Base de Timisoara 1970
cas de contact avec une perturbation nuageuse colorée

Ce cas est particulièrement troublant, en 1970 ou 1971, base de Timisoara, le pilote Mihai Barbutiu revenait d'une mission de vol avec un MIG-21. Il était minuit, il réalisait son approche pour atterrir sur un terrain, finissant un virage à 180 degrés, pour venir se placer dans l'axe face à la piste, laissant Timisoara sur la gauche, il continue la manœuvre en douceur.

Visibilité nocturne normale, ciel dégagé, vent calme. En approche sur piste, vers une altitude de 500 mètres, il entre subitement dans zone de forte secousse, c'était comme s'il était pris dans le sillage d'un autre avion, secoué par la sortie de la turbine d'un jet, une sorte de tourbillon.

Dans ce contexte, secoué de toutes parts, tout à coup, il sent un coup violent, voit comme une lumière vive, il ne réalise pas ce qui se passe, pense être entré en collision avec un appareil, perd la notion de temps, se trouve dans une espèce de brouillard nuageux d'aspect verdâtre.

Une intense lumière sortait du nuage, ce pouvait être une masse métallique. Il saisit les poignées de part et d'autre de son siège après avoir signalé qu'il va se catapulter, suite à une collision avec quelque chose en vol :

« Mais quand j'ai vu que l'avion ne s'est pas écrasé et continuait à voler, j'ai mis ma main gauche sur la manche et j'ai vu qu'il répondait. Puis je l'ai attrapé de la main droite, je me suis redressé et j'ai signalé que je n'avais pas catapulté, l'avion répondait aux commandes et j'essayais d'atterrir. Je n'avais vu aucun objet et le radar n'avait rien détecté du tout, c'était le dernier vol de la nuit, il était 00h30. »

Le commandant de la division, le général Puiu, l'attendait au sol, ainsi que l'ingénieur senior du régiment, ainsi que l'ingénieur en chef de la division, le médecin, les pompiers, comme cela se passe dans de telles situations d'urgence :

« Mon technicien d'avion m'a mis une échelle, j'ai détaché mes sangles et je suis descendu, le général Puiu est venu sur ma gauche et m'a dit : Tu n'as rien, tu as perdu le réservoir supplémentaire. En plus de cela sous l'aile droite et l'aile gauche les deux lance-roquettes étaient endommagés, l'un était plié à environ 30 degrés, et l'autre à 15 degrés, ce sont des barres d'acier d'un mètre et demi de long, faites d'un alliage spécial de chrome vanadium, hautement résistant au départ des missiles en vol. Plus tard, la milice est venue à l'automne car la police avait trouvé le réservoir du Mig dans un champ et pensait que c'était une bombe. »

Roswell et le matériau inconnu

Une bonne partie des brevets aux USA ne sont pas classés, mais les plus sensibles finissent par figurer parmi les quelque 5 700 brevets classés secrets à ce jour aux USA, un brevet est pourtant publiquement connu, l'alliage de Titane.

Une société organisée en 1929 en tant que Fiducie caritative à but non lucratif échappant à tous contrôles et audits de la FIOA, Battelle Mémorial Institute of Colombus (Ohio), fut sous traitant expert pour le projet Blue Book. En 2020 Battelle publie le 10 novembre qu'elle à remporté un contrat d'une valeur de 46,3 millions de dollars sur 7 ans pour étudier les matériaux pour les environnements supersoniques extrêmes. Spécialiste en matériaux et métallurgie, Battelle est au cœur du mystère de la divulgation ufologique américaine, on sait depuis longtemps que les débris récupérés du crash de Roswell qui a été analysé par Battelle Memorial Institute à Columbus selon Kent Bye[46].

En mai 2009, le chercheur Anthony Bragalia poursuivant ses propres enquêtes corrobore les conclusions des chercheurs Kevin Randle et Don Schmitt dans l'édition 2009 de leur ouvrage « Witness to Roswel ». Bragalia publie un article : « Les débris de Roswell étaient bien extraterrestres : Le laboratoire a été retrouvé, les scientifiques identifiés.» Des documents découverts révèlent que dans les mois qui ont suivi le crash supposé Ovni de Roswell, en 1947, un programme de recherches secret a été lancé pour examiner un matériau inconnu jusque là, le métal à mémoire de forme. Le laboratoire engagé par les membres du projet Blue Book de la Base Air Force de Wright Patterson pour conduire ces études, était le Battelle Memorial Institute de Columbus (Ohio). Le rapport Batelle trouvé, sur le métal à mémoire est titré : second rapport d'étape sur le Contrat AF33 (038)-3736) et il a été remis à la base de Wright Patterson en 1949, Il est signé de C.M. Craighead, F. Fawn et L.W. Eastwood.

---

46 Kent Bye : https://twitter.com/kentbye/status/943370603880259586

Ces documents récemment découverts ont montré que les études menées par Battelle étaient placées sous la direction du Dr. Howard C. Cross, qui vers la fin des années 40, était leur expert scientifique sur les alliages à partir du Titane.

Le Nitinol un alliage particulier de nickel et de titane, ou NiTi, présente exactement les mêmes propriétés et les caractéristiques physiques des matériaux décrits par les témoins du crash de Roswell.

Dans un premier temps, aucune référence n'a été trouvée sur un éventuel Premier Rapport d'étape, qui doit bien se trouver quelque part. Puisque le Second Rapport d'étape (achevé en 1949) évoque les techniques de fabrication de l'alliage, il est probable que le Premier rapport existe aussi.

Le Nitinol d'aujourd'hui, n'est pas strictement identique aux débris retrouvés à Roswell, mais il représente ce que Battelle trouve de plus ressemblant aux propriétés du matériau récupéré dans ces débris du crash de Roswell pendant l'été 1947 après expérimentation. Lors d'une interview réalisée dans les années 90, l'ancien général, Arthur Exon, , avait confirmé l'existence des rapports sur les matériaux récupérés à Roswell. Exon, Commandant de la base de Wright Patterson dans les années 60, avait raconté qu'on lui avait confié certains détails sur la composition des débris du crash, et les divers tests qu'on leur avait fait subir. Chose étonnante, Exon avait déclaré au sujet des débris : « C'était du Titane et un autre métal connu, mais ils avaient été spécialement traités. » Curieusement, un traitement particulier du Titane et de l'autre métal connu (le Nickel) est aussi nécessaire pour fabriquer du Nitinol. Ors le Nitinol n'a été découvert qu'en 1962, l'échantillon analysé entre 1947 et 1949 était exogène.

Métal aux particularités nouvelles, à haute température, le nitinol possède une structure primitive de cube cristallin, à basse température, le nitinol se transforme spontanément en une structure plus complexe de cristal.

Exon avait explicitement ajouté : « Puisque ce matériau existe aujourd'hui, je ne serais pas surpris qu'on puisse retrouver les rapports qui le concernent », il se référait aux rapports dits d'étape de Battelle sur les métaux à mémoire, rédigés pour Wright Patterson à la fin 1949.

Le scientifique Elroy John Center a reconnu qu'il avait analysé un métal provenant d'une épave d'OVNI, alors qu'il était employé par Battelle comme expert-chimiste poste qu'il exerça chez Battelle pendant près de vingt ans, de 1939 à 1957. Ceci est confirmé à la fois par les registres de l'Université du Michigan et par les articles scientifiques qu'il avait publié du temps où il travaillait pour Battelle sur le site de son employeur

En mai 1992, le Dr. Irena Scott de Columbus (Ohio), une chercheuse qui faisait également partie de l'équipe de scientifiques de Battelle, avait interviewé un collègue professionnel, Elroy John Center, lui a dit qu'en juin 1960, alors qu'il était employé par Battelle, il était impliqué dans un programme de laboratoire sous contrat gouvernemental pour des conceptions construites avec des alliages de métaux à mémoire de forme inconnus.

Le projet consistait à travailler sur un matériau très inhabituel. Center avait compris que ces fragments de matériau avaient été récupérés par le gouvernement américain à la suite d'un crash d'OVNI en 1947. Center parlait de l'échantillon qu'il était chargé d'étudier comme d'un morceau d'une nature totalement inhabituelle.

Il déclara également que d'étranges symboles, qu'il appelait des glyphes, étaient inscrits sur ces fragments, les compléments des rapports sur les glyphes, ont été égarés...

Des annotations qui s'y réfèrent, existent dans les études commanditées par l'armée sur les métaux à mémoire, à ce jour il a été impossible de mettre la main dessus.

Billy Cox ; « The Big Book of UFOs by Chris A. Rutkowski » raconte que l'historien et archiviste de Battelle n'est pas parvenu à retrouver ces documents. Dans une communication avec Battelle, en 2009, Billy Cox, pour le Sarasota Herald Tribune, s'est entendu répondre que Battelle ne parvient toujours pas à retrouver ces rapports, et qu'ils ne peuvent expliquer cette disparition. On sait très officiellement selon le Project Blue Book Special Report #14 : United States Air Force, fin décembre 1951, que Ruppelt rencontra des membres du Battelle Memorial Institute, un groupe de réflexion basé à Columbus, Ohio. Ruppelt voulait que leurs experts les assistent pour analyser des fragments de métaux.

Howard Cross, métallurgiste expert de Battelle, était si bien introduit qu'il reçut la visite officielle de H. Marshall Chadwell, chef du renseignement scientifique de la CIA. On a découvert une note dans les archives du groupe d'études sur les OVNIS, le NICAP, qui est aujourd'hui dissout : « 12 Décembre 1952, le Dr. H. Marshall Chadwell, chef de l'OSI à la CIA, le Dr. HP Robertston et Fred Durant ont rendu visite au Dr. Howard Cross, chargé du Project Blue Book chez Battelle. »

Howard Cross avait travaillé de très près sur les Ovnis avec le Chef des Analyses de Wright-Patterson, et travaillait sur les OVNIS avec le Chef du Renseignement scientifique de la CIA.

Inerrogé, l'archiviste principal de la base de Wright Patterson n'est pas parvenu à localiser ces documents, étrangement, comme son homologue de la base de Wright Patterson).

Les deux bibliothécaires ont collaboré dans cette recherche, at sont très étonnés de cette disparition, ils pensent que les rapports furent peut-être détruits, à moins qu'ils soient toujours hautement classifiés. Le Centre d'Information Technique du Département de la Défense U.S. (DTIC) principal dépositaire des rapports techniques et des études commanditées ayant abouti aux rapports Battelle, ne figurent pas non plus dans leur base de données.

Le second expert dans cette affaire, en contact avec le Dr Cross, le Colonel Miles Goll, chef des Analyses pour l'unité T-2, de Wright-Patterson, chargée de l'analyse des avions ennemis récupérés, ou de toutes technologies trouvées suite à des crashs. Tout aussi incroyable, on apprendra quelques années plus tard que de son côté, la Navy, de son coté des artéfacts inconnus.

Un Commandant de l'U.S. Navy chargea le Dr Cross d'examiner chez Battelle, des débris récupérés pendant la vague d'Ovnis de 1952.

Selon des coupures de presse et des recherches ultérieures menées par le défunt Todd Zechel, le Commandant Alvin Moore de l'US Navy avait récupéré un objet cylindrique cassé et assez inhabituel sur un terrain lui appartenant dans la banlieue de Washington DC pendant la fameuse vague d'Ovnis de 1952. Moore avait raconté à Zechel qu'il avait montré ce matériau à ses partenaires du National Bureau of Standards (NBS) Il avait ajouté que ces techniciens et des scientifiques de la CIA, mais également un chercheur de Battelle, avaient examiné cette pièce.

Un autre débri probablement différent, fut donnée à Wilbert Smith qui l'étudia au Canada dans le cadre du Project Magnet. Il en conclut que ce débris n'était pas d'origine terrestre. Au même moment, les techniciens de Battelle rendaient un rapport sur leur pièce à eux.

Le Premier Rapport d'Etape concernant les débris de Roswell Etait encore introuvable à ce stade.

Anthony Bragalia, et le journaliste Billy Cox, du Saratosa Herald Tribune, essayent pendant une année d'obtenir copie de ces documents, mais ils étaient introuvables.

Bragalia a fait le point de ses recherches dans : « Roswell debris inspired memory metal Nitinol; lab located, scientists named,», Mufon UFO Journal, No 495, juillet 2009.

Le document : « Second Progress Report » apparait.

En 2009, le journaliste Billy Cox sort un article au HeraldTribune.com : « Des documents de l'USAF ont été retrouvés.»

« Grâce à notre requête FOIA, l'US Air Force a finalement réussi à localiser et a diffuser divers papiers qui avaient été longtemps introuvables. Ils concernent nos enquêtes sur les propriétés des alliages de titane avec d'autres métaux.»

Le dossier d'une soixantaine de pages transmis à la presse avait été archivé à Fort Belvoir, en Virginie, au DTIC (Centre d'Information Technique de la Défense, identifié : Second Progress Report Covering the Period September 1 to October 21, 1949 on Research and on Titanium Alloys Contrat N°33 (38)-3736, signé par Simmons C.W. Greenidge C.T., Craighead C.M, destiné à la Direction technique de l'Armée de l'Air, Wright-Patterson, Air Materiel Command en 1949.

Mais la version fournie est incomplète, elle ne contient des données scientifiques sur la création du Nitinol, en particulier des diagrammes de phase, aucune analyse sur la méyhode de conception des artéfacts, ni comment les chercheurs sont parvenus à identifier et synthétiser ce métal composite à mémoire de forme qu'ils ne connaissaient pas auparavant.

Cinquanti-cinq ans après Roswell, un second artefact trouvé à Roswell, an novembre 2002, la chaîne Syfy, diffuse un documentaire de deux heures intitulé : The Roswell Crash : Startling New Evidence. Ce programme fut tourné en septembre 2002 sur le célèbre site de juillet 1947, Voir le blog : Roswell UFO Archaeology Dig. Puis, un nouvel artefact de couleur argent et légèrement métallique fut lui aussi découvert. Il avait à peu près la taille d'un ongle, très fin et léger, en 2008. Suite à une une demande d'emprunt de l'artefact par le Département d'Archéologie de l'Université du Nouveau-Mexique, une analyse au microscope électronique à balayage (MEB) fut réalisée.

L'image montre un très fort pourcentage d'aluminium avec des éléments de silicium, de calcium, de carbone et d'oxygène, la présence de potassium et de magnésium, apparaît à grossissement 80 microns. À un examen de 40 microns, vous pouvez clairement voir que des éléments d'aluminium et de silicium sur un brin inhabituel ressemblant à des cheveux dépassant d'une zone microscopique endommagée. Ce matériau de 2002 et de 2008, provenant de Roswell, est un polymère gris foncé qui contient de petites quantités de plusieurs éléments (fer, zinc, calcium, titane). Le laboratoire n'a pas été en mesure d'identifier ce polymère car le nombre de produits à comparer entrant dans sa composition est immense.

La composition de ce polymère complexe de l'échantillon n'existe dans aucun polymère standard ou composite connu sur Terre. Le labo écrit au sujet de l'artéfact de 2002 qu'ils sont incapables de l'analyser de manière fiable car malheureusement, l'aluminium présent est à la limite de leur spectre de détection. Avec l'échantillon testé, ils furent incapables de détecter sa présence (ce qui est étrange puisqu'il entre dans la composition du métal en grande proportion), l'analyse ne fut pas poussée plus loin, le petit débris retourna au Roswell International UFO Museum and Research Center.

Retour au premier artéfact de Roswell de 1947 :

Le Pentagone a admis posséder et tester des épaves d'accidents d'OVNIS, le chercheur qui a découvert la nouvelle surprenante sur les débris du célèbre crash de Roswell, le chercheur Anthony Bragalia à suivi la piste.

Les débris de l'accident ont été transportés par avion à Wright Field dans le comté de Greene, dans l'Ohio, et le Battelle Memorial Institute a rapidement obtenu un contrat pour démarrer les diagrammes de phase pour la fabrication de métal à mémoire de forme, en utilisant du nickel et du titane d'une pureté ultra-haute non réalisable sur terre.

Deux mois après le crash de Roswell, en septembre 1947, le général George Shulgen, de l'Air Intelligence, déclare que les matériaux de construction des soucoupes volantes sont peut-être en construction composite, utilisant diverses combinaisons de métaux et de plastiques copolymères composites, comme les artefacts de 2002 et 2008.

En mai 1992, le Dr Scott parle à une connaissance commune eti lui dit, qu'en juin 1960, Elroy John Center, lui avait raconté en privé quelque chose de très troublant. Il avait dit à son ami que pendant qu'il était chimiste de recherche à Battelle, il avait été engagé par ses supérieurs pour fournir une assistance technique sur un projet étrange. Il devait procéder à l'évaluation d'un matériau inconnu dont on lui a dit qu'il avait été récupéré quelque temps auparavant dans une soucoupe volante écrasée. Il a dit que les débris, comme les débris de Roswell, avaient des marques de type hiéroglyphe très inhabituelles. Center s'est alors arrêté net et n'a rien dit de plus. Scott, et Center étaient en relation avec Howard Cross, lui-même travaillait pour des études sur les ovnis parrainées par le gouvernement et des agences telles que l'USAF, la NACA, la CIA et l'US Navy Intelligence.

Il était également l'auteur de la lettre controversée à Wright-Patterson sur les ovnis connus dans les cercles de recherche sous le nom de « Pentacle Memo ». Nous n'en savons pas plus, car Center est décédé en 1991.[47]

Le Pentacle Mémorandum, a été divulgué dans un article de Jacques Vallee[48]. Jacques Vallée trouva le mémo de deux pages en 1967, alors qu'il travaillait avec les articles du Dr Allen Hynek et l'a partiellement décrit dans Forbidden Science, donnant à l'auteur du mémo le nom de code : Pentacle.

[47]International UFO Reporter (IUR), Vol. 18, n° 3, mai/juin 1993. J. Allen Hynek Center for UFO Studies (CUFOS), 2457 W. Peterson Ave., Chicago, IL 60659

[48]Dans son ouvrage : Forbidden Science, Copyright 1992, Jacques Vallee, North Atlantic Books, Berkeley CA, ISBN 1-55643-125-2.

Selon Dale GoudieJim Klotz pour The Computer UFO Network, UFO Reporting and Information Service :

« Peu de temps après, un document censé être le Pentacle Memo est entré en circulation limitée parmi certains chercheurs. Nous avons obtenu notre copie de M. Barry Greenwood, PO Box 218, Coventry, CT 06238). »

Entre autres choses, ce document contient la confirmation que le Battelle Memorial Institute, travaillait sur des projets OVNI au moment de la commission Robertson (janvier 1953), et pouvait apparemment exercer un certain contrôle sur la gestion du sujet.

Le document : « First Progress Report » apparait.

Billy Cox obtint le « premier rapport d'étape » de l'expertise Battelle, auparavant manquant via des demandes FOIA :

« First Progress Report de Battelle sur Research and Development of Titanium Alloys (Contrat AF 33 (038) 3736), nous apprenons que le travail portait sur des travaux inédits, la caractérisation, la fusion, la purification et la création de diagrammes de nouveaux alliages inconnus. »

Une lettre d'accompagnement du rapport est signée par LW (Lynn) Eastwood, dont le supérieur direct était le Dr Howard Cross impliqué dans les recherches d'OVNIS, Eastwood a supervisé Elroy Center, qui a avoué avoir analysé les débris OVIS de Roswell. Le métal à mémoire de forme de Roswell en 1947, n'était pas connu de nos scientifiques en 1949, il est donc étonnant qu'un rapport sur un alliage si extraordinaire et novateur ait pu être égaré malencontresuement. Comment nier le crash de la soucoupe volante à l'origine de la découverte, aux vues de ces documents Battelle de 1949.

BATTELLE MEMORIAL INSTITUTE
INDUSTRIAL AND SCIENTIFIC RESEARCH

COLUMBUS 1, OHIO

November 11, 1949

AF 909 SO
Wright-Patterson Air Force Base
Service Area
Building 258
Dayton, Ohio

Attention MCREXM3
        Contract No. AF 33(038)-3736

Gentlemen:

Enclosed are thirty (30) copies and one (1) reproducible of the Second Progress Report prepared under Contract No. AF 33(038)-3736.

This report contains an account of the following:

1. A description of the alloy development work done during the bimonthly period September 1 to October 31, 1949.

2. The progress made during the same period on the development of refractories for holding molten titanium.

3. Further work on the vacuum-fusion technique for determining oxygen in titanium.

Very truly yours,

L. W. Eastwood

LWE:mr
Enc.(31)

Premier document Battelle trouvé par les enquêteurs :
Second Progress Report

SECOND PROGRESS REPORT

COVERING THE PERIOD SEPTEMBER 1 TO OCTOBER 31, 1949

on

RESEARCH AND DEVELOPMENT ON TITANIUM ALLOYS
Contract No. 33(038)-3736

to

WRIGHT-PATTERSON AIR FORCE BASE
DAYTON, OHIO

BATTELLE MEMORIAL INSTITUTE

October 31,1949

Premier document Battelle trouvé par les enquêteurs :
Second Progress Report

Second Progress Report Covering the Period September 1 to October 31, 1949 on Research and Development on Titanium Alloys

SO 688

(None)

Simmons, O. W.; Greenidge, C. T.; Craighead, C. M; and others
Battelle Memorial Institute, Columbus, O.
(Same) for AMC, Wright-Patterson Air Force Base, Dayton, O.

2nd

Oct'49   Unclass.   U.S.   English   120   photos, tables, diagrs, graphs   (Same)

Progress is reported in development of titanium alloys. Phase relations in titanium - 0 to 1% germanium and titanium - 0 to 10% nickel alloys were investigated. Nickel was found to limit markedly the alpha-phase field and to lower the beta solvus line. The range of compositions investigated in the binary titanium-silver systems was extended to 5% silver, and titanium-beryllium alloys containing 0.1 to 1% beryllium were investigated. Additions of 1 and 2% columbium or tantalum to Process A metal increased the tensile strength and lowered the ductility of Process A titanium. Ternary alloys of manganese and carbon, manganese and vanadium, and molybdenum and tungsten, prepared by adding the pure metals during arc melting, had quite erratic tensile properties when tested after fabrication to sheet. Tests were completed on evaluation of "hot-pressed" titanium carbide and graphite crucibles.

Copies obtainable from CADO.

Titanium alloys

Materials (8)
Mis. Non-Ferrous Metals and Alloys (12)

USAF Contr. No. AF 33(038)-3735

Premier document Battelle trouvé par les enquêteurs :
Second Progress Report, quelques conclusions

La question majeure est la suivante, le métal analysé et soumis à une étude de compositions isotopique, indiquant les proportions des divers isotopes d'un élément chimique particulier (ou de plusieurs éléments) dans cet échantillon, ainsi que son origine sur terre ou sa venue de l'espace.

Les conclusions prouvent-elles une origine exogène ?

Réalisons un bond en avant depuis 1949 allos vers 1989, faisons référence à l'histoire de longue date de Robert (Bob) Scott Lazar, en 1989, sur ce qu'il a dit être des informations top secrètes sur l'élément 115. Lazar prétend être un ancien employé de la zone 51, où son travail consistait à faire de l'ingénierie inverse sur des soucoupes volantes extraterrestres écrasées.

Il affirme qu'il avait personnellement travaillé avec l'élément 115, qui était utilisé pour piloter des vaisseaux spatiaux extraterrestres.

Il est impossible de synthétiser un élément aussi lourd que le 115 ici sur Terre.

« La substance doit provenir d'un endroit où des éléments super-lourds auraient pu être produits naturellement », avance Bob Lazar.

L'existence de l'élément 115, a finalement été découverte en 2003, à Dubna, en Russie, au laboratoire Flerov pour les réactions nucléaires, par un groupe de scientifiques dirigé par le physicien nucléaire Yuri Oganessian. L'élément nommé moscovium parce que Dubna est à Moscou. Le nouvel élément qu'ils ont fabriqué contenait 115 protons (20 du 48Ca et 95 du 243Am). Ce nouvel élément a ensuite été séparé de tous les autres produits de réaction à l'aide du séparateur à recul rempli de gaz Dubna, puis implanté dans un détecteur où les scientifiques ont pu observer la désintégration de l'élément 115 en élément 113.

Bien sûr, les affirmations de Lazar, étaient qualifiées d'absurdes car la communauté scientifique n'avait aucune connaissance de l'élément 115, en 2003, ses déclarations ont gagné en crédibilité lorsqu'un groupe de scientifiques russes a réussi à créer artificiellement l'élément insaisissable : l'Unununpentium.

L'élément 115, est extrêmement radioactif, son isotope connu le plus stable, ununpentium-289, a une demi-vie de seulement 220 millisecondes. En 2014, Lazar a été interviewé par Geroge Knapp, ils ont discuté de l'élément 115 : « En 2003, ils n'ont trouvé que quelques atomes. Nous verrons quels autres isotopes ils trouveront.

L'un d'eux, ou plus, sera stable et il aura les propriétés exactes que j'ai dites à l'époque où je travaillais dans la zone 51», a déclaré Lazar à Knapp.

Bob Lazar, a été décrédibilisé à cause de ses déclarations sensationnelles, mail il a bien travaillé dans le passé dans la zone 51, où des projets top secrets sont toujours en cours de développement. De façon intéressante, à plusieurs reprises, il a été soumis à un polygraphe :

« Les tests au détecteur de mensonge ont confirmé ses déclarations concernant les installations secrètes. »

Le 8 juillet 1947, un journal du Nouveau-Mexique : The Roswell Daily Record, publia une histoire étonnante sur le terrain d'aviation militaire de Roswell : « L'éleveur Mac Brazel avait décrit une zone où se trouvaient selon les mots du journaliste, « des bandes de caoutchouc de papier d'aluminium. » Le major Marcel a validé cette information, plus de trois décennies plus tard, en 1979, que le métal était extrêmement mince : « Il était possible de plier ce truc d'avant en arrière, même de le froisser, vous ne pouviez pas y mettre un pli qui resterait, ni le bosseler du tout, même pas avec une masse, je devrais presque le décrire comme un métal aux propriétés plastiques », (Marcel 1979).

Mac Brazel, avait un fils Bill qui a fait écho à la description du major Marcel. Selon Bill Brazel, au fil des ans, il ramasserait de petits morceaux du métal étrange à proximité des débris d'origine, il a décrit cela comme :

« Plusieurs morceaux d'une substance semblable à du métal, quelque chose de l'ordre du papier d'aluminium, sauf que ce matériau ne se déchirerait pas et était en fait de couleur un peu plus foncée que le papier d'aluminium, plus comme une feuille de plomb, sauf qu'il est très fin et extrêmement léger.

La chose étrange à propos de cette feuille était que vous pouvez la froisser et la reposer puis elle reprend immédiatement sa forme d'origine.

Il était assez souple, mais vous ne pouviez pas le plier comme du métal ordinaire. Cela ressemblait presque plus à une sorte de plastique, sauf qu'il était définitivement de nature métallique », (Brésil 1979).

En 2021, dans une lettre réponse, la Défense Intelligence Agency (DIA) des États-Unis a mis fin à des décennies de spéculation en affirmant que du matériel a bien été récupéré (sans citer Roswell).

La DIA aurait publié les résultats des tests couvrant 154 pages d'un mystérieux métal à mémoire appelé, identique au Nitinol d'aujourd'hui, qui se souvient de sa forme d'origine une fois plié.

Durant soixante-dix ans les témoins de Roswell avaient été décrédibilisés sur la valeur de la, soi-disant non existence de ce matériau.

Selon Anthony Bragalia : « Sur la base de la documentation reçue, il semble que les débris récupérés présentent d'autres capacités extraordinaires.

En plus de se souvenir de leur forme d'origine lorsqu'ils sont pliés ou écrasés, certains de ces matériaux futuristes ont le potentiel de rendre les choses invisibles, de compresser l'énergie électromagnétique, et même ralentir la vitesse de la lumière. »

Anthony Bragalia publie sur son site un enregistrement inédit de l'interview réalisée en 1993, d'une ancienne étudiante et stagiaire d'Albert Einstein, Shirley Wright, elle-même scientifique et professeur à l'université de Miami décédée en 2015 à l'âge de 85 ans.

L'ancienne stagiaire d'Albert Einstein, assure que le prix Nobel a pu examiner un ovni récupéré par l'US Air Force en 1947 à Roswell.

Einstein fut accompagné part Shirley qui le suivait dans la plupart de ses déplacements, jusqu'à ce jour de juillet 1947 où ils ont été conviés à une réunion de crise sur une petite base aérienne de l'US Air Force dans le sud des Etats-Unis, perdue au milieu du désert, avant d'être conduits jusqu'à un hangar protégé par de nombreux gardes armés.

Quand les portes se sont ouvertes, le prix Nobel de physique, s'est retrouvé face à ce qu'il convient d'appeler une soucoupe volante qu'il a pu, assure Shirley Wright, examiner à loisir : « C'était un objet en forme de disque, concave en quelque sorte. Il occupait un quart de la surface du hangar », « Il était endommagé sur un côté », précise-t-elle, regrettant de n'avoir pas été en mesure de s'approcher plus près de l'engin entouré par une nuée de militaires et de scientifiques. Elle a noté cependant quelques détails sur son apparence :

« Le corps de l'appareil était composé d'un matériau qui semblait réflectif à une certaine distance mais devenait terne lorsque l'on se rapprochait.» Interrogée sur l'attitude d'Einstein, elle répond : « Il n'était pas du tout perturbé en voyant ces preuves bien réelles. »

Je n'ai pas conservé dans mes notes ses premiers commentaires, mais il a dit quelque chose sur le fait qu'il n'était pas surpris qu'ils viennent sur terre et que cela lui donnait l'espoir que nous pourrions en apprendre davantage sur l'Univers. « Le contact », a-t-il dit, « devrait être un atout pour nos deux mondes.»

Comme le souligne Anthony Bragalia, cet entretien anonyme enregistré alors qu'elle avait déjà soixante-quatre ans, ne pouvait lui apporter ni argent, ni célébrité.

Au micro du The Sun, Anthony Bragalia a déclaré que le document de Battelle qu'il a en sa possession, prouve l'existence de débris collectés par le Pentagone qui ont des propriétés extraordinaires. D'après lui, certains de ces débris peuvent rendre des objets invisibles ou ralentir la vitesse de la lumière. Il est convaincu que le département américain de la Défense s'en serait servi pour faire des recherches scientifiques.

Un témoignage éloquent provenant du livre Extraterrial Contacts de Jerry Kroth, 2017[49] est à signaler :

« Je m'appelle Jerry Kroth. Je suis un professeur de psychologie californien et j'ai écrit 13 livres, principalement des ouvrages académiques à la troisième personne, j'ai donc décidé que cet article d'enquête resterait franc, réel et personnel autant que possible.

En 1965, et bien avant mon doctorat, j'enseignais en 5e année à Wayne, dans le Michigan, près d'Ann Arbor[50], lorsqu'une fille a apporté en classe un matériel mystérieux. « Mon père a dit que je devrais te montrer ça », dit-elle « en me tendant une feuille de tissu gris argenté légèrement élastique de 5 sur 5 pouces, qui ressemblait à du papier d'aluminium. Il s'avère que ce n'était pas du papier d'aluminium.

C'était magique. Si vous essayiez de couper ce matériau avec des ciseaux, rien ne se passait. Si vous essayez d'y planter un stylo à bille ou une pointe métallique, vous ne pouviez tout simplement pas le percer, même s'il était aussi fin qu'un morceau de papier à lettres.

---

[49] Copyright © Génotype

[50] Siège du comté de Washtenaw au Michigan.

Si vous le rouliez en boule puis que vous le lâchiez, il se dépliait immédiatement et reprenait sa forme sans bosses ni plis, quel que soit le nombre de fois où vous l'avez pressé et écrasé. »

Le phénomène est appelé mémoire de forme, et je crois qu'une seule substance avait alors cette qualité, le Nitinol. Cependant, la mémoire de forme ne se produit que lorsque le Nitinol est chauffé. Le soi-disant Nitinol super élastique peut prétendument montrer une mémoire de forme à température ambiante, mais cette variation n'a été inventée que dans les années 1970. Jerry Kroth est intrigué :

« Un expert en science des matériaux en Australie m'a confirmé cette chronologie. Alors, quelle était cette substance étrange ?

Qu'est-ce que je tenais ?

En lisant la littérature sur les ovnis, J'ai découvert 21 personnes qui ont signé des témoignages disant qu'elles avaient été témoins d'une feuille gris argenté similaire sur le site présumé du crash d'un vaisseau spatial extraterrestre à Roswell, Nouveau-Mexique en 1947.

Soit quelqu'un leur a montré le matériel, soit ils l'ont ramassé et l'ont manipulé eux-mêmes. »

En étudiant ces débris, les chercheurs ont pu acquérir des connaissances pour la fabrication de matériaux futuristes qui pourraient changer nos vies à jamais.

Le nickel-titane, connu aussi sous le nom de Nitinol est un alliage de nickel et de titane, avec une élasticité exceptionnelle, 30 fois plus qu'un métal ordinaire.

La Défense Intelligence Agency a confirmé avoir étudié cet alliage. Les scientifiques ne le connaissaient pas à cette époque car il ne venait d'aucun pays sur terre.

Anthony Bragalia confirme ses courriers avec la Defense Intelligence Agency :

« Les rapports transmis par la DIA que j'ai reçus, mentionnent un matériau de haute ingénierie appelé méta matériau composite », écrit Bragalia, « le méta matériau peut être recouvert de métal et de plastique. »

Il a ajouté :

« Sur la base de la documentation reçue, il semble que les débris récupérés présentent d'autres capacités extraordinaires. En plus de « se souvenir » de leur forme d'origine lorsqu'ils sont pliés ou écrasés, certains de ces matériaux futuristes ont le potentiel de rendre les choses invisibles, de « compresser » l'énergie électromagnétique et même de ralentir la vitesse de la lumière. »

Ben Smith, un ancien agent de la CIA a contacté les petits-enfants du major Jesse A Marcel, la première personne sur les lieux de l'accident de Roswell en juillet 1947.

Sa famille affirme que le major Marcel a subi des pressions de la part du gouvernement américain pour qu'il rétracte sa déclaration originale de ce qu'il a découvert au site du crash et nier avoir jamais vu des preuves d'un OVNI car ils possèdent le journal de Marcel, censé contenir des indices sur la vérité sur ce qui s'est réellement passé à Roswell avec de nouvelles preuves sur l'endroit du crash et sur l'épave extraterrestre.

Anthony Bragalia confirme ses sources selon lesquelles les débris de Roswell étaient bien extraterrestres. Le laboratoire ayant conduit les analyses à été identifié (Battelle), les scientifiques employés pour ces recherches aussi.

September 16, 1949

AF 909 $0
Wright-Patterson Air Force Base
Service Area
Building 258
Dayton, Ohio

Attention MCREXM3, Contract No. AF 33(038)-3736)

Gentlemen:

Enclosed are twenty-five (25) copies and one (1) reproducible of the first progress report prepared under Contract No. AF 33(038)-3736.

Part III of the Summary Report, dated July 30, 1949, under Contract W-33-038 ac-21229, describes the development of analytical methods and the study of refractories carried out during the period May 18, 1948, to May 18, 1949. In addition, it contains data obtained during the interval May 18, 1949, to July 30, 1949, on alloys which were in process at the expiration of the preceding contract, May 18, 1949. At the request of Mr. J. B. Johnson, this latter information obtained during the first two and a half months of the present contract was submitted in lieu of the first regular bimonthly progress report.

The attached report contains an account of the following:

1. A description of the alloy development work, including the data on alloys prepared during the period May 18, 1949, to September 18, 1949. Data obtained during this period on alloys already under study on May 18, 1949, are included in the above-mentioned Summary Report.

2. The progress made during the period May 18, 1949, to September 18, 1949, on the development of analytical methods for oxygen in titanium.

3. The results of the study during the period May 18, 1949, to September 18, 1949, on the development of refractories for holding molten titanium.

Very truly yours,

L. W. Eastwood

LWE:ec
Enc. (26)

First Progress Report

DEPARTMENT OF THE AIR FORCE
HEADQUARTERS AERONAUTICAL SYSTEMS CENTER (AFMC)
WRIGHT-PATTERSON AIR FORCE BASE, OHIO

29 Jan 10

88 CS/SCOKIF (FOIA)
3810 Communications Blvd
Wright-Patterson AFB OH 45433-7802

Defense Technical Information Center
Attn: Ms. Kelly Akers (DTIC-R)
8725 John J. Kingman Rd, Suite 0944
Ft Belvoir VA 22060-6218

Dear Ms. Akers

    This concerns the following Technical Report:

    Technical Report number: ADB816506
    Technical Report Title: Research and Development on Titanium Alloys
    Technical Report Date: 31 Aug 49
    Previous classification/distribution code: UNCLAS

    Subsequent to WPAFB FOIA Control Number 2010-01928-F, the above record has been cleared for public release.

    The review was performed by the following Air Force organization: AFRL/RX and 88 ABW/IPI.

    Therefore, the above record is now fully releasable to the public. Please let my point of contact know when the record is available to the public. Email: darrin.booher@wpafb.af.mil If you have any questions, my point of contact is Darrin Booher, phone DSN 787-2719.

    Sincerely,

KAREN COOK
Freedom of Information Act Manager
Base Information Management Section
Knowledge Operations

2 Attachments
1. Citation & Cover sheets of Technical Report #ADB816506
2. Copy of AFMC Form 559

First Progress Report Lettre d'accompagnement
Le pentagone et la DIA étaient au courant depuis 70 ans
Ils finissent par rendre publiques les dicuments

First Progress Report Covering the Period May 18 to September 18, 1949 on
Research and Development on Titanium Alloys

59 557

(None)

Simmons, W. O.; Greenidge, C. T.; Craighead, C. M.; and others
Battelle Memorial Institute, Columbus, Ohio

1st

(Same) for AMC, Wright-Patterson Air Force Base, Dayton, Ohio

photos,

Aug'49   Unclass.   U.S.   English   59   tables, diagr, graphs   (Same)

Progress is reported in the development of titanium alloys. During the period reported, titanium
binary alloys of germanium and nickel were studied, as well as titanium-molybdenum and titanium-
manganese ternary alloys. Carbon, copper, chromium, manganese, iron, and cobalt were added to
the titanium-molybdenum binary alloys, and nitrogen, copper, molybdenum and cobalt were added to
titanium-manganese alloys. The alloys were tested in both the as-hot-rolled temper and after aging
the hot-rolled sheet four hours at 750°F. Tensile strengths and elongations for various alloys are
listed. Some of the alloys were tested after solution heat treatment at 1600°F. Tests were also completed on "hot pressed" crucibles of tungsten carbide, titanium carbide, and zirconium carbide as
refractories for melting titanium. Melts were made in graphic crucibles lines with tantalum carbide
and tungsten boride.

Copies obtainable from CADO.

Titanium alloys

Materials (8)
Misc. Non-Ferrous Metals and Alloys (12)

USAF Contr. No. AF33(038)-3736

First Progress Report, résumé d'analyse

FIRST PROGRESS REPORT

COVERING THE PERIOD MAY 18 TO SEPTEMBER 18, 1949

on

RESEARCH AND DEVELOPMENT ON TITANIUM ALLOYS
Contract No. 33(038)-3736

to

WRIGHT-PATTERSON AIR FORCE BASE
DAYTON, OHIO

BATTELLE MEMORIAL INSTITUTE

August 31, 1949

31 août 1949 le premier rapport

-58-

The gas-concentration and gas-loading apparatus having been completed, samples can now be prepared in which there is little or no hydrogen and so more favorable results are to be expected in future experiments.

FUTURE WORK

The work on the preparation and evaluation of alloys of titanium will be continued. At present, binary alloys of titanium with zirconium, columbium, tantalum, beryllium, and silver, and ternary titanium-manganese-carbon, titanium-manganese-vanadium, and titanium-molybdenum-tungsten alloys are being investigated.

The more promising compositions which have been made to date will shortly be again investigated in order to study further these compositions and select those alloys warranting a more extensive study as outlined in the proposal.

The study of refractories for melting titanium will be continued.

With reference to the $Cl_2 - CCl_4$ method for determining oxygen, no further tests are contemplated. A detailed description of the apparatus and techniques, however, will be included in the next bi-monthly report.

At the present time, arc-melted samples of iodide titanium with known amounts of oxygen added as TiO_2 are being prepared. These samples will be forwarded to Dr. G. Derge for vacuum-fusion analysis in his laboratory.

BATTELLE MEMORIAL INSTITUTE

Battelle propose un second volet de recherche
Ce qui prouve bien que ni Battelle ni l'Air Force savaient comment il avait été fait

Les alliages recherchés sont aussi énigmatiques que des débris d'OVNIS, trouvés dans plusieurs pays, comme dans l'affaire sui se déroulera huit ans après ce rapport, avec du titanium manganèse carbone, à Ubatuba en 1957 (État de São Paulo, Brésil). Des alliages étranges dont on ne peut expliquer à quels fins et pourquoi iles furent crées.

Nano matériaux

La nanotechnologie extraterrestre, nanoparticules métalliques biogéniques, mutagènes, qui s'auto-reparent, évolutives et intelligentes, nanodiamants météoritiques transportant de l'information, métal intelligent, métallogels phénoliques comme pansements pour plaies infectées beaucoup de découvertes modernes nous font entrevoir notre ignorance de toutes les possibilités que l'Univers nous offre.

Mais toutes ces inventions sont-elles bien à nous ?

Ne sommes-nous pas déjà en train d'adapter de la rétroingéniérie exogène ?

En 2015, des chercheurs de l'Institut Paul Scherrer (PSI) ont créé un matériau artificiel à partir d'un milliard de minuscules aimants.

Les propriétés magnétiques de ce méta matériau changent avec la température de sorte qu'il peut prendre des états de phase, différents, semblable à l'eau qui a un état gazeux, un état liquide et un état solide suivant le froid, le chaud.

Laura Heyderman, qui a dirigé l'étude témoigne que seuls des systèmes complexes peuvent présenter des transitions de phase et contribuer aussi à de nouvelles formes de transmission de l'information.

Structure en nid d'abeille à base de nano-aimants

Les aimants ont la forme d'un grain de riz et une longueur de seulement 63 nanomètres. Les chercheurs ont utilisé une technologie novatrice pour placer un milliard de ces minuscules bâtonnets, de manière à obtenir une structure en nid d'abeille sur un fond plat. Dans l'ensemble, les nano-aimants couvraient ainsi une surface en nid d'abeille, de tout juste 5 millimètres de côté pour un milliard de nano aimants.

Le matériau de Roswell, alliage de Nitinol, mais avec des formes et dessins, sur une surface a nano particules évoluée réagissant à la lumière.

William W. Mac Brazel, éleveur de moutons, contremaître du Foster Ranch dans le comté de Lincoln, près de Corona, au Nouveau-Mexique. Un 2 juillet ou un 4 juillet, un orage faisait rage, la tempête a été accompagnée par de nombreux éclairs. Ce soir là Mac remarque quelque chose, un bruit, comme une explosion mêlé aux sons typiques d'un orage. Le jour suivant Mac parcourt les clôtures et surveille ses troupeaux, il était accompagné ce jour-là d'un garçon voisin de sept ans, William D. « Dee » Proctor, qui accompagnait souvent Mac. Alors qu'ils chevauchaient dans un champ, devant eux, ils remarquent une zone d'environ un quart de mile de long et plusieurs centaines de pieds de large, couverte de débris composés de petits morceaux d'un matériau métallique brillant, les moutons ne marchaient pas dessus et les évitaient avec précaution. Mac ramassé des fragments, l'un de ses enfants, Bessie Brazel, se souvient : « Il y avait ce qui semblait être des morceaux de papier fortement ciré et une sorte de papier aluminium. Certains de ces morceaux avaient quelque chose comme des chiffres et des lettres dessus, mais il n'y avait pas de mots. Certains des morceaux de feuille métallique avaient une sorte de ruban adhésif collé dessus, et lorsqu'ils étaient exposés à la lumière, ils montraient ce qui ressemblait à des fleurs ou des dessins pastel. »

L'écriture ressemblait principalement à des nombres, du moins je supposais qu'il s'agissait de nombres. Ils étaient écrits comme si vous rédigiez des nombres dans des colonnes pour résoudre un problème d'addition.

Mais ils ne ressemblaient pas du tout aux nombres que nous utilisons. Ce qui m'a donné l'idée qu'il s'agissait de chiffres, je suppose, c'est la façon dont ils étaient tous disposés en colonnes.

Plus tard dans l'après-midi, Mac a ramené le jeune Dee Proctor chez lui, emportant un morceau des débris qu'il avait trouvé et l'a montré aux parents de Dee, Floyd et Loretta.

Floyd Proctor déclarera plus tard que ce n'était pas du papier parce qu'il ne pouvait pas le couper avec son couteau, et le métal était différent de tout ce qu'il avait jamais vu. Il a dit que les dessins ressemblaient au genre de choses que vous trouverait sur des emballages de pétards, des sortes de figures toutes réalisées au pastel, mais pas écrites comme nous le ferions.

Loretta Proctor se souvient : « La pièce qu'il a apportée ressemblait à une sorte de plastique beige, brun clair, c'était très léger, comme du bois de balsa. Ce n'était pas une grosse pièce, peut-être environ quatre pouces de long, peut-être juste plus grande qu'un crayon. Nous coupions dessus avec un couteau et tenions une allumette, et ça ne brûlait pas. Nous savions que ce n'était pas du bois. C'était lisse comme du plastique, il n'avait pas de vrais coins pointus, un peu comme un bâton de goujon. Une sorte de bronzage foncé. Il n'avait pas de grain, juste lisse. Nous aurions dû aller pour regarder le champ de débris, mais l'essence et les pneus coûtaient cher à l'époque. Nous avions nos propres corvées, et cela aurait fait vingt miles. William W. Mac Brazel, éleveur de moutons, contremaître du Foster Ranch dans le comté de Lincoln, près de Corona, au Nouveau-Mexique. Un 2 juillet ou un 4 juillet au Foster Ranch, un orage faisait rage, la tempête a été accompagnée par de nombreux éclairs. Ce soir là Mac remarque quelque chose, un bruit, comme une explosion mêlé aux sons typiques d'un orage. Le jour suivant Mac parcourt les clôtures et surveille ses troupeaux, il était accompagné ce jour-là d'un garçon voisin de sept ans, William D. "Dee" Proctor, qui accompagnait souvent Mac. Alors qu'ils chevauchaient dans un champ, devant eux, ils remarquent une zone d'environ un quart de mile de long et plusieurs centaines de pieds de large, couverte de débris composés de petits morceaux d'un matériau métallique brillant, les moutons ne marchaient pas dessus et les évitaient avec précaution.

Mac ramasse des fragments, l'un de ses enfants, Bessie Brazel, se souvient : « Il y avait ce qui semblait être des morceaux de papier fortement ciré et une sorte de papier aluminium. Certains de ces morceaux avaient quelque chose comme des chiffres et des lettres dessus, mais il n'y avait pas de mots. Certains des morceaux de feuille métallique avaient une sorte de ruban adhésif collé dessus, et lorsqu'ils étaient exposés à la lumière, ils montraient ce qui ressemblait à des fleurs ou des dessins pastel. »

Russie 1991

En Russie, une découverte très inattendue est faite dans les montagnes de l'Oural en 1991 : des bobines et des ressorts métalliques microscopiques. Ils pourraient être la preuve d'une civilisation avancée passée technologiquement plus évoluée que la notre aujourd'hui. Ces bobines fabriquées, ont été initialement découvertes lors de recherches géologiques associées à l'extraction de l'or dans les montagnes de l'Oural. Ces pièces comprennent des bobines, des spirales, et d'autres composants non identifiés. Selon une analyse de l'Académie russe des Sciences à Syktyvkar, les plus gros morceaux trouvés sont principalement en cuivre, tandis que les plus petits sont en tungstène et en molybdène. Alors que le plus grand de ces objets mesure 1,18 pouce, les plus petits ne mesurent que 1/10 000ème de pouce, et beaucoup présentent des proportions dorées. Leur forme suggère qu'il s'agit de fragments métalliques manufacturés et non naturels. En fait, on a constaté qu'ils ressemblaient étroitement aux mêmes composants miniatures de la nanotechnologie contemporaine. Les artefacts ont été étudiés dans quatre laboratoires différents à Helsinki, Saint-Pétersbourg et Moscou. Cependant, ces analyses et d'autres recherches sur ces minuscules structures prirent fin en 1999, avec la mort du Dr Johannes Fiebag, l'un des principaux chercheurs de la découverte. Il n'y a aucun moyen d'évaluer l'âge des pièces autre que la géologie des strates vieilles de 20 000 à 300 000 ans dans lesquelles elles ont été trouvées.

A qui appartiennent les Brevets Ovnis

Sauf dispositions contractuelles contraires, les titulaires d'un brevet aux USA sont les inventeurs. En effet, contrairement à d'autres pays, il n'y a pas de disposition légale aux Etats-Unis selon laquelle de facto, un employeur doit être entièrement propriétaire des innovations d'un inventeur salarié.

S'il s'agit d'une invention liée à votre travail dans une structure militaire, elle appartiendra ou gouvernement, et s'il a classé l'invention secret militaire il ne vous devra rien (vous pouvez contester en justice mais cela est difficile gagner).

Même si l'America Invents Act (AIA) prévoit que les demandes de brevet U.S. puissent être désormais déposées en désignant les employeurs comme déposants titulaires, en droit américain, les inventeurs désignés sur une demande de brevet américain sont présumés être propriétaires de l'invention, sauf dispositions contractuelles contraires par exemple contrat de travail ou « Assignment ». Certaines industries privées qui travaillent pour le gouvernement font systématiquement signer des Assignements.[51]

L'ancien sénateur du Nevada Harry Reid, autrefois un des principaux dirigeants du parti démocrate, a affirmé que Lockheed Martin avait peut-être en sa possession des fragments d'un OVNI écrasé âgé de 81 ans, il déclara au New Yorker qu'il n'avait jamais vu de preuves des restes, mais qu'il avait été repoussé dans ses efforts pour obtenir l'approbation du Pentagone pour y accéder.

Si un brevet est classé secret par le Pentagone, perosnne ne peut y avoir accès, sans une autorisation spéciale.

---

[51]Lockheed states that the idea immediately became its property because when he was hired, signed an agreement assigning any employee inventions to the company.

Lockheed déclare que l'idée est immédiatement devenue sa propriété car lorsqu'il a été embauché, ayant signé un accord attribuant les inventions des employés à l'entreprise.

Reid était le sénateur de longue date du Nevada où se situe la zone 51, dont on disait depuis longtemps qu'elle abritait des OVNIS et peut-être même des extraterrestres vivants. Reid a été interviewé dans le cadre d'un article du New Yorker[52] sur les enquêtes gouvernementales sur les OVNIS :

« On m'a dit pendant des décennies que Lockheed avait certains de ces documents récupérés", a déclaré le démocrate au média. Ils n'approuveraient pas cela. Je ne sais pas quels étaient tous les chiffres, de quel type de classification il s'agissait, mais ils ne me l'ont pas donné. »

Le 31 octobre 2014n une vidéo YouTube mettant en vedette le Texas Boyd Bushman, un ancien de Lockheed Martin et Texas va confirmer ses dires.

Un inventeur avait défrayé la chronique avec des brevets concernant la propulsion électromagnétique, de 1986 à 2000, Richard Daniel, alias Boyd Bushman Ingénieur senior chez Skun Works Lockheed Martin Space, au niveau Top Secret Clearance de 1986 à 2000 avait déposé 26 brevets d'inventions sur de la technologie OVNIS classés secrets, pour lesquels il eut un procès avec son employeur en 2000 (Bushman contre Lockeed Martin Tactical Aircraft Sys.Inc. 18 octobre 2001, John McBryde, juge de district, Texas, le défendeur alléguant que l'utilisation de ses brevets a permis des bénéfices à son entreprise et réclame une part proportionnelle aux gains obtenus.

Bushman affirmait qu'il a travaillé sur la rétro conception grâce aux appareils extraterrestres récupérés

Voici certains des brevets de B. Bushman :

- Procédé de vol qui utilise des ondes acoustiques stationnaires.
- Propulsion électromagnétique.

---

[52]https://www.newyorker.com/magazine/2021/05/10/how-the-pentagon-started-taking-ufos-seriously.

- Propulsion par utilisation de l'énergie magnétique de la terre.

Le FBI lui fit retirer son accréditation, secret défense suite à dénonciation de son employeur pour contacts téléphoniques avec des personnes des pays de l'Est pouvant compromettre la sécurité de l'État. C'est à ce titre qu'il fut licencié et de fait interdit d'emploi dans aucune société travaillant pour le gouvernement américain dans de l'ingénierie destinée à la défense ou aux intérêts nationaux.

Bushman à écrit deux ouvrages désignés comme de la science-fiction qui décrivent une technologie exogène, et les recherches poursuivies sur terre, l'intégralité de son travail et de ses collègues au sein de la zone 51 et de Skunk Works, ils ne furent pas publiés.

Bushman accrédité « top secret clearance » par le Pentagone, quitta Lockheed à l'âge de 64 ans, perdit ses procès en paternité d'invention pour perception d'une redevance en pourcentage de gains pour son ex entreprise. Il fut décrédibilisé dans une émission de télévision, on lui demanda de valider les photographies d'extra-terrestres collées sur un carton, lui souhaitait simplement exprimer son témoignage, il en avait vu dans la zone 51 et son travail portait sur de la retro conception de technologie non terrestre. Malgré cette décrédibilisation intentionnelle voulue et organisée sans doute, comme cela fut le cas pour Bob Lazar, on ne peut nier que les inventions de Boyd Bushman ingénieur senior chez Lockheed Martin Tactical Aircraft Systems, bien réelles, beaucoup sont encore classées Top Secret par le Pentagone.

L'ancien ingénieur de Lockheed Martin, Boyd Bushman, scientifique de la zone 51 a fourni des preuves d'un contact humain avec une vie extraterrestre juste avant sa mort en août 2014.

Le niveau d'habilitation secret de Bushman s'appliqué aux informations dont la divulgation non autorisée pourrait causer des dommages exceptionnellement graves à la sécurité nationale des États-Unis.

LES OVNIS DE LA NAVY

Lorsque le Dr Salvatore Cezar Pais, ingénieur en aérospatiale à la Naval Air Warfare Center Aircraft Division (NAWCAD), a déposé un brevet d'invention pour un dispositif de fusion par compression plasma[ii] en 2019, avons-nous réalisé un pas de géant dans la physique quantique ? Est-il le premier de ce type auprès du Pentagone ?

Certains projets sont déjà classés à la limite de la science contemporaine.

L'énergie à fusion, repose sur une injection haute pression grâce à des sortes d'ondes de choc vers un centre, afin de comprimer un combustible, forçant les particules dans une réaction de fusion. Le principe repose sur d'énormes aimants supraconducteurs pour maintenir un gaz ionisé, ou plasma, dans un récipient en forme d'anneau pendant qu'il est chauffé avec des micro-ondes et des faisceaux de particules.

Un injecteur génère une boucle de plasma, comme un anneau de fumée de cigarette, qui, par son mouvement tourbillonnant, crée un champ magnétique qui maintient le nuage de particules ensemble à des températures et pressions où la fusion se réalise.

Un réacteur de fusion nucléaire compact qui mesure entre 0,3 et 2 mètres de diamètre serait une usine miniature pour produire de l'énergie.

Jennifer Leman, journaliste scientifique et rédacteur de nouvelles et des articles reproduits notamment par le magazine Space UFO Conspiracy de Chris Hughes, Jennifer émet son opinion sur la fusion nucléaire dans Popular Mechanics ; le 11 octobre, 2019 pour RealClear Science reproduit par TexPlore :

« Personne n'a encore été capable de produire en masse ou de contrôler de grandes quantités d'énergie de fusion, donc les conceptions du réacteur repoussent apparemment les limites de la science. »

Pour créer de l'énergie de fusion, les scientifiques doivent construire des appareils pouvant contenir des gaz qui atteindront des températures de centaines de millions de degrés afin de contraindre les noyaux atomiques à s'entrechoquer à grande vitesse et créer un plasma surchauffé avec des matériaux qui devront supporter ces températures.

Les scientifiques ont rêvé de créer la source d'énergie parfaite, mais jusqu'à présent, l'énergie de fusion nucléaire a semblé être l'option la plus probable pour nous aider à atteindre cet objectif.

Brevet US n°20190295733A1 Salvatore Pais du mars 2018
Plasma Compression Fusion Device.
Air Warfare Center Aircraft Division (NAWCAD)

Nous abordons maintenant une invention qui dépasse la science d'aujourd'hui selon un concept miniature, comprenant une chambre à vide avec des buses dynamiques a pluralité d'orifices et une surface externe qui est chargée électriquement.

En combinaison, la ou les paires de buses dynamiques créent un flux d'énergie concentré et un rayonnement électromagnétique à l'intérieur de la chambre à vide, grâce à quoi le flux comprime un mélange de gaz injecté à travers les orifices vers la chambre centrale sous vide, de telle sorte qu'un plasma est créé. Le rayonnement électromagnétique chauffe le noyau, tandis que les champs magnétiques produits confinent ce plasma entre les buses dynamiques, de sorte que lorsqu'un mélange supplémentaire de gaz est introduit, un gain d'énergie supplémentaire est créé.

Selon l'inventeur, avant son invention personnelle, la fusion par confinement inertiel était envisagée avec des implosions entraînées par laser ou avec des champs électriques (électrostatiques), ou encore par micro-ondes, tandis que la fusion par confinement magnétique qu'il propose, est générée avec une induction magnétique extrêmement élevée seulement possible dans des configurations telles que les tokamaks. Dans l'enceinte d'un tokamak, l'énergie générée par la fusion des noyaux atomiques est absorbée sous forme de chaleur par les parois de la chambre à vide.

Tous ces procédés de confinement du plasma présentent de graves problèmes, tels qu'un besoin en taille extrêmement importante, instabilités, pertes de puissance, temps de confinement courts pour les machines magnétiques. Aucune de ces méthodes n'a été capable à ce jour d'atteindre des réactions de fusion à l'équilibre : puissance produite égale à celle d'entrée, et encore moins, une combustion auto-entretenue, sans avoir besoin d'alimentation externe.

L'invention de Salvatore Pais propose un mouvement contrôlé de matière chargée électriquement via une vibration accélérée, afin de générer des champs électromagnétiques à haute énergie et grande intensité, qui confinent non seulement le plasma mais aussi le compriment fortement de manière à produire une densité de puissance.

Le mode de réalisation idéal selon Salvatore Pais, comprend deux paires de structures coniques à tête courbée opposée, cependant, plus de deux paires peuvent être envisagées, constituées d'un alliage de tungstène à haute capacité (tel que le nitrure de tungstène), ou de tout autre type d'e alliage composite envisageable.

Systèmes de propulsion d'engins spatiaux
non conventionnels - Salvatore Pais
Air Warfare Center Aircraft Division (NAWCAD)

Demande de brevet déposée par le Département Américain de la Marine le 02 novembre 2017 (valable jusqu'au 28 septembre 2026, propriété du gouvernement américain.

Pour un engin utilisant un dispositif de réduction de masse inertielle qui comprend deux parois de cavité résonante, une interne, l'autre externe et des émetteurs de micro-ondes.

La paroi de cavité externe est chargée électriquement tandis que l'interne est isolée électriquement, formant ainsi une cavité résonante. Des émetteurs de micro-ondes vont créer des ondes électromagnétiques à haute fréquence dans toute la cavité résonante, provoquant sa vibration dans un mode accéléré, créant un vide polarisé local à l'extérieur de la paroi externe autour de tout l'appareil.

Contexte : il existe quatre forces fondamentales connues qui contrôlent la matière et, par conséquent, contrôlent l'énergie, les forces nucléaires fortes, les forces nucléaires faibles, la force électromagnétique et la force gravitationnelle. Dans cette hiérarchie de forces, l'électromagnétique est parfaitement positionnée pour pouvoir coordonner les trois autres.

Les champs électromagnétiques à haute énergie générés artificiellement, tels que ceux générés avec un générateur de champ électromagnétique à haute énergie (HEEMFG présenté par Salvatore Pais), interagissent fortement avec l'état d'énergie du vide.

L'état d'énergie du vide peut être décrit comme une superposition de toutes les fluctuations des champs quantiques qui imprègnent l'ensemble de l'espace-temps.

L'interaction à haute énergie avec l'état d'énergie du vide peut donner lieu à des phénomènes physiques émergents, tels que l'unification des champs de force et de matière. La matière, l'énergie et l'espace-temps sont toutes des constructions émergentes qui sortent du cadre fondamental de l'état d'énergie du vide.

Tout ce qui nous entoure, nous y compris, peut être décrit comme des collections macroscopiques de fluctuations, vibrations et oscillations dans les champs de la mécanique quantique.

La matière est une énergie confinée, liée dans des champs, figée dans un quantum de temps.

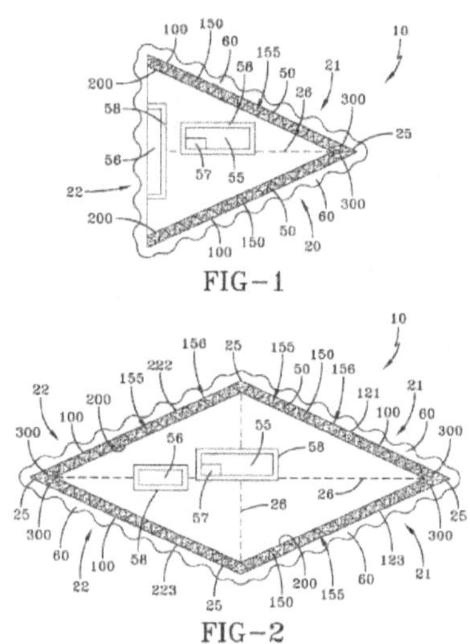

Selon ce brevet de Salvatore Pais, un engin hybride aérospatial-sous-marin, pourrait voyager sur terre, en mer et dans l'espace à des vitesses incroyables, grâce au vide généré autour de la coque qui repousserait l'eau et l'air. De plus cela modifierai l'espace-temps car l'appareil évolue, dans une bulle quantique ors temps.

Générateur de champ électromagnétique
et procédé pour générer un champ électromagnétique
Naval Air Warfare Center Aircraft Division (NAWCAD)
de l'US Navy

C'est l'un de ces grands brevets contestés par les détracteurs ufologiques, car, si une invention ne peut pas être expérimentée en pratique, elle n'est pas brevetable.

Si une invention repose sur un concept entièrement théorique qui ne peut être démontré même par les personnes les plus qualifiées, il serait raisonnable de remettre en question la validité du brevet dans sa totalité.

Les brevets de production d'énergie exotique de la Marine restent aussi mystérieux que jamais car les descriptifs théoriques des appareils coïncident plus aux performances semblables à celles d'un OVNI qu'à un prototype de l'armée américaine réel.

Selon la demande de brevet déposée par le Département Américain de la Marine le 24 juillet 2015, un générateur de champ électromagnétique comprenant une coque, un générateur électrostatique, une centrale électrique, un générateur thermoélectrique et un moteur électrique, mais pas seulement, car la coque est faite d'un matériau céramique ferroélectrique poly cristallin polarisé, de telle sorte qu'il présente de fortes propriétés d'effet piézoélectrique induisant des vibrations à haute fréquence.

La coque peut être en outre dopée avec des éléments radioactifs qui, sous vibrations à haute fréquence, induisent une émission de rayons gamma.

Le générateur thermoélectrique est destiné à convertir l'énergie thermique générée par la centrale électrique en énergie électrique pour alimenter un moteur.

Le couplage simultané de l'électrodynamique giratoire hyperfréquence (rotation axiale) et de l'électrodynamique vibrationnelle hyperfréquence (telle qu'utilisée dans le concept inventif décrit ici) est propice à une éventuelle percée physique, l'unification des champs de force dans l'utilisation du plasma sous vide quantique comme source d'énergie, c'est un sujet technologique considérablement conceptualisé, par une équipe d'ingénieurs de recherche de la NASA.

La NASA suggère l'utilisation de la technologie de propulseur à cavité résonante haute fréquence par micro-ondes dans le contexte de la physique quantique du plasma sous vide.

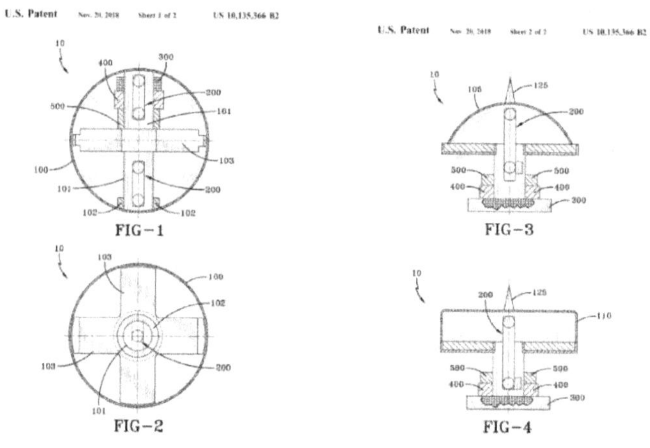

Générateur de champ électromagnétique à haute énergie. (HEEMEG)

Selon la demande de brevet déposée par le Département Américain de la Marine le 14 février 2017, pour un générateur d'ondes gravitationnelles hautes fréquence

L'invention concerne un générateur d'ondes gravitationnelles à haute fréquence comprenant une coque remplie de gaz avec une surface externe, des émetteurs de micro-ondes, des générateurs sons et des cavités remplies de gaz résonantes pour vibrations acoustiques.

La surface extérieure de la coque est chargée électriquement et vibrée par les émetteurs de micro-ondes afin de générer un premier champ électromagnétique.

Les cavités remplies de gaz résonnant suite aux vibrations acoustiques, ont chacune une surface qui peut être chargée électriquement et vibrée par l'énergie acoustique provenant des générateurs de son, de telle sorte qu'un second champ électromagnétique soit généré.

Selon la théorie quantique des champs, cette forte interaction est basée sur le mécanisme de transfert d'énergie vibrationnelle. Le transfert d'énergie vibrationnelle induit en outre des fluctuations locales dans les champs quantiques adjacents qui imprègnent l'espace-temps.

Il est possible de réduire la masse inertielle et donc gravitationnelle, d'un objet en mouvement, par une perturbation brutale du fond non linéaire de l'espace-temps local (l'état d'énergie du vide local), équivalente à une intrusion accélérée loin de équilibre thermodynamique (analogue à la brisure de symétrie induite par des changements brusques de transitions état/phase).

Le mécanisme physique qui entraîne cette diminution de la masse inertielle est basé sur la pression négative (donc la gravité répulsive) présentée par l'état d'énergie du vide local polarisé (la polarisation du vide local étant obtenue par un couplage de vibration accélérée à haute fréquence avec une rotation axiale accélérée à haute fréquence. La polarisation locale du vide à proximité immédiate d'un engin équipé d'un système HEEMFG aurait pour effet de faire coïncider les fluctuations très énergétiques et aléatoires des champs de vide quantique, qui bloquent virtuellement la trajectoire d'un engin en accélération, de telle sorte que le la pression négative résultante du vide polarisé permet un mouvement moins laborieux à travers celui-ci (comme l'a noté H. David Froning). La polarisation locale du vide, à savoir la cohérence des fluctuations du vide à proximité immédiate de la surface de l'engin (à l'extérieur de la limite du vide) est obtenue, permettant une navigation fluide à travers la pression négative (gravité répulsive) du vide. On peut dire que le vide extérieur aspire l'engin.

Pour comprendre cette réduction de la masse inertielle (et donc gravitationnelle), se reporter à la Physical Review Letter, publiée en décembre 1989 par Hayasaka et Takeuchi : la diminution de poids du gyroscope par rapport à sa masse, selon sa fréquence de rotation angulaire et son rayon de rotor effectif, donne la possibilité d'un effet de vide quantique local, à savoir une condition de pression négative (gravité répulsive). C'est une caractéristique de la présente invention de proposer un engin, utilisant un dispositif de réduction de masse inertielle, qui puisse se déplacer à des vitesses extrêmes.

Systèmes de propulsion d'engins spatiaux non conventionnels
Le dossier secret n°10/633 778.

Une quinzaine d'années avant Salvatore Pais, un autre inventeur, Boris Wolfson avait déposé le 4 août 2003, le brevet d'invention n°10/633 778.

Le domaine technique de cette invention concernait les véhicules spatiaux propulsés par les propriétés modifiées électro magnétiquement du vide, en particulier la pression de l'état de vide inflationniste.

La présente invention concerne des dispositifs autopropulsés par les propriétés artificiellement modifiées de l'état de vide inflationniste à des vitesses approchant la vitesse de la lumière à ce lieu spécifique.

De plus, cette invention concerne des dispositifs capables de générer une anomalie d'espace-temps caractérisée par la densité de pression du vide élevée. Les dispositifs combinant cette capacité peuvent être capables de se déplacer à des vitesses sensiblement supérieures à celle de la lumière dans l'espace ambiant comme avec une bulle sous vide.

Le dispositif de cette invention est un véhicule spatial.

La coque extérieure est formée d'un disque creux, d'une sphère ou d'une forme tridimensionnelle évidée.

Un contrôleur de modulation de flux est disposé à l'intérieur du blindage interne pour être accessible à l'équipage. L'énergie électrique générée est convertie en un champ électromagnétique puis le champ électromagnétique est converti en un champ gravitomagnétique dans le blindage supraconducteur creux.

Le champ gravitomagnétique est propagé vers l'extérieur, des parois du blindage supraconducteur creux, formant une anomalie de pression d'état de vide inflationniste.

L'anomalie de pression de l'état de vide inflationniste est constituée d'une zone de densité de pression de vide réduite devant le véhicule spatial et d'une zone de densité de pression de vide relativement plus élevée derrière le véhicule.

La différence de densité de pression du vide propulse le véhicule spatial de cette invention vers l'avant.
Un blindage supraconducteur creux refroidi est alimenté par un champ électromagnétique résultant en des tourbillons quantifiés d'ions de réseau projetant un champ gravitomagnétique qui forme une anomalie de courbure de l'espace-temps à l'extérieur du véhicule spatial.

Le déséquilibre de la courbure de l'espace-temps assure la propulsion du véhicule spatial.

Le véhicule spatial, entouré par l'anomalie spatio-temporelle, peut se déplacer à une vitesse approchant la caractéristique de la lumière pour le lieu dans lequel il se trouve.

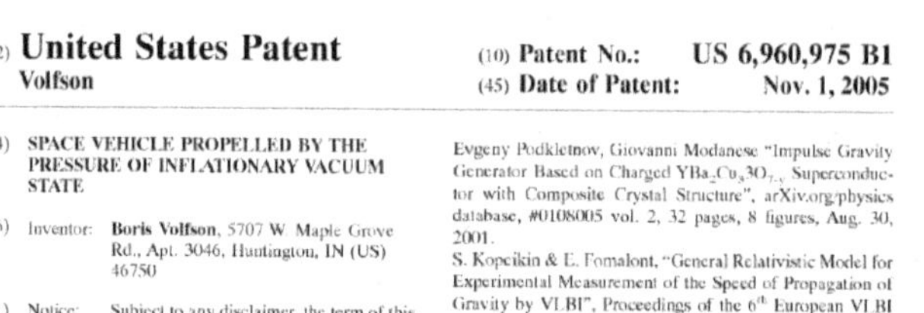

US006960975B1

(12) **United States Patent**
Volfson

(10) **Patent No.:** US 6,960,975 B1
(45) **Date of Patent:** Nov. 1, 2005

(54) **SPACE VEHICLE PROPELLED BY THE PRESSURE OF INFLATIONARY VACUUM STATE**

(76) Inventor: **Boris Volfson**, 5707 W. Maple Grove Rd., Apt. 3046, Huntington, IN (US) 46750

(*) Notice: Subject to any disclaimer, the term of this patent is extended or adjusted under 35 U.S.C. 154(b) by 8 days.

(21) Appl. No.: **11/079,670**

(22) Filed: **Mar. 14, 2005**

Related U.S. Application Data

(63) Continuation of application No. 10/633,778, filed on Aug. 4, 2003, now abandoned.

(51) Int. Cl.[7] **H01F 6/00**; F03H 5/00
(52) U.S. Cl. **335/216**, 60/200.1
(58) Field of Search 335/216; 60/200.1

(56) **References Cited**

U.S. PATENT DOCUMENTS

3,626,605 A   12/1971 Wallace
3,626,606 A   12/1971 Wallace

Evgeny Podkletnov, Giovanni Modanese "Impulse Gravity Generator Based on Charged $YBa_2Cu_3O_{7-y}$ Superconductor with Composite Crystal Structure", arXiv.org/physics database, #0108005 vol. 2, 32 pages, 8 figures, Aug. 30, 2001.
S. Kopeikin & E. Fomalont, "General Relativistic Model for Experimental Measurement of the Speed of Propagation of Gravity by VLBI", Proceedings of the 6th European VLBI Network Symposium Jun. 25-28, 2002, Bonn, Germany, 4 pages.
Sean M. Carroll, "The Cosmological Constant", http://pancake.uchicago.edu/~carroll/encyc/, 6 pages.
Chris Y. Taylor and Giovanni Modanese, "Evaluation of an Impulse Gravity Generator Based Beamed Propulsion Concept", American Institute of Aeronautics and Astronautics, Inc., 2002.
Peter L. Skeggs, "Engineering Analysis of the Podkletnov Gravity Shielding Experiment", Quantum Forum, Nov. 7, 1997, http://www.inetarena'.com/~noctic/pls/podlev.html).

Primary Examiner—Ramon M. Barrera

(57)   **ABSTRACT**

A space vehicle propelled by the pressure of inflationary vacuum state is provided comprising a hollow superconductive shield, an inner shield, a power source, a support structure, upper and lower means for generating an electro-

Au de-là de la vitesse de la lumière, on entrerait dans des voyages temporels

La téléportation ou transportation quantique supraluminique, est une méthode théorique unique capable de proposer le transport de la matière dans l'espace et le temps car : elle enveloppe un objet avec une surface de vide quantique absolument impénétrable qui coupe toutes les interactions causales et physiques avec l'environnement.

Les autres méthodes hypothétiques dans ce domaine, créent des paradoxes lors du voyage dans le temps ; par exemple, à travers des trous de ver, des objets du passé et du futur peuvent interagir gravitationnellement, en raison de l'apparition de nombreux problèmes d'interférences avec les lois de conservation, et dans la violation de la causalité, selon Constantin Leshan[iii] de la République de Ghindesti en Moldavie, qui entre 1985-1990, qui a étudié la physique nucléaire à l'université de Kiev.

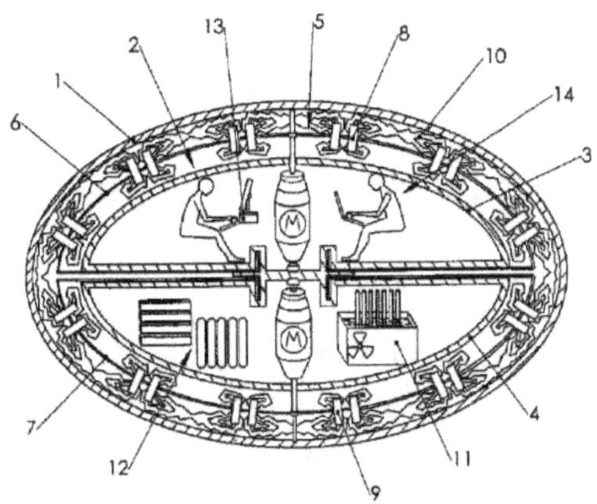

Cet appareil que Boris Wolfson avait proposé le 4 août 2003, invention n°10/633 778, trouve un écho mondial dans une affaire retentissante, d'OVNIS surnommés Tic-Tac.

Un passionné, Chris Mellon travaillant avec un groupe civil non gouvernemental appelé To the Stars Academy of Arts & Science, essayant d'inciter les communautés américaines de la défense et du renseignement à enquêter sur les rapports de phénomènes aériens non identifiés (UAP également connus sous le nom d'OVNIS) les étudia :

« Ce qui me motive vraiment en ce moment, ce qui a vraiment accéléré et renforcé mon intérêt, c'est le cas en 2004 de l'USS Nimitz, quand j'ai appris cela et j'ai commencé à parler aux militaires impliqués. Nous avons eu plusieurs aviateurs de la Navy ont rapporté ce qu'ils ont vu, des ovnis sans ailes, avec des capacités extraordinaires en plein jour, sur une longue période de temps.

Cela a été corroboré par les systèmes de capteurs de défense aérienne les plus sophistiqués au monde. Donc, lorsque vous commencez à parler de ce niveau de preuve, je pense que toute personne raisonnable devrait dire c'est réel, et nous devrions procéder en conséquence. »

C'était le 14 novembre 2004 dans l'océan Pacifique, à environ 100 milles au sud-ouest de San Diego, en Californie. Le groupe aéronaval de l'USS Nimitz, comprenant le porte-avions à propulsion nucléaire et le croiseur lance- missiles USS Princeton, un sous-marin d'escorte et des frégates de surface, menait une série d'exercices avant déploiement dans le golfe Persique.

Vers 14 heures, deux chasseurs F/A-18F Super Hornet du Nimitz ont reçu un ordre inhabituel d'un officier des opérations à bord du Princeton. Déjà en vol en cours d'exercice routinier, les pilotes doivent interrompre leurs manœuvres d'entraînement sur le champ, et rejoindre de nouvelles coordonnées pour identification interception d'objets volants non identifiés, lorsqu'ils y parviennent, leurs caméras infra-rouge filment des appareils d'un autre monde, impossible à construire sur terre.

Chris Mellon est particulièrement qualifié pour parler des ovnis, après avoir été sous-secrétaire adjoint à la Défense pour le renseignement sous les administrations Clinton et George W. Bush, puis plus tard responsable de l'examen des agences et des budgets impliqués dans les programmes noirs top-secrets, liés aux opérations spéciales. Devenu expert consultant, il fait maintenant partie intégrante de l'équipe d'enquête présentée sur Unidentified Inside America's UFO Investigation d'History Chanel chez A+E Networks.

Le radar du Princeton détectait des objets mystérieux depuis plusieurs jours ils suivaient les manœuvres du porte- avions nucléaire. La Marine les a appelés « véhicules aériens anormaux » ou AAV un terme générique que l'armée utilise pour objets volants non identifiés.

Les opérateurs radar du Princeton passent environ deux semaines à tenter d'identifier les objets, éteignant et recalibrant leur système radar dans le processus, afin d'exclure la possibilité d'échos fantômes. Selon Gary Voorhis, opérateur radar de l'USS Princeton, à la suite de la recalibration des radars, les échos étaient plus nets.
Les objets sont détectés à diverses altitudes : 80 000, 60 000 et 30 000 pieds (où ils déplacent à une vitesse d'environ 100 nœuds, soit 185 km/h), et leur surface équivalente radar ne correspond à celle d'aucun aéronef connu.

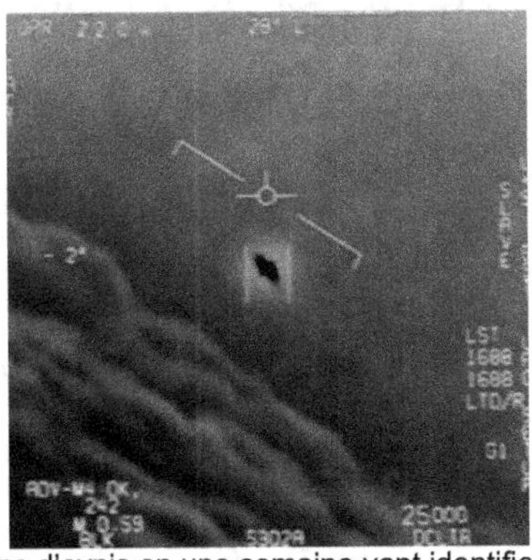

100 detections d'ovnis en une semaine vant identification visuelle

Selon Kevin Day, l'opérateur radar principal du Princeton à l'époque, son écran montrait bien plus de 100 AAV au cours d'une semaine :

« Les regarder sur l'écran, c'était comme regarder la neige tomber du ciel », dit-il dans sa toute première interview à la caméra, pour Unidentified: Inside America's UFO Investigation de HISTORY Chanel.

Selon Day, les AAV sont apparus à une altitude supérieure à 80 000 pieds, bien plus élevée que celle que volent généralement les jets commerciaux ou militaires. L'équipe radar du Princeton ne croyait pas ce qu'elle voyait, attribuant les anomalies à un dysfonctionnement de l'équipement.

Mais après avoir vérifié que tout fonctionnait comme il se doit, ils ont commencé à les suivre avec intérêt, les AAV sont des à une vitesse étonnante vers un espace aérien plus bas et plus fréquenté, Day a informé le commandant du Princeton des avions inconnus entrent dans l'espace aérien commercial et refusent de s'identifier, en approche du porte-avions nucléaire.

En conséquence de quoi, les deux chasseurs ont été détournés pour les intercepter mais lorsqu'ils arrivent sur cible pour la première fois, les pilotes ne voient aucun objet ou avion volant. Ils ont observé ce que le pilote principal, le commandant David Fravor, nomme plus tard une perturbation dans l'océan. L'eau bouillonnait, des vagues blanches se brisaient sur ce qui ressemblait à un gros objet juste sous la surface.

Puis les pilotes remarquent l'un des objets volant à environ 50 pieds au-dessus de l'eau. Fravor, le commandant de l'escadron d'élite Black Aces, diplômé du programme Top Gun avec plus de 16 ans d'expérience de vol, l'a décrit comme mesurant environ 40 pieds de long, en forme de bonbon Tic-Tac et sans moyen de propulsion apparent :

« C'est blanc. Il n'a pas d'ailes. Il n'a pas de rotors. »

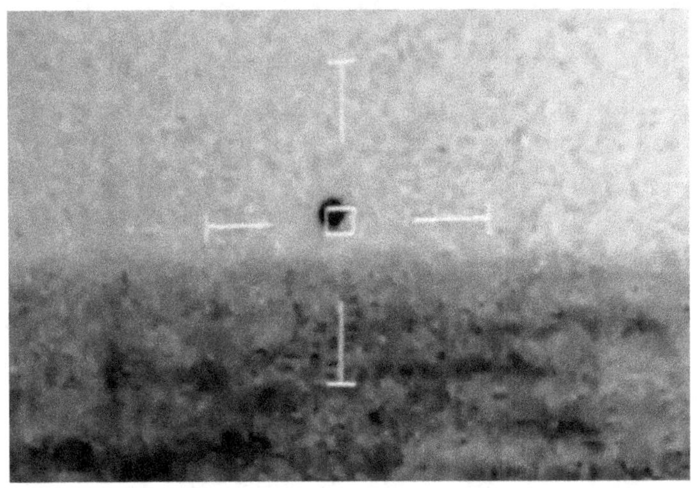

Encore plus étranges étaient ses mouvements rapides et erratiques, que Fravor a décrits à HISTORY Chanel, comme quelque chose qu'il n'avait jamais vu de sa vie :

« Cette chose irait d'un sens à l'autre, comme si vous jetiez une balle de ping-pong contre le mur. »

Alors que Fravor filme l'objet à l'aide d'une caméra infrarouge très sensible, l'engin est monté puis est venu droit à son avion comme pour l'observer lui :

«Tout d'un coup, il tourne et accélère rapidement croise mon nez, et... c'est parti »

L'OVNI part avec une accélération qui aurait été destructrice pour tout avion volant au monde et mortelle pour le pilote : « Je n'ai aucune idée de ce que j'ai vu. Cet objet volant n'émettait aucune fumée, n'avait ni aile ni rotor, et larguait complètement nos F-18. Mais je veux en piloter un», Commandant David Fravor, pour le New York Times.

Ce pilote à la retraite de l'US Navy se souvient de la rencontre avec les Tic Tac.

Washington, 24 juin 2021(Reuters), le capitaine de corvette à la retraite de l'US Navy, Alex Dietrich, maintenant mère de trois enfants, discuté de son expérience lors d'une récente apparition conjointe avec Fravor dans l'émission 60 Minutes" de CBS News sur ce qu'elle a vu en 2004 : Sa réponse reste la même, comme qu'au cours des 17 dernières années.

Son témoignage survient au moment où le Pentagone, divulgue plus de 120 cas documentés d'objets énigmatiques présentant une vitesse et une maniabilité dépassant les technologies aéronautiques connues sur Terre, que nous n'avons jamais pu atteindre ni même imaginer possibles. Chad Underwood, le pilote de la Navy qui a filmé la vidéo d'OVNI, lui aussi parla sans détours dans le New York Times.

L'ancien secrétaire adjoint à la Défense chargé du renseignement, Christopher Mellon, a également confirmé publiquement que les incursions d'ovnis dans nos installations d'armement nucléaire ou d'équipement sont anciennes, continues et connues, cela ne le surprend pas que le Nimitz à propulsion nucléaire actuellement en service dans l'US Navy, avec 88 000 tonnes de déplacement, sois observé de près par les OVNIS.

Cet incident du Nimitz (en anglais : USS Nimitz UFO incident) concerne une rencontre radar et visuelle réelle, entre des pilotes de chasse américains et des OVNIS ces derniers ont poursuivi et étudié pendant deux semaines un porte-avions nucléaire de la force navale américaine.

Cela soulève une question : Pourquoi la Task Force UAP du gouvernement s'est-elle limitée à enquêter sur 144 observations d'OVNI par des équipages de l'armée américaine et si peu sur ce cas ?

Et pourquoi seulement depuis 2004 et pas avant ?

Idées sources concurrentes

Système de propulsion utilisant la force anti gravité du vide
et ses applications : Alexandre Tiago Baptista et Dr Alves
Martins

Les inventeurs : Alexandre Tiago Baptista et Dr Alves Martins
avaient eux aussi proposé une invention selon des champs
électromagnétiques de haute énergie générés artificiellement
interagissent fortement avec le champ d'énergie du vide (un
état agrégé composé de la superposition de toutes les
fluctuations des champs quantiques imprégnant le tissu de
l'espace-temps), donnant ainsi lieu à des phénomènes
physiques émergents (en d'autres termes une physique
révolutionnaire), tels comme unification des champs de force
et de matière.

L'invention d'Alexandre Tiago Baptista et Dr Alves Martins
concerne une nouvelle forme de propulsion aérienne,
terrestre, sous-marine ou spatiale, obtenue grâce à la
manipulation (ou ingénierie) du vide avec les interactions
électromagnétiques appropriées.

Cette manipulation du vide doit permettre l'utilisation d'une
nouvelle forme de propulsion, avec des applications dans la
production d'énergie et sur l'obsolescence temporelle des
éléments radioactifs. Afin de mieux comprendre le
fonctionnement de cette invention, nous allons d'abord revenir
à la théorie sur laquelle se base cette innovation,
habituellement, la science décrit les quatre forces
fondamentales comme :

1-Force électromagnétique.
2-Force gravitationnelle.
3-Force nucléaire forte.
4-force nucléaire faible.

Cette liste est incomplète car il a déjà été prouvé qu'il existe aussi une force fondamentale supplémentaire : l'anti gravité. Celle-ci a été découverte par les astrophysiciens en 1998 (Glanz). Batista et Martins suggèrent des champs magnétiques ou électriques opposés créant une force de répulsion de masse, tandis que des champs magnétiques ou électriques créent une force d'attraction de masse. Ce processus de manipulation du vide peut être utilisé pour propulser une masse qui contient les sources de champ qui perturbent le vide.

La création d'un point de répulsion dans l'espace par l'interférence de deux ou plusieurs faisceaux d'ondes électrodynamiques longitudinaux, provoquerait aussi une force de répulsion sur la masse utilisable pour des dispositifs de propulsion connexes. La force anti gravité du vide est bien connue dans les milieux astronomiques (Grön, 1986, 2009 ; Magueijo, 2003). L'état de contrainte dans le vide est généralement décrit par l'analogie de deux forces tirant dans des directions opposées et générant donc une contrainte. Comme on le sait, selon le principe d'incertitude de Heisenberg, il y a toujours des ondes électromagnétiques créées et détruites dans le vide de l'espace.

Ces oscillations électromagnétiques sont toujours créées par paires en opposition, de telle sorte que le vide montre une énergie nette nulle.

Ce fait est généralement décrit comme la source potentielle d'une énorme quantité d'énergie. Le vide dans l'air n'a pas d'énergie car les ondes électromagnétiques qu'il génère sont toutes annulées en phase par d'autres ondes de telle sorte que le résultat final observable est nul, il ne reste aucune énergie observable à voir. Cependant, le vide possède, à tout moment, une quantité incroyable de champs électromagnétiques en opposition et c'est la source de sa densité et de ses fortes contraintes ou tensions. Selon Grön (1986) la masse gravitationnelle du vide est négative.

La théorie de la Super unification

La théorie de la Super unification, aussi appelée la théorie du tout ensemble, est basée sur les nouvelles découvertes fondamentales du quantum de l'espace-temps et de l'interaction électromagnétique super forte, concilie physique et quantique.

La gravité commence avec la formation de la masse. Et ceci a été prouvé de manière convaincante dans la théorie de la super unification.

Le modèle standard de la physique des particules est un modèle théorique qui permet d'expliquer de quoi la matière est faite et comment tout cela tient ensemble, en cela, le boson de Higgs est unique en son genre.

Il constitue la manifestation d'un champ qui s'unit aux particules élémentaires. Ce champ donne également sa masse au boson de Higgs lui-même qui est instable et se transforme ou se désintègre presque instantanément en des particules plus légères.

Le deuxième principe de base du modèle standard implique que les particules fondamentales interagissent entre elles par l'intermédiaire de forces : la force électrique ou la force magnétique.

En présence d'un champ magnétique, le boson de Higgs va donner une masse aux particules empêchant autour de lui que ces dernières se déplacent librement, et acquièrent une résistance au mouvement.

En ralentissant, le champ de Higgs facilite la rencontre des particules entre elles pour créer protons et neutrons qui, combinés aux électrons, forment de la matière, et la matière à une masse.

Tout ce qui est matériel a forcément une masse quels que soient sa forme et son état car la masse d'un objet représente la masse de l'ensemble des particules chimiques ou molécules qui constituent cet objet.

Le Modèle standard de la physique postule que l'Univers est gouverné par quatre interactions élémentaires, des forces fondamentales :

« L'interaction électromagnétique, l'interaction gravitationnelle l'interaction nucléaire forte, l'interaction nucléaire faible. »

L'Univers serait rempli d'un champ spécifique donnant leur masse aux particules élémentaires et ce champ était présent dès le big bang, mais il était nul, à mesure que l'Univers s'est refroidi, il s'est spontanément chargé. En conséquence de cela toutes les particules élémentaires qui ont interagi avec le champ de Higgs ont acquis une masse alors qu'au départ, les bosons eux aussi, étaient vides de toute masse.

Par comparaison avec le boson, en physique, un quantum représente la plus petite mesure indivisible, que ce soit celle de l'énergie, de la quantité de mouvement ou de la masse.

Cette notion centrale de la théorie des quanta, donne naissance à la mécanique quantique que nous connaissons.

La matière ne s'oppose pas seulement au vide, elle en fait aussi partie.

L'infiniment vide n'existe pas.

Le vide n'est pas vide.

Même quand toute la matière et le rayonnement thermique d'une partie de l'espace, n'est plus visible, le vide de la physique contient encore des champs électromagnétiques, des particules, et possède une énergie.

Le temps et l'espace, conformément à la théorie de la relativité, obéissent au principe dit de localité, c'est-à-dire que l'influence des diverses interactions est elle-même limitée par la vitesse de la lumière.

Dans le domaine quantique aux échelles atomique et subatomique la relativité générale s'est effondrée et la mécanique quantique a pris le relais, la vitesse supraluminique se dispense de la relativité einsteinienne.

La forme de champ de la matière n'a d'analogue avec aucun des milieux matériels connus : gaz, liquide, solide, plasma.

Pour cette raison, ses propriétés sont uniques, et l'étude de l'espace-temps quantifié ne peut se faire par analogie avec les milieux connus aujourd'hui.

Approche du quantum d'espace-temps (quanton).

Selon le principe d'équivalence temporelle, peu importe où l'on se situe dans l'Univers, son évolution a été la même.

Une seule particule ne suffit pas à elle seule pour justifier la théorie quantique de la gravité, qui combinerait la théorie quantique avec la relativité générale.

Pour l'unification globale des interactions, il faut une particule constante qui existe partout simultanément et qui n'inter dépend pas des limites du déplacement de la lumière pour exister.

Leonov avance que le boson seul ne suffit pas à la théorie de la super unification et il a parfaitement raison, il n'est pas le seul à penser cela.

Pendant un siècle, aucun scientifique au monde n'a été en mesure d'ajouter quoi que ce soit de fondamental à la théorie d'Einstein.

Dans le même temps, il y avait un développement parallèle de concepts quantiques de la nature de la matière, qui ne rentrent pas dans la théorie générale de la relativité, puisque la gravité n'était pas incluse dans la théorie quantique.

Ainsi, le principal problème de la science fondamentale au début du nouveau millénaire était l'unification de la relativité générale et de la théorie quantique.

Pour l'unification globale des interactions, une seule particule ne suffisait pas pour valider la théorie quantique de la gravité, qui combinerait la théorie quantique avec la relativité générale.

À cette fin, un quantum d'espace-temps à quatre dimensions (quanton) a été introduit, en tant que particule qui unit la théorie quantique et la relativité générale. En super unification, le vecteur de déformation de l'espace-temps quantifié apparaît, simplifiant grandement l'appareil mathématique de la théorie de la gravité en tant que théorie quantique.

La particule à quatre dimensions : quantum d'espace-temps qui n'a pas de masse, porteuse de quatre espaces-temps dimensionnels fut découverte par le russe Leonov en 1996.

Au cours des interactions électromagnétiques, la concentration des quantons ne se modifie pas, mais seulement leur orientation et leur polarisation de déformation changent.

La gravité se manifeste par un gradient de redistribution de la densité quantique du milieu, modifiant la concentration des quantons.

L'unification de l'électromagnétisme et de la gravité est réalisée dans le cadre de la théorie quantique de la gravité (qui repose sur le quantum en tant que porteur unique de l'électromagnétisme et de la gravité).

La nature elle-même a planifié ces quatre particules sous la forme de quatre charges de quarks sans poids (ni masse) : deux électriques (–1e et + 1e) et deux magnétiques (–1g et + 1g).

En conséquence, nous obtenons un quadripôle électromagnétique, jusqu'alors inconnu de la science, combinant l'électricité et le magnétisme en une seule substance l'électromagnétisme.

Sous compression électromagnétique, le quadripôle se transforme en une particule sphérique, quantum d'espace-temps. Puisque le quantum élastique a les propriétés d'un résonateur électromagnétique volumétrique, il fixe la vitesse de mouvement de l'horloge spatiale, étant en même temps un quantum de temps et d'espace.

Il s'avère que le temps a sa propre particule le porteur du temps, et le temps est également quantifié, comme l'espace.

Le temps est matériel et en chaque point de l'espace-temps à quatre dimensions se trouve sa propre horloge électronique. Lorsque le quanton est compressé, il accélère la fréquence de l'horloge spatiale et lorsqu'il est étiré, il ralenti à l'endroit où cela se produit.

Le quanton devient l'unique particule à quatre dimensions dans la nature qui remplit les conditions de quantification de la théorie de la relativité générale.

Tout notre Univers est rempli de quantons.

Avec les quarks, le quanton est la particule la plus abondante dans la nature.

Les forces agissent entre les quantons, à la fois l'attraction et la répulsion. Des charges quarks dissemblables s'attirent, tandis que les charges similaires se repoussent.

Connaissant le diamètre du quantum et la distance entre les charges quarks, il était facile de calculer l'énergie électromagnétique totale accumulée à l'intérieur du quantum.

La nature est agencée de manière très rationnelle et se contente d'un minimum de quarks de matière primordiale.

Par définition, les quarks ne peuvent pas avoir de masse, car ils font partie d'un quantum en apesanteur, où il n'y a toujours pas de gravité. Avant la théorie de la super unification de Leonov, la structure du vide cosmique n'avait jamais été associée à la matière des quarks. Cela est désormais chose faite par un russe.

Selon le développeur : Vladimir Leonov, Leonov qui ose parler de l'élément, qu'il appelle classiquement quanton (Mendeleïev parlait de cet élément, et l'appelait Newtonium.

La gravité commence avec la naissance de la masse

Les charges magnétiques d'un quanton de polarité opposée sont attirées les unes vers les autres, générant un champ magnétique fermé dans une sphère autour de la charge centrale.

La masse est un groupe d'énergie d'espace-temps quantifié déformé sphériquement.

L'énergie libérée de déformation sphérique élastique d'une paire de particules est de l'ordre de 1 MeV, c'est l'énergie électromagnétique de l'espace-temps quantifié déformé, c'est-à-dire l'énergie de la masse de particules, libérée qui se transforme en énergie de rayonnement dans deux quanta gamma (dans le cas le plus simple).

Ainsi, pour la première fois dans la théorie de la Super unification, le mécanisme de conversion de la masse en énergie de rayonnement est révélé.

En plus du transfert de masse des ondes, il est nécessaire d'expliquer le mouvement du quark lui-même comme une charge centrale dont les dimensions sont estimées par la longueur de Planck.

Du point de vue de la physique quantique, la masse dans la compréhension classique habituelle n'existe tout simplement pas dans la nature.

Historiquement, la masse était identifiée au poids, c'est-à-dire à la force de gravité, en l'évaluant en unités de poids.

Dans les faits, la masse est l'énergie électromagnétique de la déformation sphérique élastique de l'espace-temps quantifié, et donc, en physique quantique, la masse est mesurée en unités d'énergie.

Le propulseur plasma à vide quantique fonctionne vraiment :

Brevet russe n° 2185526 : Méthode pour créer une poussée dans le vide et un moteur pour un engin spatial.[53]

Le brevet russe Leonov offre une nouvelle méthode pour créer une poussée dans le vide, réalisée en redistribuant la densité quantique du milieu du champ de vide à l'intérieur du fluide de travail dans la direction opposée au vecteur force de traction en raison de la déformation du champ de vide, agissant sur le fluide de travail par un système de champs de croisement électriques et magnétiques rotatifs non homogènes, dont le gradient d'intensité coïncide avec le vecteur de direction de la force de poussée. Le corps de travail reçoit simultanément des propriétés électriques et magnétiques. Selon la première version, un moteur de champ est envisagé pour un engin spatial équipé d'un générateur électrique, d'un convertisseur de tension et d'activateurs de champ à vide.

---

[53] https://patents.google.com/patent/RU2185526C1/ru.

Патент №2185526 - Способ создания тяги в вакууме и полевой двигатель для космического корабля (варианты).

Selon la deuxième version, son moteur de champ pour un engin spatial comprend un boîtier de moteur de champ, qui sert également de corps de vaisseau spatial, équipé d'activateurs de champ à vide, de générateurs électriques annulaires, d'une batterie d'accumulateurs, d'un convertisseur de courant de batterie, d'un moteur de champ de poussée, du système de commande et de moteurs électriques entrainant les rotors des activateurs de champ de vide.

Sur un principe équivalent, des scientifiques allemands d'Augsbourg ont créé un moteur modèle qui fonctionne sur le principe quantique.

Le fonctionnement d'un tel dispositif repose sur le fait que deux atomes situés dans un réseau optique gazeux à des températures négatives assez basses sont exposés à un champ magnétique alternatif externe.

Méthode pour créer une traction dans un vide pour un vaisseau spatial
Léonov V.S. Brevet n° 2185526, Russie,
MKI 7 F 03 H 5/00
Bulletin n° 20 du 20.07.2002 (Priorité du 21.05.2001)

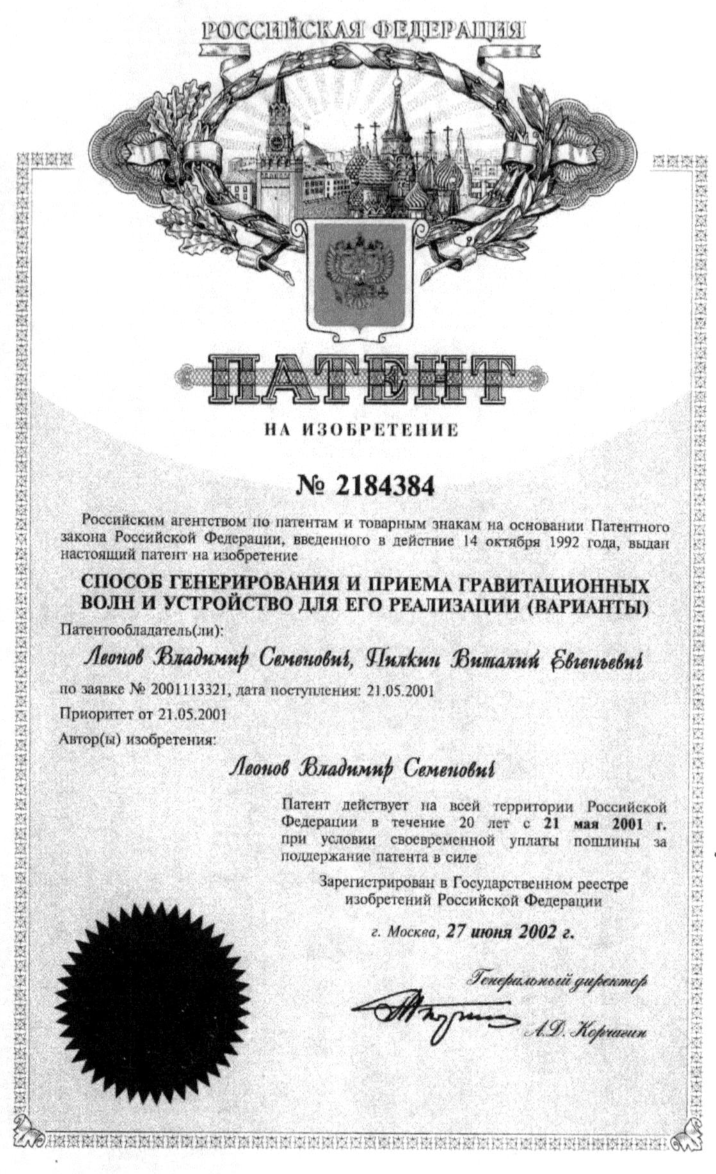

Procédé de production d'énergie et réacteur pour sa mise en oeuvre
Léonov V.S. Brevet n° 2201625, Russie,
MKI 7 G 21 B 1/00, 1/02
Bulletin n° 9 du 27.03.2003 (Priorité du 19.10.2000)

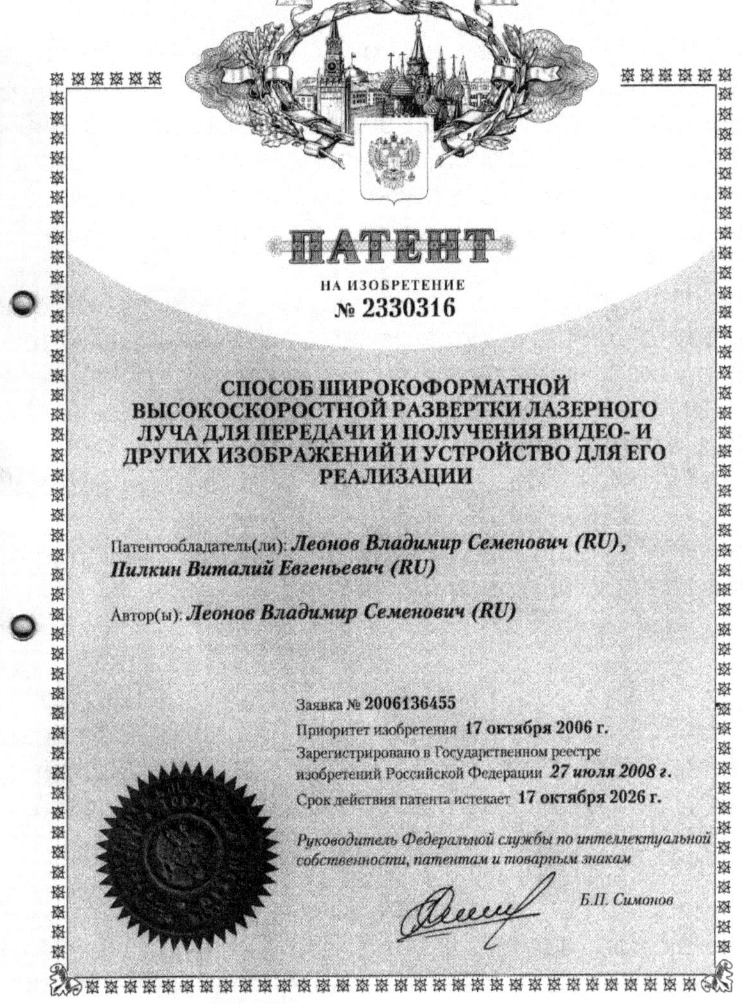

Procédé de génération et de réception d'ondes de gravité et dispositif pour sa mise en oeuvre
Léonov V.S. Brevet n° 2184381, Russie,
MKI 7 G 01 V 7/00
Bulletin n° 18 du 27 juin 2002 (Priorité du 21 mai 2001)

Actuellement, il existe plus d'une douzaine de méthodes et de dispositifs différents pour créer une poussée dans l'espace, en plus des turbines traditionnelles, allant d'un moteur quantique photonique à un micro-onde.

Dans tous les brevets en cours de validité, l'énergie de l'espace-temps quantifié ou énergie noire dans la terminologie des astrophysiciens apparait souvent. C'est un nouveau type d'énergie, jusqu'alors inconnu, infiniment plus important que l'énergie nucléaire. Son développement est l'accès à une source presque inépuisable d'énergie spatiale mondiale.

Il s'agit d'une transition vers un nouvel ordre technologique qui devra être étudié et la jeune génération de physiciens devra le maîtriser, car il est trop tard pour que l'ancienne l'apprenne et l'accepte, car elle remet en question la zone de confort de ce qu'elle a appris, personne n'en a réellement envie tant que les énergies fossiles et le nucléaire sont encore exploitables.

La nouvelle physique devra être réapprise, et l'ancienne devra être laissée aux historiens.

Leonov propose trois modèles liés de l'Univers, qui expliquent l'accélération des galaxies en présence d'ondes de déformation ou courbure de l'espace-temps quantifié et la création, de ce fait, de forces de gradient repoussant les galaxies.

Cela signifie qu'aucune forme spéciale d'énergie noire n'existerait dans la nature, mais une forme latente d'énergie sous une interaction électromagnétique super forte, dont le porteur est l'espace-temps quantifié. En cela Leonov est à contre-courant de la nouvelle pensée dans la physique moderne. La récession accélérée des galaxies s'explique selon lui, non seulement en statique et en dynamique, mais aussi sur la base de processus d'ondes gravitationnelles globales avec des échelles de distances universelles et des périodes d'oscillation de plusieurs milliards d'années.

Cela montre que la déformation (courbure) de l'espace-temps quantifié peut être produite non seulement par des masses gravitationnelles visibles, mais aussi par des processus gravitationnels ondulatoires.

Selon Leonov, lorsque les astronomes ont découvert la courbure des rayons lumineux, l'absence de masses gravitationnelles, ils ont cru à tort que l'espace extra atmosphérique est un vide homogène.

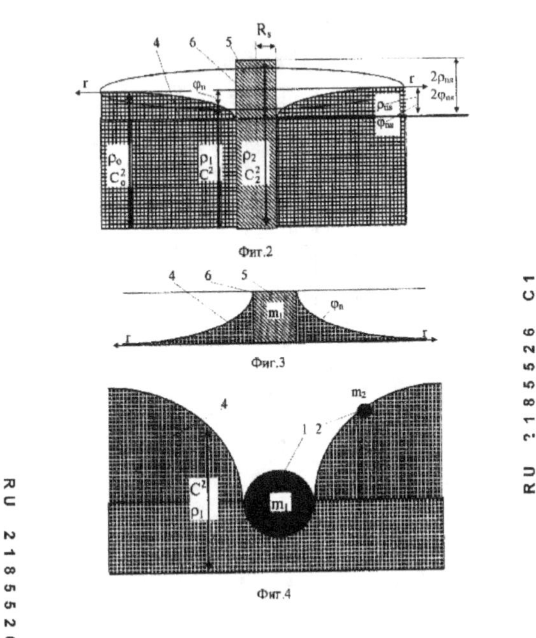

Moteur leonov

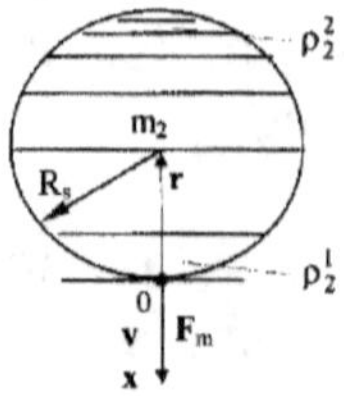

Фиг.5

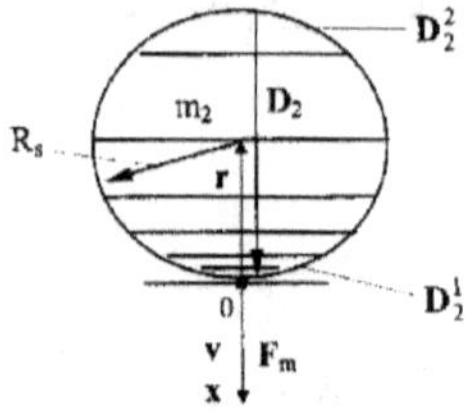

Фиг.6

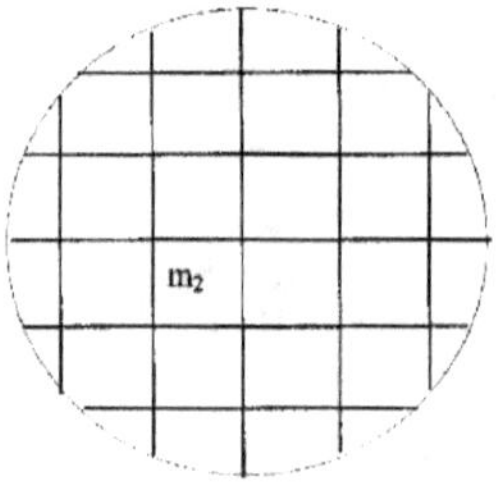

Фиг.7

-20-

RU 2185526 C1

Figures de quelques principes selon Leonov

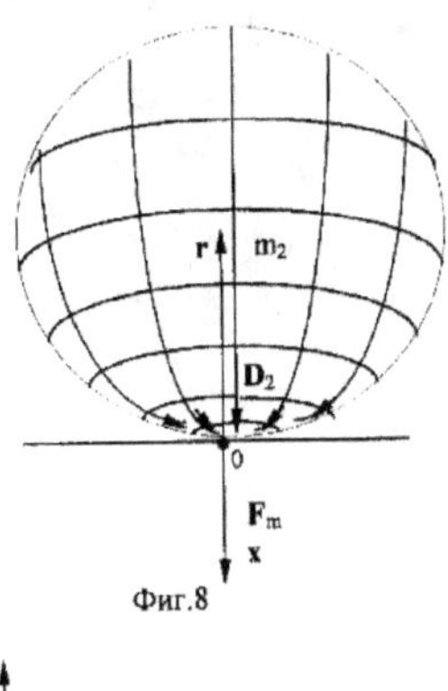

Фиг.8

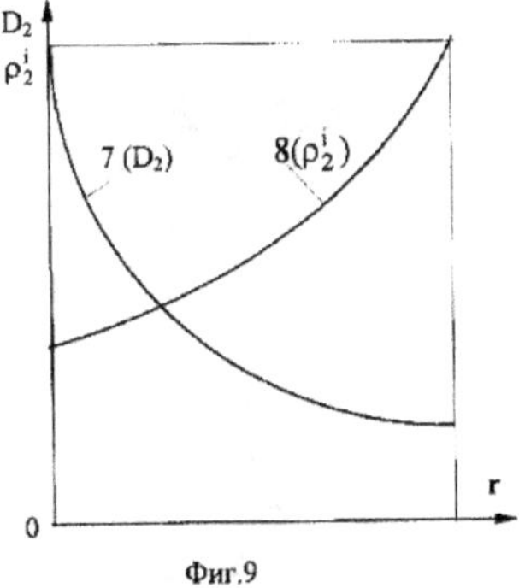

Фиг.9

RU 2185526 C1

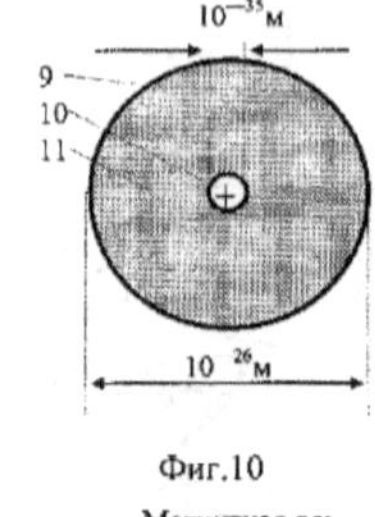

Фиг.10

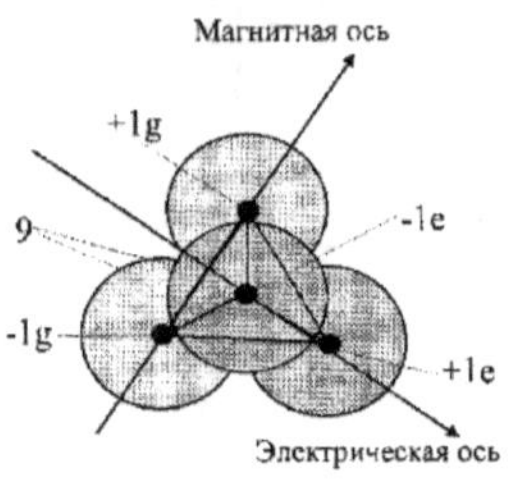

Фиг.11

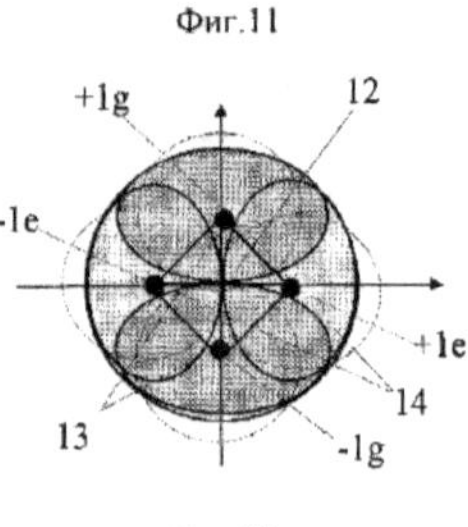

Фиг.12

-22-

RU 2185526 C1

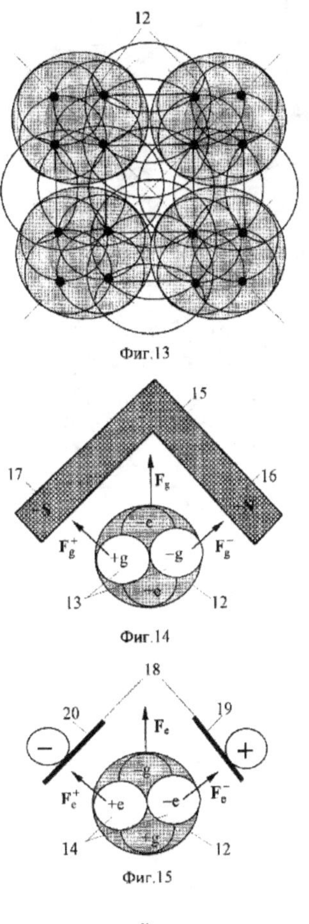

Фиг.13

Фиг.14

Фиг.15

-23-

Interaction du quanton

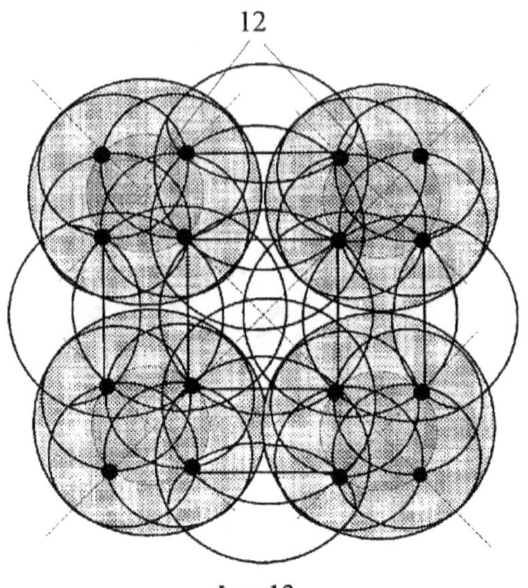

Фиг.13

Quanton

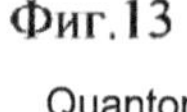

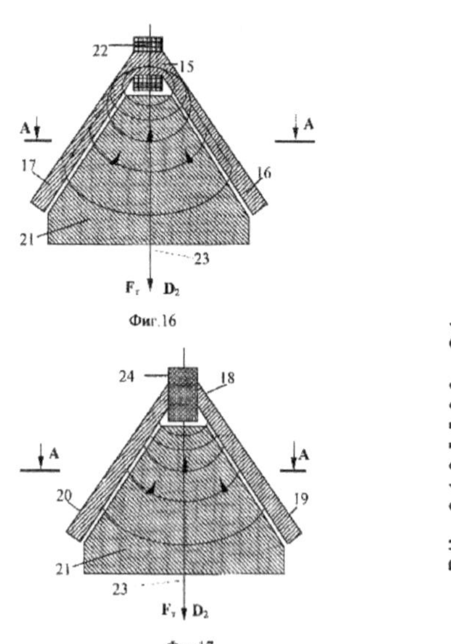

A-A
20
24
21
E
H
17
16
-S
+N
23
19
Фиг.18

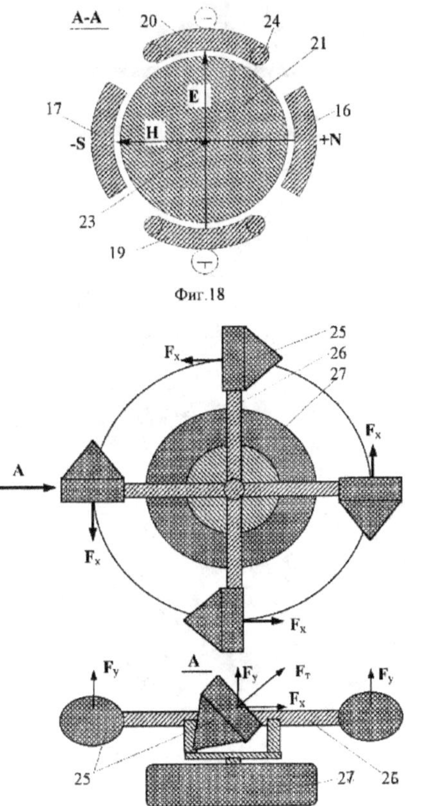
25
26
27
F_x
F_x
A
F_x
F_x
F_y
A
F_y
$F_т$
F_y
F_x
25
27
26
Фиг.19

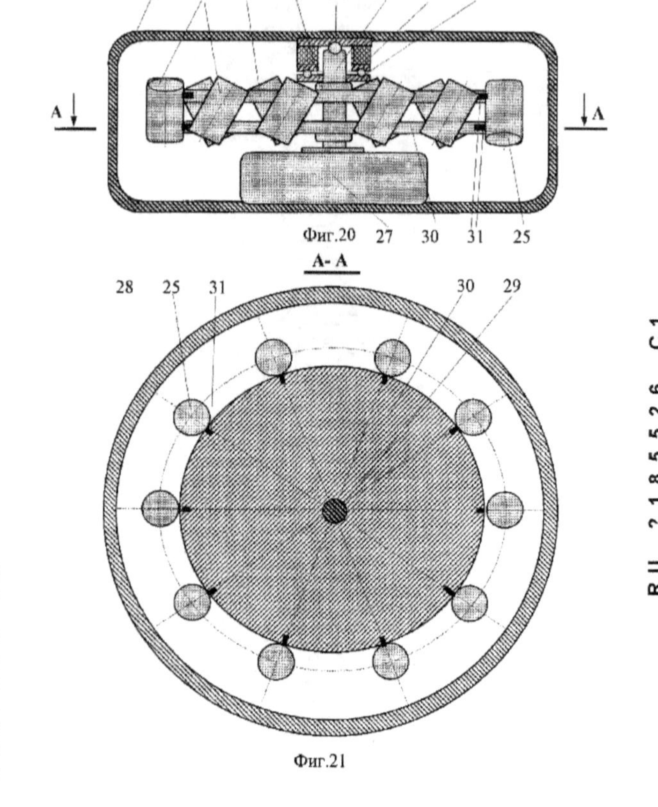

Фиг.20

A- A

Фиг.21

A
25
37
31
43
44
21
38
B
B
39
40
41
42
47
48
A

Фиг.22

25
37
A-A
45
46
21
38
39
40
41
42
47
48

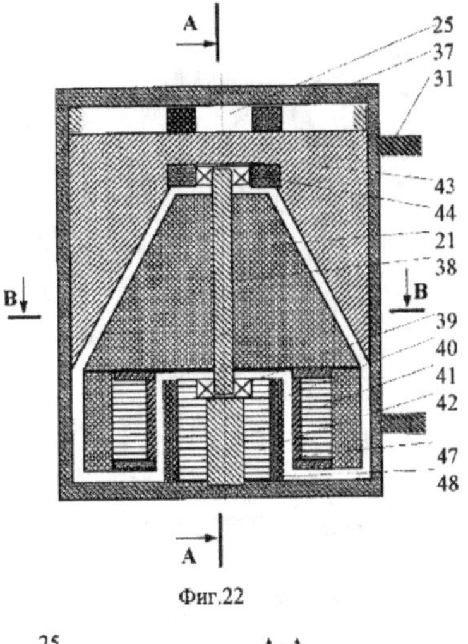

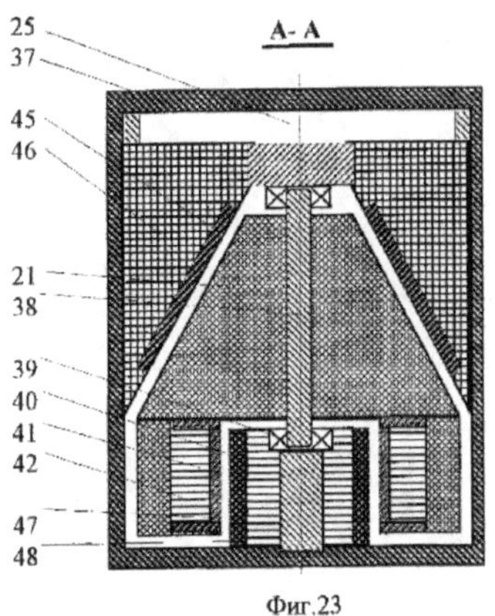

Фиг.23

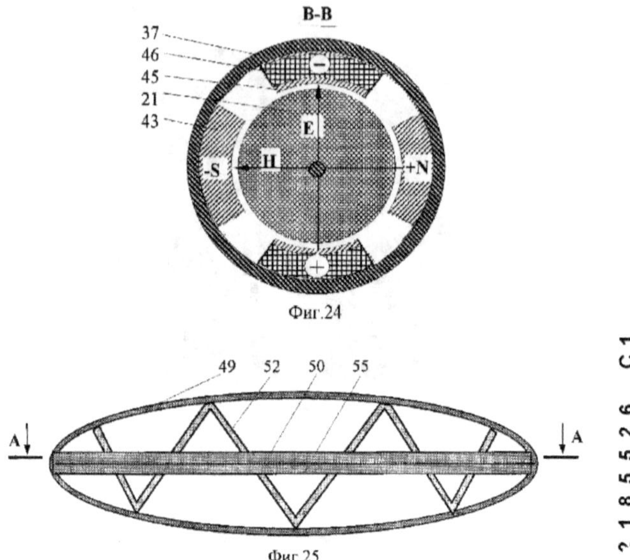

Фиг.24

Фиг.25

-28-

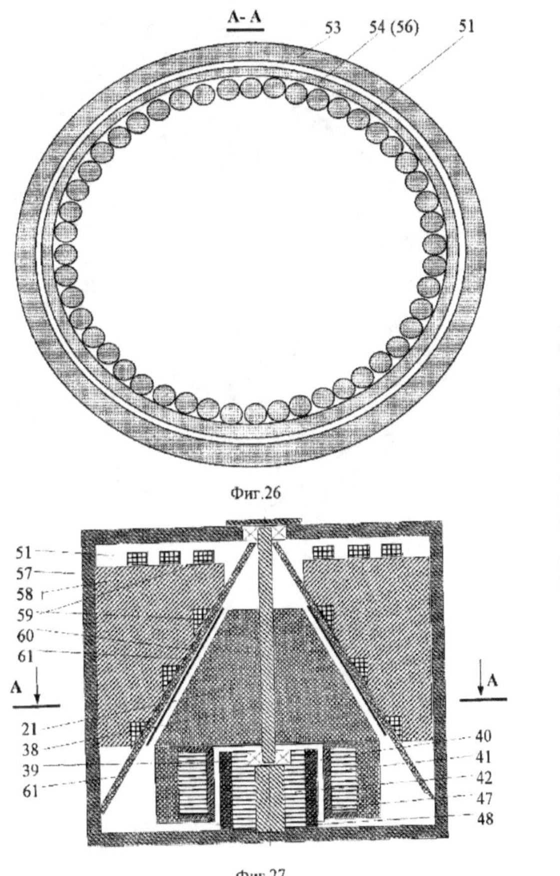

Фиг.26

Фиг.27

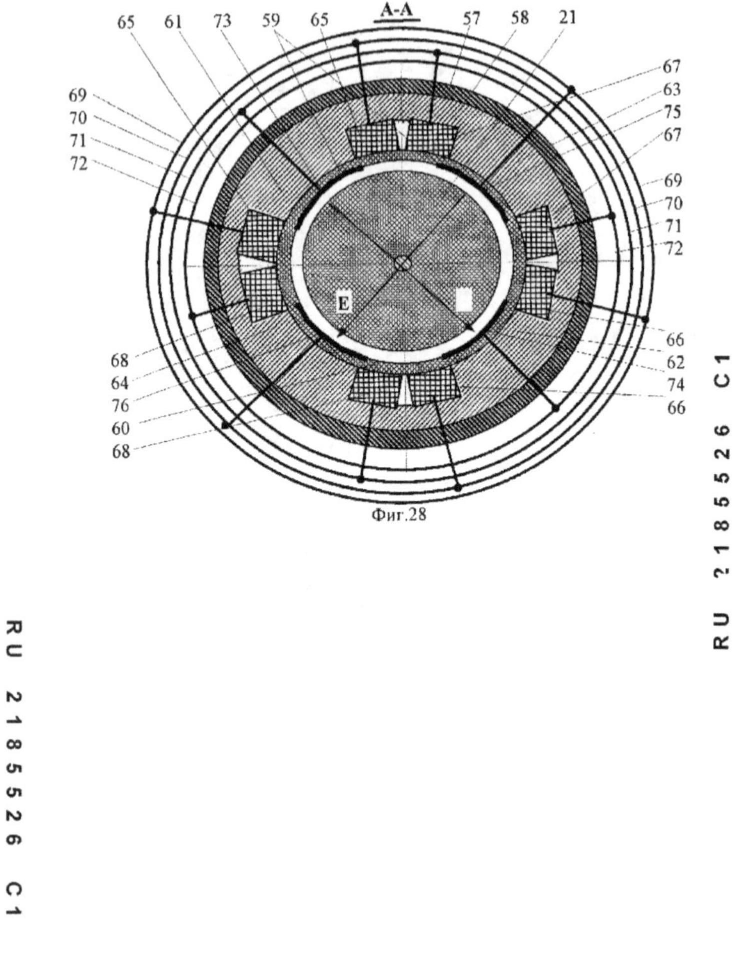

Ph.D., профессор Владимир Семенович Леонов

Les scientifiques ont donc commencé selon Leonov, à rechercher les particules du vide : La matière noire, nous devrions dire matière non perceptible.

194

La courbure d'un rayon de lumière s'expliquerait par la structure inhomogène de l'espace-temps quantifié, et l'introduction du concept de matière noire pour expliquer ce phénomène a été causée par le manque de connaissances fondamentales nécessaires selon Leonov.

Le fait que l'espace-temps quantifié n'est pas uniforme dans tout l'Univers est confirmé par des observations astronomiques.

Mais ce sont des irrégularités et singularités d'échelle et de temps gigantesques.

Vladimir Leonov propose un prototype innovant en astronautique qui équipera dans le futur un vaisseau spatial de nouvelle génération avec un moteur quantique en forme de soucoupe volante d'un diamètre de 10 à 15 mètres, dont la masse d'un moteur quantique sera d'environ 10 tonnes avec une poussée maximale de 100 tonnes.

Pour alimenter un moteur quantique, une source d'énergie sous la forme d'un réacteur à fusion nucléaire froide ou d'un réacteur au thorium d'une capacité d'environ 2 à 3 MW est nécessaire.

Avec cet appareil, le temps de vol vers Mars ne sera que de 42 heures avec une compensation complète de l'apesanteur.

Le paradoxe de la théorie quantique explique que plus l'énergie du photon est élevée, plus la force de recul de l'atome (molécule) est faible, et ce paradoxe est également mis en équation pour la première fois par la théorie de la super unification.

Les photons de haute énergie (gamma quanta) ne produisent pas de chaleur, la théorie quantique stipule que la production d'énergie thermique n'est associée qu'à la production de photons thermiques de faible énergie.

Par conséquent, lorsqu'il s'agit d'un réacteur thermique, il faut garder à l'esprit que nous parlons d'un réacteur qui produit des photons thermiques à la suite d'un défaut de masse.

Le mécanisme quantique de transformation d'un défaut de masse en rayonnement photonique est indispensable dans la théorie de la super unification.

La théorie de la super unification change les stéréotypes dominants en physique, présentant la nouvelle vision de la physique expérimentale.

La naissance de la matière avec masse, est associée à l'asymétrie électrique de notre Univers.

Leonov teste le premier moteur quantique avec une poussée de 500 N (50 kg) sans éjection de masse réactive en 2009.

Le moteur quantique de Vladimir Semionovitch Leonov est 5000 fois plus efficace qu'un moteur de fusée.

En juin 2014, ses tests gravitationnels au banc d'essai, ont été réalisés avec succès. Avec une masse de véhicule de 54 kg, l'impulsion de poussée verticale était de 500 - 700 kgf (kg force) avec une consommation électrique de 1 kW. Le véhicule décolle verticalement le long des rails avec une accélération de 10 - 12g.

Ces tests prouvent de manière convaincante que la gravité a été vaincue expérimentalement, confirmant la théorie de la super unification avec un moteur quantique est 5000 fois plus efficace qu'un moteur de fusée.

La vitesse maximale d'un engin spatial doté d'un moteur quantique peut atteindre 1000 km/s contre 18 km/s pour une fusée. Un engin spatial doté d'un tel système de propulsion peut atteindre Mars en 42 heures, et la Lune en 3 à 6 heures.

Leonov a tout à fait raison, affirmant que le vide cosmique, qui nous semble être le vide, est en fait un solide de particules microscopiques invisibles.

Si dans la physique moderne le niveau d'énergie du vide cosmique est considéré comme zéro, alors dans la théorie de la super unification, le niveau d'énergie du vide cosmique, espace-temps quantifié, est le maximum possible.

Dans le vide, par exemple, aucun point n'est particulier, ni dans le temps, ni dans l'espace ; le vide doit paraître identique en tout lieu et dans toutes les directions. De ce fait, le rayonnement de point zéro, comme le rayonnement thermique, doit être isotrope et homogène.

L'infiniment vide n'existe pas.

L'énergie du vide qui dans la théorie quantique des champs est définie non comme un espace vide mais comme l'état fondamental des champs. Ceci implique que, même en l'absence de toute matière, le vide possède une énergie de point zéro, fluctuante, d'autant plus grande que le volume considéré est petit.

Selon la théorie de V.P. Oleinik :

« Un électron sous son niveau d'excitation élémentaire apparaît comme un quantum du champ d'une matière chargée électriquement auto agissante. Étant donné que le champ intrinsèque généré par l'électron dans l'espace environnant est à longue portée, l'environnement de l'électron se transforme en un milieu physique, ce qui peut affecter le comportement de la particule. En raison de la nature à longue portée des forces de Coulomb, l'électron s'avère inextricablement lié au milieu, qu'il crée lui-même, et se transforme ainsi en un système ouvert et non isolé. En un sens, l'Univers entier participe à la formation de l'électron.»

En mécanique quantique, le temps est universel et absolu : son cours constant dicte l'intrication entre les particules.

L'existence de l'énergie du vide rend possible de puiser l'énergie puis la transformer en travail mécanique, et chaleur, donc de consommer une source d'énergie inépuisable et gratuite éternellement.

Harold E. Puthoff[iv] Docteur en Physique Appliquée à l'Université de Stanford, chercheur à l'Institut d'Etudes Avancées d'Austin, au Texas argumente que la gravité est une conséquence et non une fondamentale :

« La gravité n'est pas l'unique force que l'on peut qualifier de fondamentale. Elle existe plutôt comme une conséquence due aux fluctuations quantiques du vide. Ce qui est justement le cas dans la force qui existe au sein de l'effet Casimir. »

En 1985, Puthoff a fondé, EarthTech International à Austin, au Texas et l'Institute for Advanced Studies à Austin, également à Austin, au Texas, dont il est le directeur de l'Institute for Advanced Study à Princeton, New Jersey.

Dans les années 2010, il co-fonde la compagnie To the Stars avec Tom DeLonge. Harold Puthoff est connu pour son travail sur Something Unknown Is Doing We Don't Know What (2009), Unidentified: Inside America's UFO Investigation (2019).

Le quantum d'espace-temps

Le scientifique physicien russe Vladimir Leonov prétend que le professeur Higgs lui a volé le prix Nobel, de plus, selon les dires de Leonov, Higgs contredit la théorie de la gravité d'Einstein.

La formule de Leonov pour la masse et le mécanisme de formation de masse, sont décrits dans sa théorie de la super unification, publiée en anglais :

- Leonov : Quantum Energetics. Volume 1. Théorie de la super unification, Cambridge International Science Publishing, 2010, 745 pages.

- Léonov : Énergétique quantique, Théorie de la super unification, Viva Books, Inde, 2011, 732 pages.

Lorsqu'en 1996 Vladimir Semenovich Leonov introduit le quantum d'espace-temps dans la physique théorique, la même année il posé les bases de la théorie de la super unification.

La théorie de la super unification ouvre une nouvelle direction dans l'énergie quantique basée sur l'énergie d'interaction électromagnétique super forte, portée par l'espace-temps quantifié. Nous parlons des nouvelles technologies de l'énergie, de l'espace et des transports du XXIe siècle et à venir.

Les particules composites se désintègrent en composants qui sont dispersés dans l'espace, mais de nouvelles particules apparaissent également, grâce à l'énergie disponible lors de la collision.

L'énergie peut alors être utilisée pour créer de la masse à partir de presque rien, juste de l'énergie pure.

Pour une raison quelconque, la quantité d'énergie, ou plus précisément la masse qui lui correspond, et l'accélération de l'expansion de l'Univers sont bien équilibrées.

Cet équilibre presque parfait est dû à un réglage optimisé, un processus physique dans lequel les caractéristiques d'un système coïncident ou se neutralisent.

Rien ne provient du hasard.

Notre Univers est chargé de manière neutre. Pour une raison quelconque, il y a presque le même nombre de protons qui neutralisent la charge sur chaque électron.

Qu'est-ce que la masse ?

Selon la théorie de la relativité spéciale, les particules sans masse dans le vide se déplacent à la vitesse de la lumière, tandis que les particules avec une masse se déplacent plus lentement, ainsi connaissant leur masse, vous pouvez calculer leur vitesse.

De plus, la gravité agit sur la masse exactement de la même manière que sur son énergie.

Les particules fondamentales (quarks, leptons et porteurs d'interactions quanta de champs fondamentaux) ont des masses au repos strictement définies (les particules de masse au repos nulle sont dites sans masse). Pour les particules complexes (composites), la masse totale est constituée de la somme des masses au repos de ses particules constitutives, ainsi que de leur énergie cinétique de mouvement et de leur énergie potentielle d'interaction.

La relation entre l'énergie et la masse est décrite par l'équation bien connue d'Einstein : $E = mc^2$, où c est la vitesse de la lumière.

La gravité n'est pas moins mystérieuse que la masse.

L'hypothèse selon laquelle en se déplaçant certains corps très massifs peuvent émettre des ondes gravitationnelles n'a été confirmée expérimentalement qu'en 2015 sur le détecteur LIGO.

Deux ans plus tard, cette découverte a reçu le prix Nobel.

Selon le principe d'équivalence proposé par Galilée et affiné par Einstein, les masses gravitationnelles et inertielles sont égales.

Il s'ensuit que les objets massifs sont capables de courber l'espace-temps. Les étoiles et les planètes créent des entonnoirs gravitationnels autour d'eux.

Un Univers sans masse serait un chaos de quanta de rayonnements divers, se précipitant à la vitesse de la lumière. Il n'y aurait pas de galaxies, ni d'étoiles, ni planètes. Les physiciens sont convaincus que les particules élémentaires doivent avoir une masse sinon elles ne pourraient pas former des atomes et toute la matière visible.

La logique de l'origine de l'Univers suit un ordre mathématique et quantique rigoureux, rien de ce qui est observé n'est issu d'un hasard aléatoire aveugle.

La vitesse de la lumière est considérée à tort, comme une constante et la limite maximale de déplacement des objets matériels. En d'autres termes, la vitesse de la lumière est indépendante de l'espace et ne peut être dépassée.

Les scientifiques ont déjà démontré par l'expérimentation et par l'observation des galaxies que la limite supraluminique, n'existe pas dans l'Univers.

La théorie d'Einstein sur la lumière est incomplète.

Les expériences menées par le Dr Lujin Wang à l'Institut de recherche de Princeton ont donné des résultats différents, des faisceaux de lumière se sont déplacés dans un milieu gazeux spécial à une vitesse 300 fois plus rapide que la vitesse théoriquement admissible de la lumière selon Einstein.

En Italie, un autre groupe de physiciens a obtenu des données sur la propagation des micro-ondes à des vitesses 25 % supérieures à celles théoriquement autorisées par les limites de la vitesse de la lumière.

Un siècle de certitudes d'Einstein vient de s'effondrer.

Ce n'est pas tout, la masse résultant de la synthèse d'une particule doit être inférieure ou égale à la masse totale des particules qui l'ont créée.

Cependant, dans certaines expériences, la masse de la particule émergente dépasse parfois la masse totale des particules qui l'ont constituée, de plusieurs ordres de grandeur.

Des données expérimentales expliquent un changement continu de la dimensionnalité de l'espace dans différentes directions (gradients de dimensionnalité) créant des niveaux au sein desquels la matière possède certaines propriétés et qualités distinctes.

Sur cette base, l'existence d'autres Univers est justifiée.

Si les corps peuvent se contracter dans leur volume, alors ils sont constitués de particules, entre lesquelles il y a un espace vide, sinon, comment pourraient-ils diminuer de volume alors qu'ils ont une masse ? Un corps ou masse ne peut se rétracter à l'infini, il peut exploser en plusieurs particules distinctes ou disparaître, mais une masse ne peut disparaître et diminuer de volume, elle peut toutefois passer dans une autre dimension quantique.

Une masse gigantesque ne peut se comprimer en une infinie particule microscopique, cette notion est irréalisable, l'effet tunnel du trou noir vers un autre Univers est le modèle standard du 22° siècle.

La vie de l'âme du monde cosmique est régie par les relations numériques et l'harmonie parfaite.

Donc la notion de hasard est totalement exclue ou de compression infinie est exclue.

L'Univers répond à des équations mathématiques et quantiques précises, il est issu d'une conception intelligente.

Un équilibre parfait de lois mathématiques et quantiques simultanément entre toutes les galaxies n'est pas un hasard ni une coïncidence.

L'âme du monde non seulement vit, mais détient un mode d'emploi parfait capable de réparer et reconstruire d'autres planètes. Si dans tout l'Univers cosmique pleinement formé, des galaxies disparaissent, la matière ne disparaît pas et reconstitue progressivement en d'autres endroits, de nouveaux mondes afin de réparer les dommages qui lui sont causés en tout lieu, l'univers se passe de notre aide pour exister par lui-même.

Le cosmos s'auto répare cycliquement au fur et à mesure qu'une partie de lui s'est endommagée ou transformée.

Une étoile qui disparaît rejette sa matière source de particules dont l'Univers se sert pour de nouvelles créations. Rien ne se perd, rien ne se crée, tout se transforme à l'infini.

Il y a un renouvellement constant de la nature, l'infinité de la création est suffisamment grande pour que, par rapport à elle, quelque monde ou quelque voie lactée se reproduise.

Dieu, dans la création inlassable, selon Kant, crée de la matière pour la formation de mondes encore plus grands :

« Quand, à travers toute l'infinité des temps et des espaces, nous suivons ce phénix de la nature, se brûle pour renaître de ses cendres, quand nous voyons combien la nature, même là où elle se dégrade et se décrépit, est inépuisable dans de nouvelles manifestations, et à l'autre frontière de la création dans l'espace de la matière première informe, il élargit constamment la sphère de la révélation divine afin de remplir l'éternité et tous les espaces de miracles.[54]»

Dans la théorie de la relativité, on avancé le postulat fondamental, que l'Univers est homogène dans ses qualités et dans toutes les directions, en d'autres termes, les propriétés de l'espace sont identiques dans toutes les confins cosmiques quels qu'ils soient. Einstein a essayé de créer une théorie générale des champs, à l'aide de laquelle il serait possible d'expliquer tous les phénomènes naturels, sur la base d'un seul principe d'explication.

Sa tentative a en partie échoué.

Si tout est homogène, toute utilisation du temps comme dimension réelle de l'espace n'a aucun fondement, puisque les stades de développement sont identiques.

La matière n'apparaît de nulle part et ne disparaît nulle part elle évolue, elle se transforme.

Notre système solaire ne peut prétendre être la seule source aléatoire de vie, car s'il y a une constante universelle, la vie est partout à la fois. Si nous avançons que la masse des particules issues de la synthèse doit être inférieure ou égale à la masse totale des particules qui l'ont créée, les résultats des expériences placent les physiciens nucléaires dans un état d'échec dont ils sont incapables de sortir à ce jour.

---

[54] Anthologie de la philosophie du monde, Académie des sciences de l'URSS, volume 2, page 97. Maison d'édition Mysl, Moscou, 1970)

Car tout le problème réside dans certaines expériences, la masse de la particule résultante dépassait parfois la masse totale des particules qui l'ont créée de plusieurs ordres de grandeur.

Une substance supplémentaire est sortie de nulle part ?

Toutes les théories existantes de l'espace considéraient l'espace comme une substance homogène. L'homogénéité de l'espace implique que les propriétés de l'espace sont les mêmes dans toutes les directions. Et cela signifie que la matière doit se manifester en tout point de l'espace homogène de manière identique.

Mais suivant les astrophysiciens, l'espace n'est pas homogène, ses propriétés et qualités changent dans des directions différentes, la matière qui remplit l'espace affecte les propriétés et les qualités de l'espace qu'il remplit, et l'espace affecte en retour la matière.

Si l'espace est pratiquement et théoriquement illimité et que ses propriétés et qualités changent continuellement, alors la matière est infinie.

Si la matière d'une étoile devient instable et se désintègre, ses composantes lancées dans le cosmos fusionneront à nouveau, formant la matière physiquement disponible dans l'Univers spatial.

Le degré d'influence d'une forme de matière sur une autre est défini comme le coefficient d'interaction, si elles ont de qualités et de propriétés communes qui puissent les réunir et constituer une nouvelle molécule.

Les matières premières ont leurs propres qualités et propriétés, mais capables d'interaction.

Chaque quantité de matière spécifique interagit en fonction des conditions qui se présentent avec des formes de matière compatibles avec elle.

Replacer Univers

Le trou noir autour duquel les étoiles orbitent digérerait les astres tout ce qui entre ne ressort jamais de ses entrailles pour l'éternité et sans laisser de traces.

Les objets massifs courbent la lumière, suffisamment pour qu'ils puissent déformer l'image des choses derrière eux, mais derrière le trou noir, rien n'est visible, donc rien ne peut y exister.

Lorsque les chercheurs ont utilisé le télescope spatial Hubble pour repérer un quasar de l'Univers primitif, ils ont estimé le taux d'expansion de l'Univers découvrent qu'il s'étend plus rapidement aujourd'hui qu'il ne l'était à l'époque de sa naisance.

Conclusion ?

L'expansion de l'Univers connu n'est pas uniforme, elle est en désaccord avec d'autres mesures antérieures, la vitesse n'est ni constante ni limitée par la vitesse de la lumière.

Quelque chose d'étrange se passe dans l'Univers qui ne cadre pas avec les théories quantiques classiques.

Le trou noir pourrait être un accélérateur de particules à la fois distantionnel et temporel.

Selon le CERN, une autre façon de révéler des dimensions supplémentaires de l'Univers serait la production de trous noirs microscopiques[55] :

---

[55]https://www.futura-sciences.com/sciences/actualites/trou-noir-matiere-noire-elle-formee-trous-noirs-bebes-univers-13442/

« Ce que nous détecterions exactement dépendrait du nombre de dimensions supplémentaires, de la masse du trou noir, de la taille des dimensions et de l'énergie à laquelle le trou noir se produit. Si des micro-trous noirs apparaissent dans les collisions créées par le LHC, ils se désintégreront rapidement, entre 10 à 27 secondes environ, en modèle standard ou en particules super symétriques, créant des événements contenant un nombre exceptionnel de pistes dans nos détecteurs, que nous repérerions facilement. Un objet physique, tel qu'une personne ou un vaisseau spatial, pourrait théoriquement traverser un trou de ver au centre d'un trou noir, et peut-être même accéder à un autre Univers de l'autre côté», ont suggéré des physiciens.

En savoir plus sur l'un de ces sujets ouvrirait la porte à des possibilités encore inconnues, mais beaucoup de scientifiques s'auto censurent et s'interdisent d'avancer dans le cens de ces nouvelles théories.

La notion de trous noirs en tant que trous de ver pourrait expliquer certains mystères de la cosmologie moderne, selon Nikodem Janusz Popławski, physicien polonais.

Il présente la théorie selon laquelle chaque trou noir est une porte vers un autre Univers et l'Univers s'est formé dans un trou noir qui existe lui-même dans un plus grand Univers avant la naissance de toute planete.

Par exemple, la théorie du big bang dit que l'Univers a commencé comme une singularité. Mais les scientifiques n'ont aucune explication satisfaisante sur la façon dont une telle singularité a pu se former en premier lieu.

S'ils ne peuvent expliquer la naissance de l'Univers par une équation vérifiable alors toutes théories ultérieures sont nulles et non avenues, dépourvues de fondement, de pures spéculations mathématiques.

Si notre Univers est d'un trou blanc au lieu d'une singularité, a déclaré Poplawski, cela résoud ce problème des singularités des trous noirs et aussi de la singularité du big bang.

Les trous de ver pourraient également expliquer les sursauts de rayons gamma, les deuxièmes explosions les plus puissantes de l'Univers après le big bang, en marge de l'Univers connu ces rayons semblent être associés à des supernovae, ou explosions d'étoiles, dans des galaxies lointaines, mais leurs sources exactes sont indéterminées.

Poplawski propose que les sursauts puissent être des décharges de matière d'Univers alternatifs, des mondes parallèles multiples.

La matière, dit-il, pourrait s'échapper dans notre Univers à travers des trous noirs super massifs des couloirs de passage au cœur des galaxies.

La question subsidiaire est celle-ci, les décharges de matière sont-elles temporelles et matérielles à la fois ?

Alors que l'Univers est sans doute infini, on ne peut en observer qu'une portion de 90 milliards d'années-lumière de diamètre.

Si l'expansion de l'Univers en partant d'un point zéro est mesurée à un moment donné elle ne peut dépasser en durée la durée totale d'existence de tout l'Univers dans son intégralité depuis l'instant zéro.

Les galaxies n'ont pas pu aller plus loin que ne leur aurait permis le temps écoulé depuis le bing bang et la vitesse maximale possible de la lumière, la barrière einsteinienne.

Encore une fois, les observations ne correspondent pas aux prédictions, car les objets les plus éloignés les uns des autres dans l'Univers connu sont si éloignés que le temps qu'il faudrait pour voyager eux à la vitesse de la lumière dépasse l'âge total de l'Univers.

Pour expliquer ces écarts, les astronomes ont conçu le concept d'inflation.

L'inflation indique que peu de temps après la création de l'Univers, il a connu une poussée de croissance rapide au cours de laquelle l'espace lui-même s'est étendu à des vitesses plus rapides que la lumière.

L'inflation et l'expansion de l'Univers contredisent les lois, einsteiniennes.

1°) Le principe énoncé par Albert Einstein, selon lequel, il n'est physiquement pas possible de dépasser la vitesse de la lumière dans le vide (environ 300.000 km/s), est inexact.

2°) La staticité de l'Univers si une certaine relation entre constante cosmologique, densité de matière et courbure spatiale est satisfaite, selon l'Univers d'Einstein, est inexact.

En astrophysique on ne dit pas faux, on argumente qu'une singularité autre doit être prise en compte et cela modifie la théorie initiale.

Einstein reconnaîtra s'être trompé et tout en félicitant Georges Lemaitre pour ses travaux, il écrira en 1933 que l'hypothèse de la constante cosmologique était la plus grande erreur de sa vie.

Mais rien de tout cela n'explique pas comment l'Univers parent est né ou pourquoi il possède, des propriétés dont notre Univers a vraisemblablement obligatoirement hérité. En dehors des limites de notre Univers se trouve peut-être un cosmos s'étendant à l'infini et à des centaines de milliards d'années-lumière de nous avec d'autres Univers semblables ou différents au nôtre. Certains scientifiques pensent que nous créons de l'espace à mesure que notre Univers s'étend, mais d'autres formulent qu'il se déploie, et notre monde connu serait duplicable avec des Univers parallèles jumeaux, similaires ou inversés reliés entre eux.

Loop Quantum Gravity (LQG)

Selon Albert Einstein, temps, espace et matière ne peuvent existent l'un sans l'autre. En relativité, le temps et l'espace sont la même chose, en physique quantique, des singularités surviennent. Des particules uniques peuvent par exemple être à deux endroits à la fois, et la modification de l'état de l'une aura une incidence sur celui de l'autre. Si la matière, est définie quantiquement, l'espace-temps doit donc aussi l'être.

Une alternative appelée Loop Quantum Gravity (LQG), est un concept élimine l'un des principes de base de la relativité générale, l'espace-temps devient composé d'un grand nombre de très petites fibres enchevêtrées dans des boucles, sorte de tissu à des petites échelles de taille, au niveau de l'échelle de Planck.

Interprétation de Copenhague :

L'un des principaux principes de la théorie quantique est que la position d'une particule est décrite par une fonction d'onde, qui fournit les probabilités de trouver la particule à n'importe quel nombre d'endroits différents, ou superpositions.

Interprétation d'Everett, existence de mondes multiples :

Un soir de 1954, à l'Université de Princeton, Everett, émet l'idée que les effets quantiques provoquent la division constante de l'univers. Il a eu l'idée tout seul, mais il ignorait que la même idée était venue à Erwin Schrödinger une demi-décennie plus tôt. Selon sa vision de nombreux mondes, il n'y a pas de différence entre une particule ou un système avant et après qu'il ait été observé. Il a développé l'idée dans sa thèse de doctorat et la théorie a tenu le coup. D'après son travail, nous vivons dans un multivers d'univers innombrables, remplis de copies de chacun de nous.

En fait, l'observateur lui-même est un système quantique, qui interagit avec d'autres systèmes quantiques, avec différentes versions possibles voyant la particule ou l'objet dans différents emplacements, par exemple.

Ainsi, chaque fois que les systèmes quantiques interagissent les uns avec les autres, la fonction d'onde ne s'effondre pas mais se divise en fait en versions alternatives de la réalité, qui sont toutes également réelles.

Max Tegmark du Massachusetts Institute of Technology a déclaré que les travaux d'Everett sont aussi importants que les travaux d'Einstein sur la relativité. Mais les principaux physiciens de l'époque d'Everett, en particulier Niels Bohr, l'un des pères de la mécanique quantique, ne pouvaient pas le supporter. Ils ne pouvaient pas accepter l'idée que chaque décision que nous prenons crée de nouveaux univers, un pour tous les résultats possibles. Everett a dû publier une version édulcorée de son idée.

Complètement mécontent, il a quitté la physique, avant même d'avoir terminé son doctorat, il avait accepté l'offre du Pentagone, chercheur opérationnel, certains de ses travaux étaient si secret, qu'il sont toujours classés confidentiels.

Dans Something Deeply Hidden : Carroll soutient que la théorie des mondes multiples est l'approche la plus simple pour comprendre la mécanique quantique. Il accepte la réalité de la fonction d'onde. En fait, il dit qu'il y a une fonction d'onde, et une seule, pour l'univers entier. De plus, il indique que lorsqu'un événement se produit dans notre monde, les autres possibilités contenues dans la fonction d'onde ne disparaissent pas.

Au lieu de cela, de nouveaux mondes sont créés, dans lesquels chaque possibilité est une réalité.

Peter Byrne journaliste d'investigation, écrivain scientifique basé dans le nord de la Californie a rédigé cette biographie d'Everett : The Many Worlds of Hugh Everett III, Multiple Universes, Mutual Assured Destruction, and the Meltdown of a Nuclear Family, publiée à la mi-2010 par Oxford University Press.

La physique quantique est étrange car les règles du monde quantique, qui régissent le fonctionnement du monde au niveau des atomes et des particules subatomiques.

La théorie des « plusieurs mondes » de Hugh Everett III est désormais considérée comme une percée extrêmement importante dans l'histoire de la physique

Science alternative contre science traditionnelle :
Qui va gagner ?

« Le temps ne guérit pas, le temps jugera, le temps dira : qui est l'ennemi, où sont les amis. Seul le temps sera impartial et sincère. Le temps n'est pas un médecin, le temps est un juge, l'avenir verra la physique quantique dépasser la science-fiction et balayer notre ignorance actuelle »

Lauréat du prix du gouvernement russe Vladimir Leonov, auteur de la théorie fondamentale de la Superunification, a déjà été publié à l'étranger dans deux éditions de plus de 700 pages en anglais en Angleterre (2010) et en Inde (2011). Il a reçu une offre en Grande Bretagne pour diriger un département de 20 spécialistes physiciens et mathématiciens. Mais cela ne veut pas dire qu'il acceptera cette offre. Très patriotique, pour Leonov pense que la prospérité économique de la Russie sera basée sur de nouvelles découvertes et technologies fondamentales, cela est beaucoup plus important pour lui.

Pour proposer une nouvelle façon de se déplacer dans l'espace, excluant le principe réactif, il a fallu découvrir une force de la nature fondamentalement nouvelle, jusque-là inconnue de la science, déterminant l'émergence d'une nouvelle physique.

À l'heure actuelle, les physiciens opèrent avec quatre forces de la nature (interactions fondamentales) : électromagnétique, gravitationnelle, nucléaire (forte) et électrofaible. Les physiciens avaient deviné pendant longtemps qu'il devrait y avoir une cinquième force, mais ils ne sont pas parvenus à théoriser cette dernière.

Leonov a réussi à découvrir cette cinquième force sous la forme d'interaction électromagnétique superforte (CMEA) en 1996, en même temps que la découverte du quantum quadridimensionnel de l'espace-temps (quanton), révélant pour la première fois la structure de l'espace extra-atmosphérique. C'est le quantum et le CMEA qui ont formé la base de la théorie fondamentale de la Superunification, qui unit la gravité, l'électromagnétisme, les forces nucléaires et électrofaibles à partir d'une même position.

Bien plus tard, en mai 2016, des physiciens européens ont annoncé leur découverte de la cinquième force de la nature. Leonov leur fit part que :

« Ces physiciens découvrent la cinquième force :

20 ans après ma propre découverte. » (Leonov)

Un nouveau Deep Space Institute a été créé aux USA en 2019-2020, chargé d'étudier et de tester la conception de Leonov, le moteur quantique avec un vide spatial quantique, selon le brevet enregistré à la Fédération de Russie №2185526 : Méthode de création de poussée dans le vide et le champ (quantique).

Квантового двигателя с квантовым космическим вакуумом Патент РФ №2185526 Способ создания тяги в вакууме и полевой (квантовый).

L'exploration de l'espace lointain mission définie par une nouvelle organisation validée par la Maison Blanche dans le prolongement de l'Initiative de défense stratégique (IDS) utilise les nouvelles théories spatiales russes et américaines dans le domaine quantique.[56]

[56] https://www.limitlessspace.org/

Le nouvel institut s'appelle le Limitless Space Institute (LSI), il s'agit d'une organisation à but non lucratif, contrairement à SpaceX d'Elon Musk. Une association ou institut caritatif aux USA est dispensé de rendre des comptes même au gouvernement sur ses activités.

Le programme de recherche de l'institut n'est pas clairement défini et pour cause, puisque cette organisation est secrète. Cela est également indiqué par le statut à but non lucratif de l'organisation et la composition particulière de ses dirigeants, le personnel de gestionnaires et de conseillers associés à la NASA et au département américain de la Défense.

Les grandes lignes du programme de recherche au LSI ne sont publiées au public que sous une forme générale :

« Explorer l'espace extra-atmosphérique au-delà du système solaire; capacité de parvenir de façon incroyablement rapide à n'importe quelle destination ; R&D pour les voyages interstellaires », etc..

Pour financer de tels programmes, des fonds énormes sont nécéssaires, mais le montant du financement de l'institut n'a pas été divulgué, il est confidentiel, mais se chiffrerait en milliards de dollars.

En analysant les documents des publications d'un certain nombre d'auteurs et d'employés de l'institut, on peut clairement deviner l'objectif de ce nouvel institut : la création et le développement de la production de moteurs quantiques non réactifs et de nouvelles sources d'énergie pour leur alimentation électrique basée sur la nouvelle physique quantique.

De nouveaux principes de création de la force de poussée due à l'interaction du moteur quantique avec le vide spatial quantique (dans leur terminologie) à la suite de la déformation du vide quantique basés sur une nouvelle physique sont proposés.

Nous comprenons donc les objectifs formels de l'institut : l'exploration de l'espace lointain, les vols vers la périphérie du système solaire et au-delà, les voyages interstellaires et la préparation au vol vers le système stellaire le plus proche Alpha Centauri sur une nouvelle génération de vaisseau spatial avec des moteurs quantiques.

Une grande attention est portée à la formation de nouveaux personnels dans le domaine des nouvelles technologies spatiales et à leur maîtrise des nouvelles connaissances physiques. De manière informelle, il s'agit d'un nouveau cycle de la course aux armements dans l'espace.

Ces tâches fantastiques, selon l'un des dirigeants du nouvel institut LSI, le Dr Harold White, sont dues au fait que, ce n'est qu'en fixant l'objectif grandiose le plus élevé, qu'il est possible en cours de route de résoudre les problèmes de développement de nouvelles technologies spatiales. En commençant à développer le programme SDI (Initiative de défense stratégique), la Maison Blanche a poursuivi l'objectif de faire une percée puissante dans le domaine de la science et de la haute technologie pour le développement rapide de l'accès et du contrôle de l'espace proche de la Terre, la Lune, Mars et le plus loin possible.

SDI sera mis en œuvre dans son en rassemblant les meilleurs cerveaux du monde entier en raison de et en utilisant les dernières découvertes et développements scientifiques quantiques pour en tirer le maximum d'avantages pour les États-Unis.

Limitless Space Institute (LSI) et les OVNIS

The Limitless Space Institute registered 501(c)3 non-profit organization, established in 2019.

(Institut sans but lucratif conforme aux exigences des institutions caritatives aux USA)

Aux USA : Une organisation à but non lucratif est un groupe organisé à des fins autres que lucratives et dans lequel aucune partie des revenus de l'organisation n'est distribuée à ses membres, administrateurs ou dirigeants. Les sociétés sans but lucratif sont souvent appelées « sociétés sans actions », Les organisations à but non lucratif sont constituées et gérées en vertu des lois de l'État où l'organisation est enregistrée. Les organisations à but non lucratif comprennent les églises, les écoles publiques, les œuvres caritatives publiques, les cliniques et hôpitaux publics, les organisations politiques, les sociétés d'aide juridique, les organisations de services bénévoles, les syndicats, les associations professionnelles, les instituts de recherche, les musées et certaines agences gouvernementales.

Le Limitless Space Institute basé à Houston, au Texas, est une organisation à but non lucratif dont la mission est d'inspirer et d'éduquer la prochaine génération à voyager au-delà de notre système solaire et à rechercher et développer des technologies habilitantes. Seulement huit personnes sont déclarées employées au Limitless Space Institute.

Les programmes spatiaux secrets reprennent.

Harold White a quitté la NASA pour rejoindre la nouvelle organisation à but non lucratif, White s'est concentré sur des solutions plus exotiques comme les propulsions par distorsion et les propulseurs à vide quantiques qui tirent parti de l'espace-temps lui-même.

Une équipe du Limitless Space Institute, financée par la Defense Advanced Research Projects Agency (DARPA, La Defense Advanced Research Projects Agency est une agence du département de la Défense des États-Unis chargée de la recherche et développement des nouvelles technologies destinées à un usage militaire), LSI, dirigée par le Dr Harold « Sonny » White, un ancien spécialiste de la NASA, pionnier du warp drive, a rapporté qu'ils ont découvert une véritable bulle créant la distorsion dans le monde réel.

L'événement marque une percée pour les scientifiques qui tentent de développer un vaisseau spatial capable d'aller plus vite que la lumière.

En 1994, le mathématicien mexicain Miguel Alcubierre propose la première solution mathématiquement valide pour l'entraînement à la déformation, qui permet un mouvement à une vitesse supraluminique. Il a décrit un système de propulsion de vaisseau spatial qui pourrait voyager à travers le cosmos plus rapidement que la lumière, sans violer les lois de la physique actuellement acceptées. Cette solution, cependant, était basée sur des matériaux théoriques et des quantités massives d'énergie, ce qui semblait pratiquement impossible à concevoir en pratique.

Le Dr White a proposé une nouvelle version de la métrique d'Alcubierre, réduisant la quantité de matériaux exotiques et d'énergie requise. Ce nouveau concept a rendu un réalisable la création d'un moteur de distorsion, son équipe a testé un modèle miniature, prenant la forme d'une sphère de 1 m de diamètre au cœur d'un cylindre de 4 m de diamètre, pour démontrer une densité d'énergie Casimir tridimensionnelle qui correspond bien aux exigences de la métrique de distorsion d'Alcubierre :

« Cette corrélation qualitative suggère que des expériences à l'échelle de la puce pourraient être explorées pour essayer de mesurer de petites signatures illustrant la présence du phénomène conjecturé : une véritable, bien qu'humble, bulle de chaîne», concluent-ils (08/12/2021).[57]

Selon le Dr White, cette découverte confirme non seulement la structure toroïdale prédite et les aspects énergétiques négatifs d'une bulle de distorsion, mais fournit également de nouveaux indices potentiels que lui et d'autres chercheurs peuvent suivre pour, peut-être un jour, construire avec succès un vaisseau spatial capable de déformer le monde réel, et comprimer l'espace-temps.

Sspaceships with warp capability

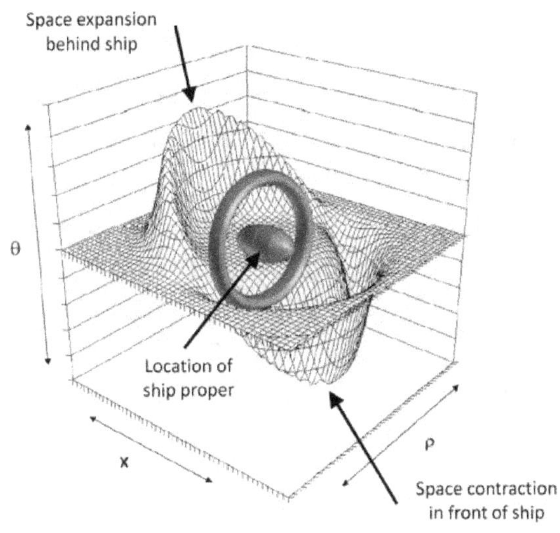

Bulle de chaîne théorique principe de la NASA :'warp drive

---

[57]White, H., Vera, J., Han, A. et al. Worldline numerics applied to custom Casimir geometry generates unanticipated intersection with Alcubierre warp metric. Eur. Phys. J. C 81, 677 (2021). DOI: 10.1140/epjc/s10052-021-09484-z

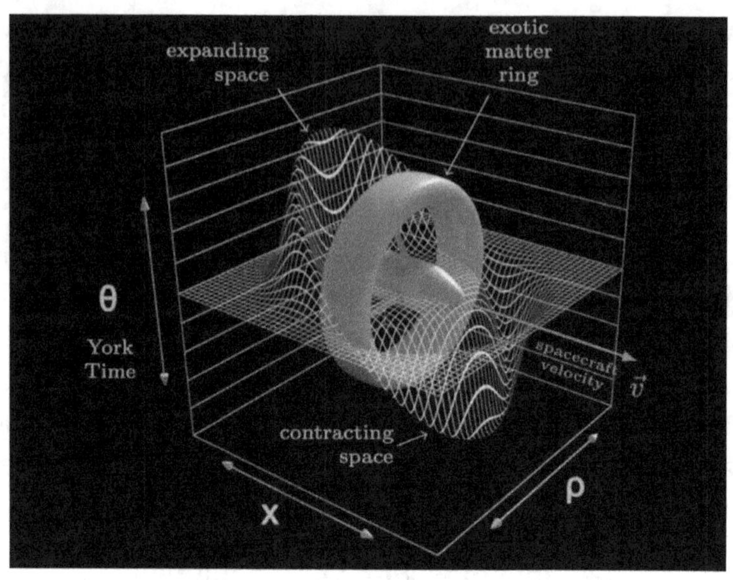

Theoretical Warp Bubble Structure: Image Credit LSI

Structure de: Crédit d'image LSI

La direction du Limitless Space Institute (LSI) en se lançant dans le développement du programme SDI (Initiative de défense stratégique), de la Maison Blanche) estconstituée des meilleurs éléments dans leurs catégories. Ses membres sont titulaires des plus hauts diplômes en droit, des Bachelor of Science, des Master Spécialist (MS), ou des Master of Science (MSc), cumulent plusieurs Bachelors Degrée Spécialisés et Master Degrée, ils font partie de l'élite technique et scientifique dans l'aéronautique entre autres.

Le Président du Limitless Space Institute (LSI) est Brian K. Kelly, militaire de carrière, directeur du NASA Johnson Space Center à Houston pour 2019.

Son statut de cadre supérieur correspond au grade de général de division aux USA.

Au service des forces armées (pilote militaire, 13 000 heures de vol) et de la NASA pendant plus de 37 ans, il a dirigé 110 vols de navette, 58 expéditions vers l'ISS et de nombreux autres travaux à la NASA, a reçu les plus hautes distinctions gouvernementales. La nomination d'un chef militaire du nouvel institut spatial LSI avec des objectifs aussi ambitieux s'inscrit dans la continuité du programme SDI, c'est-à-dire du programme Star Wars sur un nouveau cycle de connaissances et de technologies spatiales. lorsque la Maison Blanche a déclaré qu'une action militaire dans l'espace est une priorité, avec le droit de lancer une frappe préventive sur terre depuis l'espace. Il s'agit d'une menace directe non seulement pour la Russie et la Chine, en tant que principaux ennemis déclarés des États-Unis, selon la Maison Blanche, mais également pour toute l'humanité. Le nouveau programme secret américain Star Wars est camouflé en un programme scientifique d'exploration de l'espace lointain.

Le Dr Harold « Sonny » White, Ph.D., a été nommé directeur de la recherche et du développement avancés pour le nouveau LSI, il dirigeait auparavant les laboratoires Eagleworks de la NASA pendant 10 ans depuis 2009. Il s'agit du laboratoire de physique des moteurs du futur pour la NASA au Johnson Space Center, qui développe de nouvelles méthodes de propulsion non réactives basées sur le moteur micro-ondes EmDrive et d'autres, dont les moteurs quantiques russes, ou, dans leur terminologie, les moteurs à distorsion.

En tant que physicien, le Dr Harold White développe les fondements théoriques des moteurs quantiques non réactifs, en utilisant les principes de création de poussée par déformation du vide spatial quantique et de nouvelles connaissances dans le domaine de l'astrophysique (matière noire et énergie noire).

Il a écrit plusieurs dizaines d'articles scientifiques sur la justification du principe du mouvement non réactif avec l'obtention de vitesses proches de la vitesse de la lumière. Ce sont ses recherches qui constituent la base du programme de recherche du nouveau Limitless Space Institute (LSI).

Le PDG de LSI, le Dr Kam Ghaffarian est un gestionnaire expérimenté dans le domaine des systèmes aérospatiaux avec 30 ans d'expérience, chez Stinger Ghaffarian Technologies, co-fondé avec Harold Stinger en 1994, sa société fonctionnait en tant que sous-traitant auprès d'agences gouvernementales et a été acquise par KBR pour 355 millions de dollars en février 2018. Ghaffarianest également fondateur du Limitless Institut de l'Espace. Il a créé les sociétés IBX, Axiom Space (en 2016 avec Michael Suffredini), Intuitive Machines (IM), X-Energy (XE), TRISO-X. Depuis octobre 2019, Ghaffarian au conseil d'administration du Nuclear Energy Institute.

Les réacteurs nucléaires compacts (XE) de la série Xe-100 de XEnergy sont conçus pour produire de l'énergie à zéro émission 24 heures sur 24 afin de fournir de l'électricité fiable pour alimenter les moteurs quantiques. Le Dr Ghaffarian a occupé de nombreux postes techniques et de gestion auprès d'entreprises telles que Lockheed Martin, Ford Aerospace et Loral Aerosys. Ghaffaryan possède une expérience technique dans le développement de systèmes aérospatiaux et de technologies de l'information.

Il a obtenu deux baccalauréats ès sciences, dont un baccalauréat ès sciences en ingénierie et un baccalauréat en génie électronique, une maîtrise ès sciences en gestion de l'information et un doctorat en systèmes d'information de gestion.

Le secrétaire scientifique du LSI, Gregory « Ray J » Johnson, est diplômé de l'Université de Washington, titulaire d'un BA en aéronautique et astronautique. A servi dans l'US Navy, diplômé de la Test Pilot School.

Il fut employé à la NASA en tant qu'ingénieur aérospatial, puis a rejoint le corps des astronautes, a passé plus de 300 heures dans l'espace et a été le pilote de la dernière mission de la navette vers le télescope spatial Hubble. Il a occupé de nombreux postes de direction à la NASA, notamment celui de directeur adjoint du contrôle de mission.

Le conseiller LSI, Michael Lopez-Alegria, a plus de trente-cinq ans d'expérience dans l'aviation et l'astronautique avec l'US Navy et la NASA dans une variété de fonctions, y compris aviateur militaire, pilote d'essai et gestionnaire de programme. Astronaute de la NASA et commandant de la Station spatiale internationale.

Il est le quatrième astronaute,à avoir piloté la navette spatiale STS-73, STS-92 et STS-113, et était également le commandant de l'ISS Expedition 14 (a effectué des vols vers et depuis l'ISS à bord du vaisseau spatial Soyouz TMA-9). Il détient les records de la NASA pour le nombre de sorties extravéhiculaires (67 heures 40 minutes).

le LSI Development Manage,r Paul Allison, est un leader chevronné du développement et des finances avec plus de 25 ans d'expérience. Il a occupé des postes de direction dans des entreprises de 3 milliards de dollars dans de prestigieuses universités privées et publiques, notamment la Rice University, les universités du Minnesota, du Maryland, de l'Alaska et de l'Oregon State University. Sa planification stratégique d'entreprise comprenait la restructuration de fonds, la finance et les partenariats public-privé.

Le conseiller LSI, Anousheh Ansari, est PDG de la Fondation XPRIZE, leader mondial dans la conception et la mise en œuvre de compétitions exigeantes pour relever les grands défis de l'humanité. Elle est la première astronaute iranienne, la première femme musulmane à voyager dans l'espace lors d'une expédition de 11 jours.

Le conseiller LSI John A. Culberson, est membre de l'équipe des affaires gouvernementales et réglementaires de Clark Hill. John a travaillé dans la fonction publique pendant plus de 30 ans, pour conseiller et défendre les clients sur la loi, la réglementation et les dépenses fédérales.

Le LSI Advisor, Laurie Labra, dirige une équipe diversifiée de plus de 2200 employés, générant plus de 340 millions de dollars de revenus et fournissant des solutions de classe mondiale dans les domaines de la recherche, de l'ingénierie et de la technologie, des systèmes d'information, de la santé humaine et la productivité.

Le portefeuille de la Division de l'exploration humaine (HED) comprend des contrats avec IMOCII, MSOC, ESOC et HHPC au Johnson Space Center, qui sont évalués à plus de 3,8 milliards de dollars. HED est essentiel aux opérations de vol spatial habité de la NASA, y compris la planification de mission, la formation et toutes les missions spatiales habitées. HED joue un rôle clé dans la réalisation du concept de vol spatial commercial de la NASA et soutient activement la formation des astronautes privés et d'autres concepts commerciaux.

Le conseiller LSI, Dr William J. Madia est vice-président émérite de l'Université de Stanford, où il était responsable de la supervision du SLAC National Accelerator Laboratory, un laboratoire du département américain de l'Énergie.

Le Dr. Madia, du LSI, fut également directeur de l'institut Battelle (enregistré comme à but non lucratif et caritatif) qui travailla secrètement sur l'analyse des métaux récupérés lors du crash de Roswell en 1947.

Le Dr. Madia était auparavant vice-président exécutif des opérations de laboratoire au Battelle Memorial Institute, un organisme de recherche indépendant à but non lucratif où il a supervisé la gestion ou la gestion conjointe de six laboratoires nationaux du département américain de l'Énergie de 1999 à 2007. Auparavant, il a été directeur du laboratoire national d'Oak Ridge (où Leah Broussard découvrit le passage d'un photon dans un monde parallèle en franchissant un obstacle, expérience avec les faisceaux de neutrons disponibles au célèbre High Flux Isotope Reactor (HFIR) d'Oak Ridge, un réacteur nucléaire dont la fonction est similaire à celle du réacteur nucléaire de l'institut Laue-Langevin à Grenoble, le laboratoire national Oak Ridge a produit l'uranium 235 du projet Manhattan) et du laboratoire national du Pacifique Nord-Ouest.

Le Dr William J. Madia, a dirigé les activités environnementales mondiales de Battelle, a été président de Battelle Technology International, président et directeur de Battelle Columbus Laboratories et directeur général de la division de gestion de projet de Battelle (entreprise qui analysa les débris du crash de Roswell et qui remit un rapport à ce sujet à Blue Book Project et à la direction de l'ingéniérie de la Base de Wright Patterson en 1949[58], selon les découvertes du journaliste Anthony Bragalia. Souvenons-nous, le scientifique de Battelle, Elroy John Senter, a déclaré qu'il avait analysé le métal d'un OVNI écrasé alors qu'il travaillait à l'Institut.

---

[58] https://www.ufoexplorations.com/roswell-battelle-memory-metal-revel

Le conseiller de LSI, Chris Mowry, est PDG de General Fusion, leader dans l'industrie mondiale de l'énergie, a été le fondateur et PDG de Generation mPower, une entreprise leader dans le secteur des petits réacteurs modulaires, puis a été directeur du développement commercial et président de B&W Nuclear Energy. Il est titulaire d'un BS en ingénierie et d'un BS en astronomie du Swarthmore College et d'un MS en génie mécanique de l'Université Drexel. Il détient de nombreux brevets pour des systèmes de contrôle avancés pour diverses technologies énergétiques.

Le LSI Counsel Andre Pienaar, est un avocat connu et expert en droit cybernétique et en cybercriminalité. Il est l'associé directeur et fondateur de C5, un groupe d'investissement technologique dédié qui investit dans un écosystème de données sécurisé comprenant la cybersécurité, l'infrastructure cloud, analyse de données et espace avec des bureaux à Washington, Londres et Luxembourg. Andre siège aux conseils d'administration de plusieurs sociétés de cybersécurité, notamment IronNet Cybersecurity dans le Maryland, aux États-Unis, Haven Group au Luxembourg, ITC Anchor à Londres, Reduxio et Panoply en Israël et 4iQ en Californie. Auparavant, il a siégé aux conseils d'administration d'Omada, Balabit et Shape Security, dont C5 a émergé avec succès. André Pienaar est membre du Conseil consultatif international de l'Institut du gouvernement des États-Unis pour la paix (USIP).

Chris Shank, est conseiller de LSI, auprès du vice-président de Maxar pour la sécurité civile et nationale. Auparavant, Chris a occupé pendant près de 30 ans divers postes de direction dans l'armée, le gouvernement américain et a été directeur du bureau des capacités stratégiques du Département Américain de la Défense.

Dans cette fonction, il a dirigé le développement de moyens nouveaux et innovants pour façonner et contrer les menaces émergentes, offrant des opportunités inattendues et radicales à la Force interarmées. Chris a également occupé des postes de direction chez Van Scoyoc Associates, Science, Space and Technology Committee, Honeywell Aerospace, Applied Physics Laboratory de l'Université Johns Hopkins et la NASA. Il a servi comme officier dans l'armée de l'air des États-Unis pendant 11 ans et est titulaire d'une maîtrise ès sciences en génie aérospatial de l'Université du Colorado et d'un baccalauréat ès sciences en mathématiques de l'Université de Notre Dame.

Le conseiller de LSI Kirk Shireman est membre de l'équipe de direction de Lockheed Martin (il connait tous les programmes secrets de Lockheed Martin Skunk Works sur la rétroconception OVNI selon Bushman, ils sont entre leurs mains), il soutient le programme d'architecture lunaire. Kirk a précédemment occupé le poste de gestionnaire de programme pour la Station spatiale internationale (ISS). À ce poste, il était responsable de la direction générale, du développement, de l'intégration et de l'exploitation de l'ISS. Kirk a été directeur adjoint du Johnson Space Center de la NASA. Dans son rôle, Shireman a travaillé sur l'une des plus grandes installations de la NASA avec près de 14 000 employés du gouvernement et des sous-traitants, notamment au White Sands Proving Grounds à Las Cruces, au Nouveau-Mexique, et avec un budget annuel d'environ 5,1 milliards de dollars.

Le conseiller de LSI Robert S. Walker, est un homme politique américain, républicain, représentant de la Pennsylvanie, membre du Congrès, et président du Comité scientifique.

Le conseiller de LSI, Reid Wiseman, est directeur associé des missions au Johnson Space Center et supervise tous les voyages spatiaux habités et les risques techniques.

Reed a passé 165 jours sur la Station spatiale internationale, et le lancement de la fusée russe Soyouz en 2014. Raid a commencé sa carrière avec les avions F-14 et F-18 de l'US Navy. Diplômé de l'US Navy Test Pilot School, ayant effectué des milliers d'heures de vol sur plus de 30 appareils, dont sans doute des prototypes secrets et mystérieux dans la zone 51. Il est titulaire d'un BS de Rensselaer Polytechnic à Troy, New York, et d'un MS en ingénierie des systèmes de l'Université Johns Hopkins à Baltimore.

Le conseiller de LSI, Dr Pete Worden est président de la Breakthrough Prize Foundation et directeur exécutif de Breakthrough Initiatives, professeur d'astronomie à l'Université d'Arizona. Expert reconnu dans le domaine spatial et scientifique.

Le Dr Worden est l'auteur ou le co-auteur de plus de 150 articles scientifiques en astrophysique et en sciences spatiales.

Il a été co-chercheur scientifique dans trois missions spatiales de la NASA. Comme vous pouvez le voir, la direction du nouveau Limitless Space Institute (LSI) est composée de spécialistes expérimentés en astronautes, de personnel militaire et de scientifiques de classe mondiale.

LSI est géré par un grand groupe de conseillers dans les domaines de la science, du financement de la R&D et du droit. Pour information : aux États-Unis, la science et la haute technologie ont été élevées au rang de politique publique.

Chaque année, le président américain soumet au Congrès le rapport sur la science et la technologie, qui comprend un aperçu des principales réalisations et une liste des priorités de R&D (recherche et développement). Les propositions sur le budget fédéral pour le développement de la science et de la technologie sont passées par l'appareil de la Maison Blanche, des mémorandums et des directives sont envoyées. Outre l'appareil présidentiel et l'administration des institutions et organisations scientifiques et éducatives, elle compte 16 commissions sénatoriales pour la science et la technologie, 98 sous-commissions et 22 commissions spécialisées au Congrès, 160 sous-commissions à la Chambre des représentants.

Lors de la mise en œuvre des hautes technologies, il existe de sérieuses incitations fiscales et un financement gouvernemental. Dans ce contexte enviable de l'approche étatique de la science aux États-Unis, la science et la technologie en Russie ou en Europe, ressemblent à un orphelin sans ressources de la part de l'État.

Tous les développements du scientifique russe Vladimir Leonov sur le moteur quantique domestique sont bloqués par Roscosmos qui refuse de budgeter et poursuivre ses recherches. Il s'agit d'un sabotage manifeste des intérêts de la capacité de défense du pays selon Leonov. En raison du secret, les projets du Limitless Space Institute (LSI) sont opaques pour les non-initiés, ils en disent peu sur ce sur quoi leurs activités non lucratives consistent réellement :

L'évaluation de la viabilité d'un appareil volant sous vide à l'aide de la théorie quantique des champs hydrodynamiques, les forces de vide de fluctuation de potentiel asymétrique qui génèrent des forces motrices sans propulseur à partir des fluctuations du vide quantique, les trous de ver.

Sous des termes génériques d"exploration interstellaire, d'énergie directionnelle pour la propulsion spatiale et projection de puissance, de centrale thermonucléaire centrifuge à entraînement direct miniature, de recherche sur la synthèse du seuil de rentabilité des impulsions à une énergie de 100 kJ pour le mouvement d'HELIOS-X le réacteur de fusion à confinement inertiel pour système avancé de propulsion spatiale : d'autres recherches plus confidentielles se cachent.

Le directeur pour la recherche et le développement du nouvel institut LSI, le physicien Harold White, nomme ouvertement les projets en développement par leurs soins dans ses 7 articles : moteurs à distorsion et moteurs à vide quantiques, qui reçoivent une impulsion de l'espace-temps quantique lui-même suite à sa déformation, le warp drive, ou comment en présence de puissants champs gravitationnels, l'écoulement du temps semble se ralentir en raison des effets de la relativité générale. Il ne déforme pas l'espace-temps, et donc le contenu se déplace dans le temps de façon normale.

Traduit de l'anglais, le mot warp signifie déformation. Les termes, moteur quantique et espace-temps quantifié, ont été donnés en premier par Vladimir Leonov dans la théorie de la Superunification, qu'il a développée en 1996-1999, dix ans plus tôt que les Américains.

Le brevet russe pour un moteur quantique est connu à partir de 2001 puis, puis à leur tour, les Américains basculent complètement dans la théorie de Leonov.

Comme Leonov l'a démontré, un moteur quantique (ou moteur à distorsion dans la terminologie) crée une force de poussée résultant de la déformation (courbure d'Einstein) de l'espace-temps quantifié.

La force de poussée d'un moteur quantique signifie que la force de poussée est créée par le gradient d'énergie à la suite de la déformation de l'espace-temps quantifié.

Le gradient d'énergie désigne le gradient d'énergie dans le sens du déplacement.

Ceci n'est possible que si l'espace-temps quantifié n'est pas un vide, comme on le pensait auparavant, mais un champ d'énergie électromagnétique caché de l'Univers. Ceci est prouvé dans la théorie de la Superunification de Leonov.

Mais d'autres astrophysiciens ont appelé cette énergie : l'énergie noire qui provoque l'accélération des galaxies sous l'action de la force. Pour cette découverte expérimentale, deux astrophysiciens américains et un australien ont reçu le prix Nobel de physique en 2011.

Vladimir Leonov a pour la première fois révélé théoriquement la nature de la matière noire en tant qu'espace-temps quantifié et a développé un appareil mathématique pour calculer la force anti-gravitationnelle accélératrice qui fait que les galaxies se dispersent avec une accélération.

La découverte des astrophysiciens a pleinement confirmé la théorie de la Superunification de Leonov, le principe de fonctionnement d'un moteur quantique est déjà mis en œuvre par la nature elle-même à l'échelle de l'Univers. En fait, dans un moteur quantique, nous exploitons l'énergie noire qui se répand dans tout l'univers, créant ainsi une force de poussée pour le mouvement de nouveaux engins spatiaux. Les fusées deviennent inutiles. Il convient de noter que les Américains ont commencé à accélérer la création du nouveau Limitless Space Institute (LSI) sur des idées parallèles ou similaires à celles de Leonov en Russie (février 2018), sur son prototype de d'un moteur quantique (QVD), développé en 2009.

Les tests russes ont confirmé les caractéristiques économiques élevées du KVD, force de traction spécifique, 115 N / kW. Pour un kilowatt de puissance dépensé, un moteur quantique crée 115 Newtons de poussée. À titre de comparaison, les meilleurs exemples de moteurs-fusées à propergol liquide (LRE), tels que le RD-180, ont une poussée spécifique ne dépassant pas 0,7 N / kW. Le HPC est plus de 100 fois plus économique que le moteur à propergol liquide. Il s'agit d'une percée scientifique et technologique.

Le brevet de Leonov sur un moteur quantique a été largement publié en 2001. Les matériaux des tests KVD ont été publiés dans la presse ouverte et sont devenus disponibles pour les spécialistes de la NASA, stimulant la création du nouveau Limitless Space Institute (LSI) en 2019.

Avec une masse de lancement de 400 tonnes, la plate-forme spatiale lourde envisageable par LSI est capable de transporter 160 tonnes de charge utile sur l'orbite de base de 500 km. Ceci est obtenu grâce au rendement élevé du moteur quantique. Un lanceur (LV) équipé d'un moteur à propergol liquide d'une masse au lancement de 3000 tonnes met en orbite 105 tonnes de charge utile. le professeur G.V. Kostin, un scientifique faisant autorité reconnue dans le domaine de l'ingénierie de la propulsion spatiale, propose de démarrer le développement avec la création de moteurs hybrides (KVD + LPRE).

Une plate-forme spatiale lourde équipée d'un Grazer (générateur quantique d'ondes gravitationnelles) est l'arme spatiale la plus puissante de notre temps. Un Graser est est capable de détruire instantanément des cibles spatiales et terrestres depuis l'espace, privant la Russie et la Chine de leur bouclier antimissile nucléaire.

Pour la découverte des ondes gravitationnelles, les Américains ont reçu le prix Nobel de physique en 2016 (quinze ans après le dépôt du brevet de Leonov pour un Graser en 2001. Ainsi, les Américains, utilisant les recherches théoriques et expérimentales du scientifique russe Vladimir Leonov dans le domaine des nouvelles technologies spatiales.

L'Institute of Deep Space ou Limitless Space Institute, LSI, n'est ni plus ni moins que la recherche de l'application physique quantique dans la réalité expérimentale au niveau scientifique le plus élevé avec des financements occultes incroyables. Dans le même temps, en Rusie, la direction de Roscosmos a refusé d'inclure les développements sur le moteur quantique dans la R&D, augmenant ainsi l'écart entre la Russie et les États-Unis dans les programmes spatiaux : « Roscosmos a invalidé la recevabilité du développement d'un moteur quantique selon la version de Leonov et ne se lancera pas pour le moment, dans des recherches sur un moteur à propulsion quantique ».

Les Nord Americains ont une longueur d'avance sur les russes, selon le Dr. Harold G. White, Limitless Space Institute : « Pour être clair, notre découverte n'est pas un analogue de bulle de distorsion, c'est une bulle de distorsion réelle, bien qu'humble et minuscule » dans un article à The Debrief, écartant rapidement l'idée qu'il s'agisse d'autre chose que de la création d'une bulle de distorsion réelle, dans le monde réel. Des chercheurs financés par le DARPA créent par accident la première bulle de déformation au monde : « En effectuant une analyse liée à un projet financé par le DARPA pour évaluer la structure possible de la densité d'énergie présente dans une cavité de Casimir, comme le prédit le modèle de vide dynamique », peut-on lire dans les résultats publiés dans le European Physical Journal (https://www.epj.org/) : « une structure à l'échelle micro/nano a été découverte qui prédit une distribution de densité d'énergie négative qui correspond étroitement aux exigences de la métrique d'Alcubierre. »

Selon White, cette découverte fortuite confirme non seulement la structure « toroïdale » prédite et les aspects d'énergie négative d'une bulle de distorsion, mais elle donné lieu également, à des pistes potentielles que lui et d'autres chercheurs pourront suivre lorsqu'ils tenteront de concevoir, et un jour de construire réellement, un vaisseau spatial à capacité de distorsion :

« Il s'agit d'une structure potentielle que nous pouvons proposer à la communauté et qui pourrait générer une distribution de densité d'énergie négative dans le vide très similaire à ce qui est requis pour une distorsion spatiale d'Alcubierre », explique White. « Plus précisément », a déclaré White lors de la présentation à l'AIAA, « un modèle réduit consistant en une sphère de 1 micron de diamètre située au centre d'un cylindre de 4 microns de diamètre a été analysée pour démontrer une densité d'énergie de Casimir tridimensionnelle qui correspond bien aux exigences de la métrique de distorsion d'Alcubierre ».

La DARPA paie le laboratoire LSI Eagleworks pour explorer les cavités de Casimir : « Cette corrélation qualitative », ajoute-t-il, « suggérerait que des expériences à l'échelle microscopique pourraient être explorées pour tenter de mesurer de minuscules signatures illustrant la présence du phénomène conjecturé : une véritable, bien qu'humble, bulle de distorsion. »

White a confirmé à The Debrief, que les recherches actuelles financées par la DARPA ne sont pas classifiées, d'où sa liberté de publier le résultat de la bulle de distorsion. Toutefois, le chercheur, habituellement ouvert, s'est montré plus réservé lorsqu'on lui a demandé si des travaux futurs, potentiellement financés par la DARPA, sur un vaisseau spatial à bulles de distorsion à l'échelle nanométrique pourraient être envisagés une fois ces travaux en cours terminés.

Brevets de Soucoupes volantes russes, principalement sur de la propulsion par turbines traditionnelles

Il n'est pas possible de trouver pour le moment des brevets analogues à ceux des américains en Russie, l'ingénieur Leonov nous offre son prototype miniature de moteur quantique, mais il n'a pas travaillé sur un carénage aérodynamique et un propulseur grandeur nature. D'autres russes ont avancé dans des idées de carénage d'une soucoupe volante futuriste, mais sans avoir idée des matériaux nécessaires, encore plus inquiétant, la propulsion est par aérojets à carburant fossile, ils sont loin derrière les projets de la Zone 51 au Nevada. Pourtant la magnétohydrodynamique OVNI (магнитогидродинамика НЛО), ou l'effet Biefeld-Brown est un phénomène électrique de l'apparition d'un vent ionique, qui transfère sa quantité de mouvement aux particules neutres environnantes n'ont pas de secret pour les russes. Les missiles Zircon et Kindjal hypersoniques tracent leur route à plus de 10000 km/h. Burevestnik 9M370, Poseidon, sont subsoniques Avangard vole à Mac 20 soit 6.28 km/s, nous avons du mal à croire que dans le contexte aéronautique tout autant que dans les projets militaires Roscosmos n'ait pas sus ses étagères des dossiers secrets de véhicules quantiques très avancés dont on pourrait entendre parler très prochainement. Pourquoi Roscosmos se passe des l'invention de Vladimir Leonov auteur de la théorie de la Superunification, une machine à mouvement perpétuel volant dans l'espace sans besoin d'alimentation exterieure ? Roskosmos n'exclut pas que dans quelques décennies, la Russie aura une capacité d'aéronef et de moteur quantique, avec ou sans Leonov, si son moteur quantique de est amené au niveau l'assemblage industriel final.

Aujourd'hui, de nombreux pays tentent de créer un moteur quantique. Des brevets sont déposés, des tests sont validés à divers stades, mais il n'y a pratiquement pas de résultats réels pour le moment, seuls quelques pays ont déjà fait des progrès.

Il s'agit principalement de la Russie, des États-Unis, de la Chine et de l'Allemagne.

En Allemagne, des scientifiques allemands d'Augsbourg ont créé un moteur modèle qui fonctionne sur le principe quantique. Le fonctionnement d'un tel dispositif repose sur le fait que deux atomes situés dans un réseau optique gazeux à des températures négatives assez basses sont exposés à un champ magnétique alternatif externe.

En conséquence, l'un des atomes commence à se déplacer le long du réseau optique. Au bout d'un moment, il atteint une vitesse constante. À son tour, le deuxième atome joue le rôle d'un démarreur. C'est grâce à lui que le premier atome reçoit une accélération. Cette conception est devenue connue sous le nom de moteur atomique quantique. Cependant, un tel moteur est encore loin du test de validation et de l'application réelle.

La Chine et les États-Unis travaillent également à la construction de leur propre appareil quantique. Ils développent et testent conjointement le moteur EmDrive. La Chine investit beaucoup d'argent dans l'espace. Initialement, EmDrive a été inventé au Royaume-Uni, puis les États-Unis et la Chine se sont intéressés à la création de tels moteurs. La NASA a pour le moment classé presque complètement les tests de son moteur EmDrive. L'Académie chinoise des Sciences, à son tour, rend compte assez souvent de ses succès.

En ce moment, la Chine teste ce moteur en situation réelle en avance sur toutes les autres nations industrielles

L'invention EmDrive est testée dans diverses conditions, y compris le vide. L'appareil, comme l'assurent les inventeurs, il peut fonctionner indéfiniment et ne nécessite pas d'approvisionnement en carburant. Cependant, pour le moment, un tel moteur se démarque avec une petite charge utile.

À l'avenir, EmDrive pourra accélérer des fusées et des engins spatiaux à des vitesses incroyables, qui approcheront les centièmes et les dixièmes de la vitesse de la lumière.

En Russie, le moteur quantique est développé par différents groupes de scientifiques. C'est ainsi que se développe au MIPT la machine à mouvement perpétuel.

Les scientifiques créent une machine dans laquelle l'efficacité sera de 100%. Pour ce faire, ils utilisent des qubits, c'est-à-dire des modules de calcul élémentaires, ainsi que des cellules mémoires d'ordinateurs quantiques. Ils sont interconnectés au niveau quantique. Les qubits sont capables d'absorber l'énergie thermique, après quoi ils transfèrent l'excès d'entropie à l'environnement. En conséquence, le moteur est dans un état où il peut fonctionner indéfiniment.

Vladimir Leonov est engagé dans la création d'un autre type de moteur. Un scientifique russe a décidé d'utiliser un réacteur à fusion froide pour son moteur, qui fonctionne au nickel. Grâce à cette solution, l'efficacité énergétique d'un tel moteur sera incroyablement élevée. Elle sera donc environ 1 000 000 fois supérieure aux meilleures piles à combustible chimiques actuellement connues.

Selon les calculs de l'inventeur, un engin spatial doté d'un tel moteur pourra accélérer à des milliers de kilomètres par seconde. Il s'avère que le vol vers Mars ne durera que 41 heures. Vladimir Leonov dans son moteur a utilisé la théorie de la Superunification, découverte par lui. Cette théorie est basée sur le fait de l'existence d'un quantum d'espace-temps, c'est-à-dire un quanton. L'inventeur pense que le quanton est l'élément manquant du tableau périodique. C'est grâce au quanton que tous les autres éléments se forment.

Le moteur quantique a le principe de fonctionnement suivant. La batterie alimente le générateur électrique et le convertisseur de tension.

En conséquence, les systèmes d'aimants et d'électrodes créent également des champs. Ces champs se distinguent par une disposition orthogonale, ce qui permet d'obtenir les vecteurs d'intensité de la direction recherchée. Ces champs non homogènes agissent sur le fluide de travail, formant une polarisation. Le corps de travail lui-même tourne autour de l'axe.

En conséquence, la distribution des quanta est observée dans le corps de travail, une force de traction est générée, qui est transmise par l'activateur. Les activateurs eux-mêmes sont à un angle par rapport à l'axe du plan du disque.

Puisque l'axe de l'activateur détermine la direction de la force de poussée, il y a une division des forces en normale et tangentielle. Le système interagit avec le champ de vide, ce qui conduit à la création d'énergie à partir du champ de vide. L'énergie qui en résulte est dépensée pour la rotation du générateur électrique, qui crée une traction et alimente également le système hydraulique du moteur.

Le moteur EmDrive, sur lequel travaillent les États-Unis et la Chine, fonctionne sur un principe complètement différent. Son travail est basé sur la différence de pression des rayonnements électromagnétiques, situés aux extrémités du moteur. Dans un endroit étroit, la pression est légèrement inférieure à celle d'un endroit large.

En conséquence, une poussée est formée qui est dirigée vers l'extrémité étroite.

1. Références

Battelle l'entreprise convoitée par les ufologues américains

Historiquement parlant, la famille Battelle fait partie des pères fondateurs des USA, l'ancêtre de Gordon Battelle, Thomas, était membre de la colonie de la baie du Massachusetts (pères fondateurs de la Nation Américaine venus sur le Mayflower), son nom fut inscrit sur les listes du recensement à Dedham, en 1648. Des hommes de la famille ont servi dans les forces révolutionnaires durant la guerre d'indépendance.

Son grand-père et homonyme, le premier Gordon Battelle, était membre de la convention de 1861 qui a encadré la constitution du nouvel État de Virginie-Occidentale, on lui crédite d'être en grande partie responsable de l'abolition de l'esclavage dans cette région.

Né le 10 août 1883, Gordon Battelle, grandit dans un milieu aisé et devint un chef d'industrie avant-gardiste. Au début des années 1900, la plupart des industries n'investissent pas dans la recherche. S'ils ils le font, c'est dans de petits laboratoires qui effectuent des tests de routine. La vision de Gordon Battelle était de trouver un moyen de fournir une recherche de haute qualité à l'industrie. En outre, il pensait que la recherche pourrait fournir façons d'améliorer la qualité de vie des gens.

Battelle construit un petit laboratoire à Joplin et embauche W. George Waring, un scientifique et ancien professeur, qui essayait de mettre au point un procédé pour valoriser commercialement les résidus de zinc. Il en est sorti un brevet pour le procédé de traitement des minerais avec de l'ammoniac et de l'ammonium sulfate pour produire un sel de sulfate double d'ammonium et de zinc qui pourrait être torréfié.

Ce fut le premier succès expérimental pour Battelle.

Au sein de l'industrie sidérurgique, Gordon Battelle était un industriel reconnu, directeur de l'American Rolling Mill Co. de Middletown, de l'Inland Steel Co. de Chicago et l'Eastern Hocking Coal Co. Le jeune Gordon décide de fonder une université les recherches pour la récupération de produits chimiques à partir des minerais auparavant inutiles pour l'industrie metallurgique.

Gordon Battelle s'unit aux frères Block pour construire la société Inland Steel à Chicago; et en 1917, lui et Frantz vendent leur Columbus Iron & Steel Works à l'American Rolling Mill Société, rebaptisée Armco Steel Corporation en 1948, faisant maintenant partie d'AK Steel Holding Société.

Cependant, en 1918, son père John mourut, laissant à Gordon une succession de près de 5 millions de dollars (1 000 000 $ en 1918 équivaut en pouvoir d'achat à environ 18 463 708,61 $ aujourd'hui). Gordon retourne à Columbus (Ohio), essayant de former un centre de recherche avec un laboratoire expérimental. Entre-temps, il est élu président de deux entreprises sidérurgiques et administrateur de trois autres.

Comment Battelle devient une organisation à but non lucratif.

Gordon Battelle décède le 21 septembre 1923 à 40 ans, des suites d'une appendicectomie des suites d'une opération chirurgicale, dans son testament, il fonde Battelle Memorial Institute, une organisation à but non lucratif qui mènerait des recherches au profit de l'industrie et l'humanité pour veiller à ce que les technologies scientifiques soient mises au bénéfice du travail et des gens. L'argent de sa succession, ainsi que l'argent qui sera légué plus tard par Anne Battelle, sa mère, ont créé le capital immense du Mémorial Battelle Institut.

Un ami de longue date Warren G. Harding figure dans le premier conseil d'administration de Battelle, composé d'Annie Norton Battelle, de deux industriels et d'un avocat.

Le président Harding, administrateur décédé aussi en 1923, de sorte que deux nouveaux administrateurs furent nommés.

Deux ans plus tard, en 1925, sa mère, Annie Norton Battelle, va décéder à son tour, laissant la majeure partie de sa succession à l'Institut Battelle, la somme totale disponible de ses fonds propres porte sur plus de 3,5 millions de dollars.

Battelle s'installe à Columbus le 27 mars 1925, un bâtiment est construit et ouvre ses portes à l'été 1929, avec un effectif de 20 employés et un laboratoire.

Le président du conseil d'administration, et ancien associé de John G. Battelle, Joseph Frantz, constate qu'une partie importante des actifs en 1927 était constituée d'actions industrielles, bien que l'Institut soit une organisation à but non lucratif et ne soit pas autorisée selon la loi américaine à dégager des bénéfices et distribuer des dividendes.

Frantz pensait en 1928 que l'Inland, Republic Steel et Les actions d'American Rolling Mill, étaient trop chères aussi le conseil d'administration convient que cette partie du portefeuille devrait être vendu et le produit placé dans des obligations d'État, sauvant ainsi l'Institut de la crise de 1929.

C'est à cette période q'Horace Gillett, (ayant travaillé avec Thomas Edison), directeur de la Division du Bureau National des normes de la Métallurgie, est embauché comme directeur de l'Institut Battelle pour 10 000 $ par an, doublant son ancien salaire. Ses premières recherches étaient presque entièrement consacrées à la technologie des matériaux.

Son premier projet parrainé par Battelle, a été la préparation d'une monographie de recherche sur les alliages de fer

Le 3 octobre 1929, une équipe de 20 scientifiques et ingénieurs, s'installe dans le premier cabinet de recherche et développement privé du pays, le Battelle Memorial Institute.

Battelle concentre ses recherches sur la métallurgie, l'Institut recruté les meilleurs scientifiques de l'époque, l'équipe grandit avec un effectif de 50 personnes. Sur les dix meilleurs métallurgistes aux États-Unis, cinq étaient membres du personnel de Battelle. L'Institut décroche son premier grand contrat fédéral avec l'armée américaine en 1939, afin d'améliorer la plaque de blindage.

En plus de son travail contractuel pour l'armée, Battelle prêté des scientifiques et des gestionnaires à diverses agences gouvernementales. Plus particulièrement, le directeur Clyde Williams chef administratif du War Metallurgy Committee, qui mena d'importantes recherches en métallurgie, créant de nouveaux alliages pour les navires et les avions.

En raison de la haute compétence de ses employés et de sa réputation exceptionnelle auprès des agences gouvernementales des États-Unis, Battelle s'implique dans le projet Manhattan, (nom de code du projet atomique).

Au bout de cinq ans, Gillett, qui n'aimait pas les tâches administratives, cède sa place à Clyde Williams qui devient, conseiller technique en chef jusqu'à sa retraite en 1949. C'est Williams qui a diversifié les capacités de Battelle au-delà de la technologie des matériaux, pionnier dans le concept de recherche contractuelle. Sous la direction de Williams, Battelle a acquis une expertise dans la chimie, physique, ingénierie et économie, à sa retraite en 1957, Battelle employait 3100 employés aux États-Unis et dans deux sites européens. Dans les années 1950 et 1960, Battelle, était sous contrat à long terme avec l'Armée de l'Air, pour aider le Centre de Renseignement Technique de l'air (ATIC), à évaluer le potentiel technologique soviétique et chinois dans les technologies aérospatiales au sein du cadre d'un projet nommé : Project Stork, qui a ensuite été renommé : Projet Cigogne Blanche. Dans ces années-là, au plus fort de la guerre froide, la nature du travail de Battelle était considéré comme classifié Top Secret, mais cette accréditation remonte bien plus haut en 1947.

Nous savons qu'en 1949, Battelle Corporation avait rendu des rapports concernant l'analyse des matériaux de Roswell sous contrat pour la base de Wright Patterson Air Force, puis en 1950, le général Watson contacte le Dr Clyde Williams de la Battelle Corporation (maintenant, Battelle Memorial Laboratories) à Columbus, Ohio, pour voir s'ils accepteraient de travailler sous contrat pour l'ATIC. Le commandant de l'ATIC dit au Dr Williams qu'il avait besoin d'aides technologiques et scientifiques, il veut savoir si Battelle dispose d'employés Russes dans sa main-d'œuvre. Le général Watson avait aussi besoin, de savoir s'il y avait un endroit au sein de l'entreprise qui pouvait être transformé en compartiment sécurisé. Le général Watson demande au secrétaire de l'Armée de l'Air, Harold Talbot, 20 millions de dollars pour un contrat avec Battelle, afin de fournir des données techniques et scientifiques sur les Russes.

Ce fut le début de Project Stork, plus tard appelé White Stork et Have Stork, Gus Simpson de l'ATIC, Air Tactical Intelligence, engageait le groupe Battelle.

À la fin de 1952, le directeur du projet Blue Book, le capitaine Edward J. Ruppelt, ordonna une étude de tous les cas OVNIS figurant dans les archives de 1947 à 1952, dans le cadre d'un contrat avec le Battelle Memorial Institute. Les données étaient fournies par l'Armée de l'Air, tandis que les conclusions étaient celles fournies par les scientifiques de Battelle. L'air Force publié le rapport final sous le nom de Project Blue Book Special Report N°14, 1955, accompagné d'un communiqué de presse. Bien que l'Armée de l'Air ait rédigé ses propres conclusions : « qu'il n'y avait rien qui justifie un intérêt ou une préoccupation », cela était contraire aux formulations de l'étude Battelle. Les scientifiques de Battelle avaient déclaré que sur près de 2 000 rapports qui ont été jugés avoir suffisamment d'informations pour permettre l'analyse, 22,8%, sont inexpliqués et 31,3 % supplémentaires, jugés comme difficilement explicables. Au total donc, 54% des observations auraient manqué d'explications convaincantes.

Il existe des témoignages d'une affaire concernant un morceau de magnésium provenant d'un OVNI. En 1952, cinq scientifiques du NBS auraient analysé un fragment de métal fourni par le commandant Alvin Moore, de l'USN, déclarant qu'il était tombé sur un débris dans sa propriété, lors de l'invasion OVNI sur Washington DC, en juillet 1952. Les scientifiques ont soumis le matériau à une batterie de tests, y compris l'analyse spectrographique, concluant qu'il s'agissait d'un artefact composé principalement de magnésium, avec une densité de 3,48, rempli de millions de particules de fer microscopiques, il semblait être une section d'un cylindre qui, une fois terminé, aurait eu 10,4 pouces de diamètre. Moore décide que le projet Blue Book devrait être au courant de la découverte. Il l'expédie au capitaine Edward Ruppelt, qui la confie au Battelle Memorial Institute, où Howard Cross réalise un examen. On ne sait pas s'il s'agit du même morceau mais de fortes présomptions nous portent à le croire, qu'il fut confié à Wilbert Smith du projet canadien Magnet.

Tous les livres au sujet de la soucoupe de Roswell, rapportent que le matériau mince semblable à une feuille de métal à mémoire de forme, récupéré a été envoyé par avion à la WPAFB[59] à Dayton pour analyse. Si oui, les techniciens de l'USAF, auraient logiquement consulté les spécialistes du Battelle Memorial Institute de Columbus (Ohio), à seulement 60 milles de Dayton : (Selon un article paru dans le numéro de mai/juin 1993 de International UFO Reporter (IUR), publié par le Hynek Center for UFO Studies (CUFOS). article rédigé conjointement par Mark Rodeghier, directeur scientifique du CUFOS, et Jennie Zeidman, membre du conseil d'administration du CUFOS). Zeidman travailla à Battelle en 1952, menant une analyse informatique de plus de 2 000 rapports d'observation d'OVNI pour le projet Blue Book de l'USAF, il connaissait les scientifiques impliqués dans l'expertise du problème ufologique.

---

[59] La Wright-Patterson Air Force Base ou base aérienne Wright-Patterson est une base de l'United States Air Force située sur les comtés de Greene et de Montgomery, dans l'Ohio, à 13 km au nord-est de la ville de Dayton

Jennie Zeidman a interviewé plusieurs d'entre eux pour l'article. Selon Zeidman, au cours des années 1940 et 1950, Battelle était sûrement l'un des premières installations de recherche en métallurgie dans le monde. Battelle était bien établie en tant qu'entreprise de confiance et installation respectée pour son travail Top Secret, sous contrat pour le gouvernement (y compris pour le projet Manhattan). Son personnel comprenait des métallurgistes et experts en technologie de soudage, physico-chimiques et des spécialistes de haute qualification. La supposition que Battelle a analysé les artefacts de l'OVNI de Roswell (ou d'autres) est plus qu'une simple théorie, c'est une évidence. Guillaume d'Occam aurait approuvé cette opinion. Le travail pionnier de Battelle dans le développement d'alliages et de soudage de titane a permis la production de moteurs à réaction de première génération et a évolué vers des matériaux pour l'aviation militaire moderne, des échantillons de fil Nitinol ont été distribués avec le Battelle Research Outlook, le magazine maison de Battelle-Columbus. En 1965 Battelle prend la direction des Laboratoires Hanford du gouvernement fédéral (rebaptisés le Pacific Northwest Laboratory) le 4 janvier. Plus de 2 200 anciens General Electric salariés rejognent Battelle.

Le Dr Wolf[60], confirme, que le Dr Edward Teller[61], a recommandé le physicien Robert Lazar pour son poste au sein du S-4 dans la base au sud de la zone 51, où Lazar a travaillé sur la rétro-ingénierie des systèmes de propulsion d'un vaisseau spatial extraterrestre (AbeBooks.com : S-4 (facility): United States Air Force, Papoose Lake, Area 51, Bob Lazar, UFO, Edward Teller, McCarran Airport, Element 115). Souvenons nous au passage que le Nitinol de Roswell analysé en 1949 par Battelle ne fut découvert qu'en 1962. En 1974 Unitek Corporation licencie le brevet et propose un alliage martensitique stabilisé qui présente un effet de mémoire de forme sous le nom Nitinol ™

---

[60] https://www.ufocasebook.com/drwolf.html

[61] New York Times le 4 avril 1966, p 33, Edward Teller dit : « Ces objets volants ? Des miracles ».

Entre 1972 et 1977, le Dr. Wolf est engagé dans des recherches gouvernementales secrètes sur la technologie extraterrestre, les laboratoires où il travaillé comprennent le S-4 dans la zone 51, (où il a vécu pendant un certain temps), puis aux laboratoires de la division des technologies de la Wright-Patterson Air Force Base (Dayton, Ohio) et l'ancien laboratoire Dulce (près de la frontière entre le Nouveau-Mexique et le Colorado).

Le Dr Michael Wolf a servi à l'époque de la guerre du Viêt-Nam en tant que colonel de l'armée de l'air, pilote, chirurgien de l'air et officier du renseignement du I-Corps pour la CIA et la NSA. Il a obtenu un doctorat en médecine en neurologie, un doctorat en physique théorique, un ScD en informatique, un JD en droit, un MS en électromagnétique, et un BS en biogénétique.

Depuis 1979, il a été consultant scientifique auprès des présidents et de la sécurité nationale, conseiller, et analyste sur les questions extraterrestres.

Le Dr Michael Wolf allait devenir le directeur général de Project Pounce, décrit dans le rapport de la Commission Robertson de 1953. Selon MW Cooper, le Project Pounce était plus qu'un centre d'analyse sur les objets volants non identifiés, il prétend que c'est aussi le premoier projet mis en place pour récupérer tous les engins et extraterrestres abattus ou écrasés chargé de se rendre sur les lieux.

Dans le numéro de septembre 1993, de Just Cause (Citizens Against UFO Secrecy, PO Box 218, Coventry, CT 06238) un article énonce l'éthique des institutions privées sous contrat confidentiel pour le gouvernement : la recherche s'engage à le faire avec intégrité et dans le respect éthique de la confidentialité de ses clients, tant gouvernemental et industriel (commercial). L'Institut Battelle interrogé sur ses contrats secrets : « ne discutera pas publiquement du travail qu'il fait pour ses clients », selon son porte parole.

En raison de cette approche éthique de son travail, qui tient dûment compte des questions de sécurité nationale, Battelle ne répondra pas aux demandes de renseignements concernant le projet Blue Book, ou l'un de ses autres travaux. Cela ne doit pas être considéré comme une preuve de coopération dans une sorte de camouflage imaginaire. C'est une partie de la tradition éthique qui fait partie de la philosophie d'entreprise Battelle depuis sa création en 1929. Battelle ne veut par parler du materiau de Roswell mais en refusant de nier son lien avec le sujet Blue Book, l'institut reconnait de fait qu'il y a bien oarticipé.

Au sujet du métal de Roswell, le major Marcel a déclaré en 1979, que le métal était extrêmement mince :

« Il était possible de plier ce truc d'avant en arrière, même de le froisser, mais vous ne pouviez pas y mettre un pli qui resterait, ni le bosseler du tout, même pas avec une masse, je devrais presque le décrire comme un métal aux propriétés plastiques »

L'Institut organisé en 1929 en tant que fiducie caritative à but non lucratif echappant à tous controles et audits de la FIOA, le Battelle memorial Institute of Colombus (Ohio), fut sous-traitant expert pour le projet Blue Book. En 2020 Battelle publie le 10 novembre qu'elle à remporté un contrat d'une valeur de 46,3 millions de dollars sur 7 ans pour étudier les matériaux pour les environnements supersoniques extrêmes. Spécialiste en matériaux et métallurgie, Battelle est au cœur du mystère de la divulgation ufologique américaine : « on sait depuis longtemps que les débris récupérés du crash de Roswell furent analysés par Battelle Memorial Institute à Columbus », selon Kent Bye. En mai 2009, le chercheur Anthony Bragalia poursuivant ses propres enquêtes corrobore les conclusions des chercheurs Kevin Randle et Don Schmitt dans l'édition 2009 de leur ouvrage : « Witness to Roswel », Bragalia publie un article : « Les débris de Roswell étaient bien extraterrestres, le laboratoire a été retrouvé, les scientifiques identifiés. »

Lors d'une interview réalisée dans les années 90, l'ancien Général, Arthur Exon, de la base Air Force de Wright-Patterson, avait confirmé l'existence des rapports sur les matériaux récupérés à Roswell. Exon, Commandant de la base de Wright Patterson dans les années 60, avait raconté qu'on lui avait confié certains détails sur la composition des débris du crash, et les divers tests qu'on leur avait fait subir. Chose étonnante, Exon avait déclaré au sujet des débris : « C'était du Titane et un autre métal connu, mais ils avaient été spécialement traités.» Curieusement, un traitement particulier du Titane et de l'autre métal connu (le Nickel) est aussi nécessaire pour fabriquer du Nitinol.

Le scientifique Elroy John Center a reconnu qu'il avait analysé un métal provenant d'une épave d'OVNI alors qu'il était employé par Battelle comme expert-chimiste, poste qu'il exerça chez Battelle pendant près de vingt ans, de 1939 à 1957. Ceci est confirmé à la fois par les registres de l'Université du Michigan et par les articles scientifiques qu'il avait publié du temps où il travaillait pour Battelle. En mai 1992, le Dr. Irena Scott de Columbus, Ohio, une chercheuse qui faisait également partie de l'équipe de scientifiques de Battelle, avait interviewé un collègue professionnel Elroy qui lui a dit qu'en juin 1960, alors qu'il était employé par Battelle, il était impliqué dans un programme de laboratoire sous contrat gouvernemental pour des conceptions construites avec des alliages de métaux à mémoire de forme inconnus. Howard Cross, le métallurgiste expert de Battelle, était si bien introduit qu'il reçut la visite officielle de H. Marshall Chadwell, chef du Renseignement scientifique de la CIA. On découvri une note dans les archives du groupe d'études des Ovnis, le NICAP, qui est aujourd'hui dissout : « 12 Décembre 1952, le Dr. H. Marshall Chadwell, chef de l'OSI à la CIA, le Dr. HP Robertston et Fred Durant ont rendu visite au Dr. Howard Cross, chargé du Project Blue Book chez Battelle. » Cross avait travaillé de très près sur les Ovnis avec le Chef des Analyses de Wright-Patterson, de plus Cross travaillait sur les Ovnis avec le Chef du Renseignement scientifique de la CIA.

Le magasine Air Line Pilot, de novembre/décembre 2002, page 15, dans un article de Jan W. Steenblik, rédacteur technique : « Richard Healing, directeur de la sûreté et de la sécurité des transports pour la Battelle Corporation a parle des nombreux projets aéronautiques en cours de Battelle pour des agences gouvernementales et industries privées. Battelle est impliquée dans des recherches en cours, y compris des essais d'aéronefs en vol expérimental réel en altitude. La Defense Advanced Research Projects Agency (DARPA) emploie sous contrat le Battelle Memorial Institute ainsi que la NSA qui lui attribuera en 2005 un contrat de 1,507 million de dollars pour poursuivre des travaux confidentiels (Glass Box). » C'est en 2005 que l'Université du Nouveau-Mexique fait partie de la Battelle Energy Alliance, dirigée par un institut de recherche à but non lucratif géant, le Battelle Memorial Institute. L'alliance remporte un contrat de 4,8 milliards de dollars pour gérer le laboratoire en question. Le Johnson Space Center a dirigé le développement d'un appareil de haute puissance pour moteur de fusée à plasma électrothermique, la fusée à magnétoplasma à impulsion spécifique variable (VASIMR), on retrouve Battelle dans cette recherche en relation avec des engins spatiaux futuristes[62].

L'Oak Ridge National Laboratory appartient à Battelle

La conception du Vasimir est tellement originale qu'un prototype est en cours de développement en collaboration avec le ministère de l'Énergie et avec l'Oak Ridge National Laboratory (propriété de Battelle) et son centre de technologie et fabrication. Le Vasimir devrait être commercialement utile pour les satellites de communication et autres en orbite autour de la Terre, engins spatiaux vers des orbites plus élevées, en récupérant et en entretenant des engins spatiaux en orbites hautes autour de la Terre, et propulsant des engins spatiaux robotiques à charge utile élevée lors de missions très rapides vers d'autres planètes.

---

[62] http://www.nasatech.com/Briefs/Sep01/MSC23041.html

De même, le Vasimir devrait permettre aux engins spatiaux robotisés de se déplacer rapidement jusqu'aux confins du système solaire et commencer à sonder l'espace interstellaire. De loin, le plus grand potentiel du Vasimir devrait résider dans sa capacité à réduire considérablement les temps de trajet des missions humaines vers Mars et au-delà. Cette réduction des temps devrait permettre l'exploration à long terme de l'espace par les humains.

Un scientifique décrit le travail de Battelle dans la recherche dur les OVNIS, le Dr Irena Scott[63] doctorat du Collège de médecine vétérinaire de l'Université du Missouri en physiologie, a fait des recherches postdoctorales à l'Université Cornell, professeur à l'Université St. Bonaventure elle est aussi titulaire d'une maîtrise de l'Université du Nevada, d'un BS de l'Ohio State University en astronomie et biologie.

Chargée de recherche à l'Ohio State University College of Medicine et à l'Université du Nevada à été employée par la Defense Intelligence Agency (DIA), doctorat recherche de niveau (GS-11) en photographie par satellite, y compris dans sa section Air Order of Battle, qui impliquait l'identification d'aéronefs avec des autorisations au-dessus du top secret (Dr. Irena Scott - Secrets Derrière le Real Project Blue Book, Wright-Patterson AFB, Roswell, Battelle, Memory Metal, Dr. J Allen Hynek & UFO Cover-Ups!)

Elle a siégé au conseil d'administration du MUFON (1993 à 2000) et a été membre fondatrice des Mid-Ohio Research Associates (MORA), rédactrice en chef, de l'Ohio UFO Notebook.

---

[63] Ses livres les plus récents sur les ovnis sont : UFOs Today, 70 Years of Lies, Disinformation, and Government Cover-Up, publié par Flying Disk Press, MUFON Books, et en allemand par NIBE VERLAG ; Inside the Lightning Ball: Scientific Study of Lifelong UFO Experiencers, publié par Flying Disk Press; et Sacred Corridors Secrets Behind the Real Project Blue Book, Wright-Patterson AFB, Roswell, Battelle, Memory Metal, Dr. J. Allen Hynek & UFO Cover-Ups, publié par Flying Disk Press. Elle a adopté une approche scientifique des phénomènes OVNI et a publié des articles sur les données OVNI dans des revues scientifiques à comité de lecture, y compris les publications de l'Association américaine pour l'avancement des sciences (AAAS).

Compléments d'information sur les brevets d'auteur

Description de : Systèmes de propulsion d'engins spatiaux non conventionnels, inventeur, Salvatore Pais :

Le plasma sous vide quantique est la colle électrique de notre univers plasma. L'effet Casimir, le Lamb Shift et l'émission spontanée sont des confirmations spécifiques de l'existence de QVP. En physique quantique, le décalage de Lamb ou déplacement de Lamb représente la différence d'énergie entre les deux niveaux de l'atome d'hydrogène, notés en termes spectroscopiques : $^2S1/2$ et $^2P1/2$.

Il est important de noter que dans les régions où les champs électromagnétiques sont les plus forts, plus les interactions sont puissantes, par conséquent, plus la densité d'énergie induite des particules QVP qui naissent (la mer de Dirac d'électrons et positons).

En conséquence, des vitesses extrêmes peuvent être atteintes.

Si nous pouvons concevoir la structure de l'état de vide quantique local, nous pouvons concevoir le tissu de notre réalité au niveau le plus fondamental (affectant ainsi les propriétés inertielles et gravitationnelles d'un système physique).

Cette réalisation ferait considérablement progresser les domaines de la propulsion aérospatiale et de la production d'électricité.

La polarisation locale du vide à proximité immédiate d'un engin équipé d'un système HEEMFG aurait pour effet de faire coïncider les fluctuations très énergétiques et aléatoires des champs de vide quantique, qui bloquent virtuellement la trajectoire d'un engin en accélération, de telle sorte que le la pression négative résultante du vide polarisé permet un mouvement moins laborieux à travers celui-ci (comme l'a noté H. David Froning).

Un article récent de l'inventeur, publié dans l'International Journal of Space Science and Engineering (Pais, SC, Vol. 3, No. 1, 2015) considère la possibilité conditionnelle d'une propulsion d'engin supraluminique dans un cadre de relativité restreinte.

Il est possible d'éliminer la masse d'énergie du système en permettant la polarisation sous vide, comme discuté par Harold Puthoff ; en ce que la diminution de la masse inertielle (et donc gravitationnelle) peut être obtenue via la manipulation des fluctuations du champ quantique dans le vide.

En d'autres termes, il est possible de réduire l'inertie d'un engin, c'est-à-dire sa résistance au mouvement/accélération en polarisant le vide à proximité immédiate de l'engin en mouvement.

Les émetteurs de micro-ondes créent des ondes électromagnétiques à haute fréquence dans toute la cavité résonante, provoquant la vibration de la paroi externe de la cavité résonante en mode accéléré et créant un vide local polarisé à l'extérieur de la paroi externe de la cavité résonante.

Boris Wolfson

Description de : Véhicule spatial propulsé par la pression de l'état de vide inflationniste, inventeur, Boris Wolfson :

Contexte de l'invention

L'existence d'un champ gravitationnel de type magnétique a été bien établie par les physiciens pour la relativité générale, les théories gravitationnelles et la cosmologie. Les conséquences de l'effet de la gravité électromagnétique pourraient être importantes et avoir de nombreuses applications pratiques, en particulier dans l'aviation et l'exploration spatiale.

Il existe des méthodes connues pour convertir l'électromagnétisme en une force de propulsion qui génère potentiellement une grande poussée de propulsion. Selon ces méthodes, la poussée de la machine est produite par des masses rotatives et alternatives des manières suivantes : poussée centrifuge, poussée d'impulsion et poussée d'impulsion.

Cependant, la propulsion électromagnétique dans un espace ambiant, ou non modifié artificiellement, n'est pas pratique pour les voyages interstellaires en raison des grandes distances impliquées.

Aucun voyage interstellaire n'est possible sans une certaine forme de distorsion de l'espace.

A son tour, aucune altération de l'espace n'est possible sans la déformation correspondante du temps.

L'altération gravitomagnétique de l'espace, entraînant l'anomalie de la courbure de l'espace-temps qui pourrait propulser le véhicule spatial, pourrait être une approche réalisable pour les futurs voyages dans l'espace.

À la fin des années 40, HBG Casimir a prouvé que le vide n'est ni exempt de particules ni de champ. C'est une source de fluctuation du point zéro (ZPF) de champs tels que le champ gravitomagnétique dans le vide.

Les champs ZPF entraînent des conséquences physiques réelles et mesurables telles que la force de Casimir.

Les processus électromagnétiques quantifiés, tels que ceux qui se produisent dans les supraconducteurs, affectent les ZPF quantifiés de manière similaire. La raison la plus probable est la création et l'annihilation des électrons-positons, correspondant en partie à l'effet de polarisation cité par Evgeny Podkletnov pour expliquer l'effet gravitomagnétique qu'il aurait observé en 1992, Weak Gravitational Shielding Properties of Composite Bulk YBa 2 Cu 3 3O (7-x) Superconductor Below 70 K Under EM Field, Evgeny Podkletnov, numéro de base de données LANL cond-mat/9701074, v. 3, page 10, 16 septembre 1997.

L'étude du gravitomagnétisme, cependant, a commencé bien avant Podkletnov. Aux États-Unis Pat. n°3 626 605, Henry Wm. Wallace décrit un appareil expérimental pour générer et détecter un champ gravitationnel secondaire. Il montre également comment un champ gravitomagnétique variant dans le temps peut être utilisé pour protéger le fond primaire d'un champ gravitoélectrique.

Aux États-Unis le brevet n°3 626 606, d'Henry Wm. Wallace, propose une variante de son expérience précédente. Un matériau semi-conducteur de type III-V, dont les deux composants ont un spin nucléaire non apparié, est utilisé comme détecteur électronique pour le champ gravitomagnétique.

L'expérience démontre que le matériau de son circuit de champ gravitomagnétique a des effets d'hystérésis et de rémanence analogues aux matériaux magnétiques.

Aux États-Unis le brevet n°3 823 570, d'Henry Wm. Wallace, propose une variante supplémentaire de son expérience. Wallace démontre qu'en alignant le spin nucléaire des matériaux ayant un nombre impair de nucléons, un changement de chaleur spécifique se produit.

Aux États-Unis le brevet n°5 197 279, de James R. Taylor, divulgue le moteur de propulsion électromagnétique où les enroulements solénoïdes génèrent un champ électromagnétique qui, sans la conversion en un champ gravitomagnétique, génère la poussée nécessaire à la propulsion.

Aux États-Unis le brevet n°6 353 311 B1, de John P. Brainard propose une théorie controversée du champ de flux de particules universel, et afin de le prouver empiriquement, fournir un dispositif de type moteur ombré.

Ce dispositif est également destiné à extraire de l'énergie de ce Champ de particules universel.

Au début des années 1980, Sidney Coleman et F. de Luca, notaient que le postulat einsteinien d'un Univers Homogène, bien que correct en général, ignore la fluctuation locale quantifiée de la pression d'état de vide inflationniste, cette fluctuation provoquant des calamités cosmiques locales.

Alors que les particules sans masse se propagent à travers de grandes portions de l'Univers à la vitesse de la lumière, ces bulles anormales, en fonction de leur densité de vide relative faible ou élevée, provoquent une augmentation ou une diminution locale des valeurs de propagation de ces particules.

Les scientifiques ne sont pas d'accord sur la possibilité et les moyens possibles de créer artificiellement des modèles de telles anomalies.

Au début des années 1990, Ning Li et D. G Torr ont décrit une méthode et des moyens pour convertir un champ électromagnétique en un champ gravitomagnétique. Li et Torr ont suggéré que, dans les conditions appropriées, les champs de force minuscules des atomes supraconducteurs peuvent se coupler, s'accumulant en force au point où ils peuvent produire une force de répulsion : Effets d'un champ gravitomagnétique sur les supraconducteurs purs, N. Li et DG Torr, Physical Review, Volume 43, page 3, 15 janvier 1991.

Une série d'expériences, réalisées au début des années 1990 par Podkletnov et R. Nieminen, aurait permis de réduire le poids des objets placés au-dessus d'un disque supraconducteur en rotation et en lévitation soumis à des champs magnétiques à haute fréquence. Ces résultats soutiennent substantiellement l'expansion de la physique d'Einstein offerte par Li & Torr. Podkletnov et Giovanni Modanese ont fourni un certain nombre de théories intéressantes sur les raisons pour lesquelles l'effet de réduction de poids aurait pu se produire, citant des effets gravitationnels quantiques, en particulier un changement local de la constante cosmologique.

La constante cosmologique, dans les circonstances ordinaires, est la même partout. Mais, selon Podkletnov et Modanese, au-dessus d'un disque supraconducteur en lévitation et en rotation exposé à des champs magnétiques à haute fréquence, il est modifié : Superconductor with Composite Crystal Structure, Evgeny Podkletnov, Giovanni Modanese, base de données arXiv.org/physics, n° 0108005 volume 2, 32 pages, 8 figures, 30 août 2001.

Dans l'article de juillet 2004, Ning Wu a émis l'hypothèse que la décroissance exponentielle du champ de la jauge de gravitation, caractéristique du vide instable tel que celui créé par Podkletnov et Nieminen, est à l'origine des effets de blindage gravitationnel : Gravitational Shielding Effects in Gauge Theory of Gravity, Ning Wu, arXiv:hep-th/0307225 v 1 23 juillet 2003, 38 pages dont 3 figures, juillet 2004.

En 2002, Edward Fomalont et Sergei Kopeikin mesurent la vitesse de propagation de la gravité. Ils ont confirmé que la vitesse de propagation de la gravité correspond à la vitesse de la lumière : General Relativistic Model for Experimental Measurement of the Speed of Propagation of Gravity by VLBI, S. Kopeikin et E. Fomalont, Actes du 6 e European VLBI Network Symposium 25-28 juin 2002, Bonn, Allemagne, p 4.

La théorie des cordes unifie la gravité avec toutes les autres forces connues. Selon la théorie des cordes, toutes les interactions sont portées par des particules fondamentales, et toutes les particules ne sont que de minuscules boucles de l'espace lui-même formant la courbure de l'espace-temps.

La gravité et l'espace courbé sont la même chose, se propageant avec la vitesse de la lumière caractéristique de la courbure particulière.

À la lumière de la découverte de Fomalont et Kopeikin, on peut conclure que s'il y a un changement dans la vitesse de propagation de la gravité dans la courbure de l'espace-temps, alors la vitesse de la lumière dans la localité serait également affectée.

En relativité générale, toute forme d'énergie affecte le champ gravitationnel, de sorte que la densité d'énergie du vide devient un ingrédient potentiellement crucial.

Traditionnellement, le vide est supposé être le même partout dans l'Univers, donc la densité d'énergie du vide est un nombre universel. La constante cosmologique Λ est proportionnelle à la pression du vide $\rho \Lambda$: $\Lambda=(8\pi G/3c\,2\,)\rho\,\Lambda$, où G est la constante de gravitation de Newton et c est la vitesse de la lumière : The Cosmological Constant, Sean M.[64]

---

[64] Carroll, http://pancake.uchicago.edu/~carroll/encyc/, page 6.

Des théories plus récentes, cependant, autorisent des fluctuations locales du vide où même les constantes universelles sont affectées : Λ 1 =(8πG 1 /3c 1 2)ρ Λ 1 .

En analysant les lois physiques définissant la constante cosmologique, on peut conclure que, si un disque supraconducteur en lévitation et en rotation soumis à des champs magnétiques à haute fréquence affecte la constante cosmologique dans une localité, cela affecterait également la densité d'énergie du vide. Selon la théorie de la relativité générale, l'attraction gravitationnelle s'explique par le fait que la courbure de l'espace-temps est proportionnelle à la constante cosmologique. Ainsi, le changement de l'attraction gravitationnelle des particules subatomiques du vide provoquerait une anomalie locale de la courbure de l'espace-temps einsteinien.

Le temps est la quatrième dimension. Lorentz et Einstein ont montré que l'espace et le temps sont intrinsèquement liés. Plus tard dans sa vie, Einstein a émis l'hypothèse que le temps fluctuait à la fois localement et universellement.

Ruggero Santilli, reconnu pour l'expansion de la théorie de la relativité, a développé la théorie de l'isocosmologie, qui permet des taux de temps variables. Le temps est également un champ de force détecté uniquement à des vitesses supérieures à la vitesse de la lumière.

L'énergie de ce champ de force augmente à mesure que sa vitesse de propagation diminue à l'approche de la vitesse de la lumière. Pas n'importe quelle vitesse de la lumière : la vitesse de la lumière d'un lieu. Si les conditions de l'environnement local étaient modifiées, ce changement affecterait le taux horaire local par rapport au taux en dehors de l'environnement local concerné, ou le taux ambiant.

Le champ gravitomagnétique généré électromagnétiquement pourrait être l'un de ces modificateurs de localisation.

En analysant l'expansion de la physique d'Einstein offerte par Li & Torr, on pourrait conclure que la gravité, le temps et la vitesse de la lumière pourraient être modifiés par l'application d'une force électromagnétique à un supraconducteur.

En créant une anomalie de courbure de l'espace-temps associée à une pression abaissée de l'état de vide inflationniste autour d'un véhicule spatial, avec la densité de pression de vide la plus basse située directement devant le véhicule, une condition pourrait être créée où la gravité associée à une densité de pression de vide abaissée tire le véhicule vers l'avant dans l'espace-temps modifié.

En créant une anomalie de courbure de l'espace-temps associée à une pression élevée de l'état de vide inflationniste autour du véhicule spatial, avec le point de densité de pression de vide la plus élevée situé directement derrière le véhicule, une condition pourrait être créée où une force de répulsion associée à une densité de pression de vide élevée pousse le véhicule spatial vers l'avant dans l'espace-temps modifié.

À partir de l'équation de la constante cosmologique mentionnée ci-dessus, il est clair que l'augmentation de la densité de pression du vide pourrait conduire à une augmentation substantielle de la vitesse de la lumière. Si le véhicule spatial se déplace dans l'anomalie où la vitesse de la lumière locale est supérieure à la vitesse de la lumière du vide ambiant, et si ce véhicule se rapproche de cette vitesse de la lumière locale, le véhicule spatial dépasserait alors éventuellement la caractéristique de vitesse de la lumière pour la zone ambiante. Le disque supraconducteur en lévitation et en rotation, que Podkletnov utilisait pour protéger l'objet de l'expérience de l'attraction produite par l'énergie du vide, était alimenté de l'extérieur par les bobines de solénoïde alimentées de l'extérieur. Ainsi, le système de Podkletnov est stationnaire par définition et ne convient pas aux voyages dans les airs ou dans l'espace.

Même si le disque supraconducteur fait partie de l'engin et s'il est alimenté par l'énergie disponible sur l'aéronef, l'anomalie résultante est unilatérale, non enveloppante et ne fournit pas l'environnement à vitesse variable de la lumière (VSL).

Dans un article récent (2002), Chris Y. Tailor et Modanese proposent d'employer un générateur de gravité à impulsions dirigeant, depuis un emplacement extérieur, un faisceau anormal vers un engin spatial, ce faisceau agissant comme un champ de force de répulsion produisant la propulsion de l'engin spatial : Evaluation of an Impulse Gravity Generator Based Beamed Propulsion Concept, Chris Y. Taylor et Giovanni Modanese, American Institute of Aeronautics and Astronautics, Inc., 2002, 21 pages, 10 figures.

Les auteurs de l'article n'ont cependant pas pris en compte les puissants processus quantifiés de dispersion de champ, qui limiteraient fortement la distance de propagation de la force répulsive. Au mieux, la mise en œuvre de ce concept pourrait aider à l'accélération et à la décélération à de courtes distances du générateur d'impulsions de gravité, et uniquement le long d'une ligne droite de déplacement.

Seul un engin autonome, équipé du générateur de gravité interne et de la source d'énergie interne alimentant ce générateur, aurait la flexibilité nécessaire pour explorer de nouvelles frontières de l'espace. La modification de la courbure de l'espace-temps tout autour de l'engin spatial permettrait à l'engin spatial de s'approcher de la caractéristique de vitesse de la lumière pour le lieu modifié, cette vitesse de la lumière, lorsqu'elle est observée à partir d'un emplacement dans l'espace ambiant, étant potentiellement plusieurs fois supérieure à la lumière ambiante.

Il y a quatre objectifs de cette invention :

Le premier est de proposer un procédé pour générer une anomalie de pression d'état de vide inflationniste qui conduit à une propulsion électromagnétique.

Le deuxième est de fournir un véhicule spatial capable d'une propulsion générée électromagnétiquement. La mise en œuvre de ces deux objets conduit au développement du véhicule spatial propulsé par déséquilibre gravitationnel avec la gravité tirant et/ou antigravité poussant le véhicule spatial vers l'avant. Le troisième est de fournir un procédé pour générer une anomalie de pression d'état de vide inflationniste, en particulier, l'augmentation locale du niveau de densité de pression de vide associée à la plus grande courbure de l'espace-temps. La vitesse de la lumière dans une telle anomalie serait supérieure à la vitesse de la lumière dans l'espace ambiant.

Le quatrième est de fournir le véhicule spatial capable de générer une anomalie externe inégalement répartie tout autour de ce véhicule, en particulier l'anomalie avec le niveau élevé de densité de dépression.

L'anomalie est formée de telle manière que la gravité tire le véhicule spatial vers l'avant dans l'espace-temps modifié à une vitesse approchant éventuellement la vitesse de la lumière spécifique à ce lieu modifié.

Si la densité de pression de vide du lieu est modifiée pour être sensiblement plus élevée que celle du vide ambiant, la vitesse du véhicule pourrait éventuellement être supérieure à la vitesse de la lumière ambiante.

La gravité est la même chose que l'espace courbé, se propageant avec la vitesse de la lumière caractéristique de la courbure particulière de l'espace-temps. Lorsque l'espace courbé est affecté, il y a un changement dans la vitesse de propagation de la gravité dans l'anomalie
de courbure de l'espace-temps.

La vitesse locale de la lumière, selon Fomalont et Kopeikin toujours égale à la vitesse locale de propagation de la gravité, est également affectée dans la localité de l'anomalie
de courbure de l'espace-temps.

La création d'anomalies de courbure espace-temps adjacente au véhicule spatial ou autour de celui-ci, ces anomalies caractérisées par le changement local de la gravité et de la vitesse de la lumière, a été l'objet principal de cette invention.

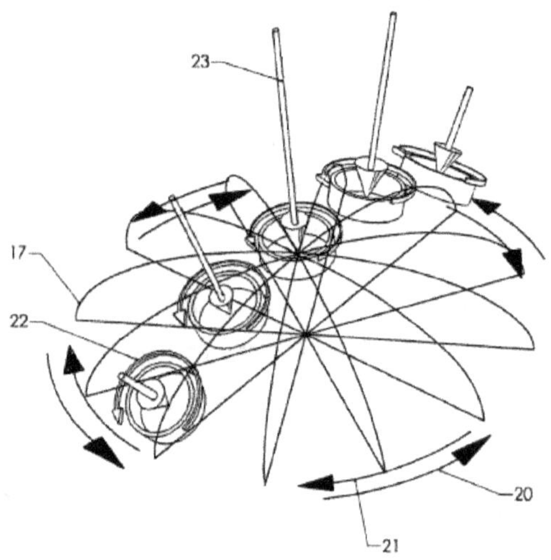

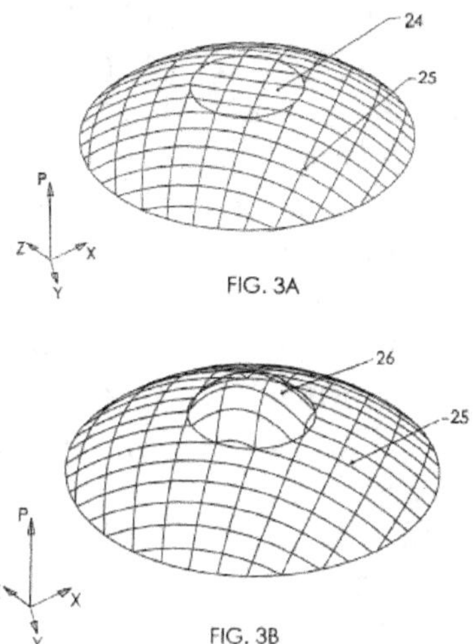

FIG. 3A

FIG. 3B

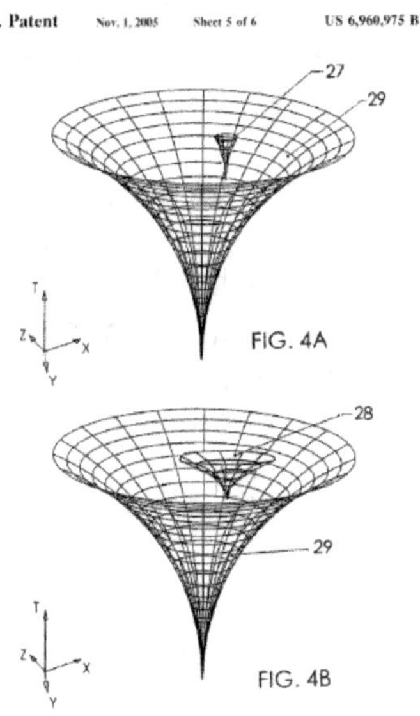

FIG. 4A

FIG. 4B

Le point important ici est que les forces électromagnétiques modifient l'état de tension du vide qui se traduit par une attraction ou une répulsion, selon le gradient de densité (tension) du vide. Sur cette position, la force gravitationnelle peut également être attribuée aux contraintes du vide. Il suffit de regarder comment la matière est faite. Il contient une concentration de charge positive au centre entourée d'électrons circulants de charge négative. Cela représente deux concentrations de charges opposées dans l'espace qui agissent comme un condensateur. Si nous reconsidérons l'explication précédente des forces électrostatiques, nous voyons que l'attraction des charges diminue la contrainte de vide locale (tension) entre elles. Par conséquent, les atomes vont induire électriquement une masse volumique sous vide inférieure à l'intérieur de leur structure, générer une force d'attraction gravitationnelle vers eux en raison du gradient de contrainte de vide environnant.

La densité de vide inférieure dans les atomes implique également l'existence d'états autorisés moins électromagnétiques, comme cela a également été observé dans l'expérience de l'effet Casimir, qui sont connus pour exister pour les électrons qui entourent le noyau. Les atomes contiennent également des champs magnétiques opposés dus au spin et au mouvement des particules chargées qui sont responsables de la légère diminution de poids observée entre un atome et ses constituants individuels. Cela se produit parce que le magnétisme opposé dans les atomes augmente la contrainte du vide, mais comme le magnétisme a une force beaucoup plus faible, dans ce cas, que les champs électriques existants, une force d'attraction vers les atomes sera la force résultante.

On sait qu'un plasma ne permet pas la propagation d'ondes électromagnétiques tant qu'une certaine fréquence de coupure n'est pas dépassée qui dépend de la densité et de l'épaisseur du plasma (Laroussi et Anderson, 1998).

Par conséquent, le plasma est en train de faire exactement identique aux plaques conductrices parallèles dans l'effet

Casimir. La densité du vide à l'intérieur du plasma sera également plus faible, et elle induira une force sur une masse proche vers le plasma en raison du gradient de contrainte du vide. Cela signifie que si l'on crée un plasma de très haute densité (densité et épaisseur doivent être optimisés), on génère une très forte attraction gravitationnelle vers ce plasma. L'attraction gravitationnelle du plasma peut être facilement comprise si l'on note que le plasma est constitué d'une concentration de charge de très haute densité des deux polarités. Les charges attirantes induisent une faible densité de vide entre elles.

Jusqu'à présent, la théorie présentée ici pouvait expliquer en termes simples l'origine physique des forces électromagnétiques et gravitationnelles. Ils dérivent tous de contraintes de gradient dans le vide créées par des champs électromagnétiques opposés ou non.

Il existe une expérience simple qui prouve en outre le lien gravitationnel entre les contraintes du vide et les interactions électromagnétiques.

Cette expérience a été initialement mentionnée par Boyd Bushman (communication personnelle), un ingénieur à la retraite de Lockheed Martin.

Il répéta l'expérience de Galilée consistant à faire tomber deux masses côte à côte et mesura le temps qu'elles mettaient à tomber. Boyd a vérifié que lorsque nous laissons tomber deux aimants opposés dans un conteneur et de la matière normale dans un deuxième conteneur (de géométrie égale), les aimants opposés sont arrivés plus tard que la masse normale.

Cette expérience viole le principe d'équivalence et prouve la relation entre les champs opposés, les contraintes du vide et les interactions gravitationnelles.

Expériences de modification de la gravité
Dr Eugene Podkletnov.

Titulaire d'un doctorat en science des matériaux de l'Université de technologie de Tampere en Finlande et diplômé de l'Université de technologie chimique de l'Institut Mendeleyev de Moscou : il développe un bouclier gravitationnel utilisant des supraconducteurs rotatifs à grande vitesse à l'Université de technologie de Tampere en Finlande pour Tim Ventura il parle de ses travaux (https://medium.com/@timventura) le 5 février 2020 :

« Je poursuis mon travail dans ce sens, mais je n'appelle pas cet effet un bouclier gravitationnel, mais plutôt une modification du champ gravitationnel local. Cela vient du travail que j'ai commencé il y a 30 ans,- apprendre à utiliser des objets en rotation à grande vitesse avec des composants supraconducteurs pour modifier la gravité.

Ce que j'ai trouvé, cependant, c'est que les supraconducteurs ne sont nécessaires que pour créer une certaine densité d'électrons, donc dans les expériences que vous avez vues dans cette vidéo, nous travaillons avec des couches d'or très fines qui génèrent le même effet à température ambiante.

Mes dernières recherches montrent qu'en travaillant avec des matériaux composites qui n'incluent pas du tout de supraconducteurs, nous sommes capables de créer des champs de gravité, dans le vide, dans l'air, et jusqu'à présent dans chaque objet placé à proximité de ce générateur de gravité expérimental. C'est une méthode beaucoup plus efficace. »

Un disque rotatif est fixé sur une armature en suspension qui lui permet de monter et descendre. , le disque est revêtu de nano-revêtements spéciaux fabriqués avec une implantation ionique.

Le nano-revêtement du disque est constitué d'une fine couche d'or, de 5 à 30 atomes d'épaisseur, qui est appliquée à la surface d'un disque d'aluminium à l'aide d'un dispositif d'implantation ionique de haute puissance.

Le disque tourne une vitesse de 8 000 à 12 000 rotations par minute, à ces vitesses, la force de levage affecte tous les échantillons testés, quelle que soit leur composition (verre, plastique, métal et même de la vapeur, ils sont tous repoussés de la surface du disque).

La force semble englober l'espace autour de l'échantillon avec ce que vous pourriez appeler une enveloppe

Sources USA

Avramenko, S. et Avramenko, K. : Méthode et appareil pour la transmission électrique à ligne unique, US Pat. n° 6 104 107, 2000.

Bushman, BB : Appareil et méthode d'amplification d'un faisceau magnétique, US Pat. n°5 929 732A, 1999.

Everest, FA : The Master Handbook of Acoustics, 4 e edition, McGraw-Hill, 2001.

Glanz, J. : Les astronomes voient une force d'antigravité cosmique à l'œuvre, Science, 279 (5355), pp. 1298-1299, 27 février 1998.

Grön, Ø. : Modèles de gravitation répulsive et d'Univers inflationniste», American Journal of Physics, 54 (1), pp. 46-52, 1986.

Grön, Ø. : Notes de cours sur la théorie générale de la relativité : De la gravité attractive de Newton à la gravité répulsive du vide, Springer, 2009.

Grön, Ø., et Hervik S. : La théorie de la relativité générale d'Einstein avec des applications modernes en cosmologie, Springer, 2007.

Jenn, DC : Antennes à plasma : étude des techniques et de l'état de l'art actuel, NPS-CRC-03-001, Naval Postgraduate School, Californie, 2003.

Kohno et Yao : Atténuation sonore anormale dans la plage de transition métal-non-métal du mercure liquide, J. Phys. : Condens. Matter, 11, pp. 5399-5413, 1999.

Lamoreaux, SK : Démonstration de la force de Casimir dans la gamme 0,6 à 6 m, Phys. Rev. Lett., 78 (5), pp. 5-8, 1997.

Laroussi, M. et Anderson, WT : Atténuation des ondes électromagnétiques par une couche de plasma à pression atmosphérique, International Journal of Infrared and Millimeter Waves, 19 (3), pp. 453-464, 1998.

Magueijo, J. : Plus rapide que la vitesse de la lumière, Perseus Publishing, 2003.

Maxwell, JC : On Physical Lines of Force, Part I : The theory ofmolecular vortices Apply to Magnetic phenomenes, Philosophical Magazine and Journal of Science, 21 No. 139, 161-175, mars 1861.

Monstein, C. et Wesley, JP : Observation of scalar longitudinal electrodynamic waves, Europhysics Letters, 59 (4), pp. 514-520, 2002.

Reich, W : L'expérience d'Oranur, Orgone energy Press, 1951.

Citations de brevets :

US5929732A *1997-04-17 : 1999-07-27 :
        Société Lockheed Martin : Appareil et procédé d'amplification d'un faisceau magnétique.

US6960975B1 *2003-08-04 : 2005-11-01 :
        Boris Volfson : Véhicule spatial propulsé par la pression de l'état de vide inflationniste.

US7446636B1 *2004-11-10 : 2008-11-04 :
        Système utilisant le champ magnétique terrestre pour générer une force opposée à la force de gravité

FR757228A *1932-09-16 : 1933-12-22 :
        Meaf Mach En Apparaten Fab Nv :Dispositif réflecteur pour ondes ultra-courtes.

BE729294A *1968-03-06 : 1969-08-18.

JPS61140855A *1984-12-14 : 1986-06-27 :
Nippon Steel Corp   Détecteur de défauts à courants de Foucault.

WO1993023907A1*1992-05-08 : 993-11-25 :
        Nouveaux systèmes limités : Appareil et procédé de transmission électrique mono
ligne.

US5696375A *995-11-17 : 1997-12-09 :
        Instruments analytiques Bruker, Inc. : Multi déflecteur :

JP3673964B2 *2000-03-29 date 2005-07-20 :
        Circuit intégré à semi-conducteur de commande d'entraînement de moteur sans
balai et dispositif de commande d'entraînement de moteur sans pale.

JP2007234896A *2006-03-01 : 2007-09-13 :
        Toyota Motor Corp : Dispositif de transmission de signaux.

JP4925132B2 *2007-09-13 : 2012-04-25 :
        Dispositif d'émission de particules chargées et moteur ionique.

US20150022031A1 *2013-07-17 : 2015-01-22 :
        Harold Ellis NEsle : Système de propulsion électromagnétique.

US20150037128A1 * 2013-08-04 date 2015-02-05
        Gerald Küstler : Aimants monolithiques avec domaines de champ magnétique pour
la lévitation diamagnétique.

US20190084695A1 * 2017-09-19 : 2019-03-21 :
        Harold Ellis Ensle : Système de propulsion magnéto-électrique.

WO2012053921A2 2010-10-22 : 2012-04-26 :
        Alexandro Tiago Baptista De Alves Martins :Système de propulsion
électromagnétique et applications.

Documents similaires :

US10006446B2   :   2018-06-26 :
        Système de propulsion électromagnétique à condensateur segmenté.

Burch 2009 :
        Reconnexion des champs magnétiques : les énormes quantités d'énergie libérées
par la reconnexion des champs magnétiques dans l'espace sont à la fois mystérieuses et
potentiellement destructrices.

Davies 1980 :
        La recherche des ondes de gravité.

US20120092107A 1 : 2012-04-19 :
        Système de propulsion utilisant la force antigravité du vide et applications.

US10135323B2 : 2018-11-20 :
        Système de propulsion électromagnétique à décharge capacitive.

JP2009207176A : 2009-09-10 :
    Convertisseur de champ.

US20190168897A1 : 2019-06-06 :
    Système de propulsion par champ magnétique à courant segmenté.

WO2009025674A2 : 2009-02-26 :
    Appareil de cinquième force et procédé de propulsion.

US20110057754A1 : 2011-03-10 :
    Méthodes & systèmes pour générer une région neutre en gravité entre deux sources magnétiques contrarotatives.

US20010032905A1 date 2001-10-25
    Procédé et appareil de conversion d'énergie potentielle électrostatique.

US10322827B2 : 2019-06-18 :
    Générateur d'ondes gravitationnelles à haute fréquence

Arbab 2009 :
    Rayonnement gravitationnel des objets gravitationnels.

Mourad 2010 :
    Les défis du développement de la technologie pour un propulseur de vaisseau spatial réaliste.

US20170025935A1 : 2017-01-26 :
    Générateur de champ électromagnétique et procédé pour générer un champ électromagnétique.

WO2012053921A2 : 2012-04-26 :
    Système de propulsion électromagnétique et applications
Sheldon et al.   2015.

US202000255167A1 : 2020-08-13 :
    Système et procédé de génération de forces utilisant une pression électrostatique asymétrique.

Majkic 2020 :
    Dérivation de l'électromagnétisme à partir de la théorie quantique des photons : ondes scalaires Tesla.

GB2588415A : 2021-04-28 :
    Appareil pour générer une force.

Etkin 2017 :
    Base de la théorie de la lumière gravi acoustique.

Gilet 2017 :
    Champs de force.

De Aquino 2007
    Contrôle de la gravité au moyen du champ électromagnétique à travers le gaz à ultra-basse pression.

LaViolette 2001 :
    Comment fonctionne l'effet Searl : analyse du convertisseur d'énergie magnétique.

Froning, Jr 1997 :

Réduction d'inertie et éventuellement impulsion par conditionnement de champs électromagnétiques.

US20060017390A1 *2004-07-26 : 2006-01-26 :
Moore Leslie A. / Système d'alimentation indépendant.

US7080504B22004-07-23 : 2006-07-25 :
Northrop Grumman Corporation / Système de propulsion à turboréacteur augmenté par laser.

US20170313446A1 *2016-04-28 : 2017-11-02 :
États-Unis d'Amérique représentés par le Secrétaire de la Marine : Fabriquer à l'aide d'un dispositif de réduction de masse inertielle.

Bergstresser 2003 :
Matériaux capacitifs intégrés et leur application dans les conceptions à grande vitesse, IPC Printed Circuits Expo, 23-27 mars 2003, Long Beach, CA.

Brady 2014 :
Production de poussée anormale à partir d'un appareil de test RF mesuré sur un pendule de torsion à faible poussée, Forum sur la propulsion et l'énergie, 28-30 juillet 2014, 1-21, Cleveland, OH.

Drews Electric 2013 :
Winds Driven by the time oscillating corona décharges, Journal of Applied Physics, 2013, 114.

Giovanelli 2001 :
Oscillations du point zéro et effet Mossbauer, Université de Parme, 2001, 56-60, 131, Milan, Italie.

Gonzaga :
Déflexion électrostatique des astéroïdes, Intn'l Journal of Applied Science and Technology, décembre 2012, 92-95, vol. 2, n° 10.

Hinterberger :
Accélérateurs électrostatiques, Helmholz-Institut fur Strahlen-und Kernphysik, Université de Bonn, Allemagne.

Murdoch :
Electrostatic Tractor for Near Earth Object Deflection, 59th International Astronautical Congress, Paper IAC-08-A3.I.5.

Pais Salvatore 2015 :
Générateur de champ électromagnétique à haute énergie, Int. J. Sciences et ingénierie spatiales, 2015, vol. 3, n° 4.

Sanjurjo-Rivo :
Déviation d'astéroïdes au moyen de forces électromagnétiques lors d'un survol de la Terre, ESA, Boulder, CO.

Shung 2007 :
Matériaux piézoélectriques pour les applications d'imagerie médicale à haute fréquence : examen, NIH Resource, 21 février 2007, Los. Angeles, Californie.

US3626606A1968-11-04 : 1971-12-14 :
Henry Wallace : Procédé et appareil pour générer un champ de force dynamique

US3626605A1968-11-04 : 1971-12-14 :

Henry Wallace : Procédé et appareil pour générer un champ de force gravitationnel secondaire

US3823570A1973-02-16 : 1974-07-16 :
    H Wallace : Pompe à chaleur.

US5197279A1990-01-02 : 1993-03-30 :
    Taylor James R : Moteur de propulsion à énergie électromagnétique

US6353311B11998-07-02 : 2002-03-05 :
    John P. Brainard : Convertisseur universel de pression de flux de particules

Chris Y. Taylor et Giovanni Modanese : Evaluation of an Impulse Gravity Generator Based Beamed Propulsion Concept, American Institute of Aeronautics and Astronautics, Inc., 2002

Evgeny Podkletnov : Propriétés de blindage gravitationnel faible du supraconducteur composite en vrac Numéro de base de données LANL cond-mat/9701074, v. 3, page 10, 16 septembre 1997

Evgeny Podkletnov et Giovanni Modanese : Générateur de gravité d'impulsion basé sur un supraconducteur chargé avec structure cristalline composite, archives base de données org/physique, # 0108005 vol. 2, 32 pages, 8 figures, 30 août 2001

Vers les étoiles par propulsion électromagnétique :

    http://www.mtjf.demon.co.uk/antigravp2.htm#cforce

N. LI & DG Torr : Effets d'un champ gravitomagnétique sur les supraconducteurs purs, Physical Review, vol. 43, 15 janvier 1991

Peter L. Skeggs : Analyse technique de l'expérience de blindage par gravité Podkletnov, Forum quantique, 7 novembre 1997.

    http://www.inetarena'.com/~noetic/pls/podlev.html)

S. Kopeikin & E. Fomalont : General Relativistic Model for Experimental Measurement of the Speed of Propagation of Gravity by VLBI, Actes du 6th European VLBI Network Symposium 25-28 juin 2002, Bonn, Allemagne, page 4.

Sean M. Carroll : Constante cosmologique :

    http://pancake.uchicago.edu/~carroll/encyc/,

Avramenko S. et Avramenko K. 2000 :
    Méthode et appareil pour la transmission électrique à ligne unique, US Pat. n°6 104 107, 2000.

Bushman BB 1999 :
    Appareil et méthode d'amplification d'un faisceau magnétique, US Pat. n° 5 929 732A, 1999.

Everest FA : The Master Handbook of Acoustics, 4 e édition, McGraw-Hill, 2001.

Glanz J. 1998 :Les astronomes voient une force d'antigravité cosmique à l'œuvre, Science, 279 (5355), pages. 1298-1299, 27 février 1998.

Grön, Ø. 1986 :

Modèles de gravitation répulsive et d'univers inflationniste, American Journal of Physics, pages. 46-52, 1986.

Grön Ø. 2009 :
        Notes de cours sur la théorie générale de la relativité : De la gravité attractive de Newton à la gravité répulsive du vide, Springer, 2009.

Grön Ø. et Hervik S. 2007 :
        La théorie de la relativité générale d'Einstein avec des applications modernes en cosmologie, Springer, 2007.

Jenn DC : Antennes à plasma : étude des techniques et de l'état de l'art actuel», NPS-CRC-03-001, Naval Postgraduate School, Californie, 2003.

Kohno et Yao 1999 :
        Atténuation sonore anormale dans la plage de transition métal-non-métal du mercure liquide», J. Phys. : Condens. Matter, 1999, pages 5399-5413.

Lamoreaux SK 1997 :
        Démonstration de la force de Casimir dans la gamme 0,6 à 6 m, Phys. Rev. Lett., pages. 5-8, 1997.

Laroussi M. et Anderson, WT : Atténuation des ondes électromagnétiques par une couche de plasma à pression atmosphérique», International Journal of Infrared and Millimeter Waves, pages 453-464, 1998.

Magueijo J. 2003 :
        Plus rapide que la vitesse de la lumière, Perseus Publishing, 2003.

Maxwell JC
        On Physical Lines of Force, Part I : The theory ofmolecular vortices Apply to Magnetic phenomena's, Philosophical Magazine and Journal of Science, 21 No. 139, 161-175, mars 1861.

Monstein C. et Wesley JP 2002 :
        Observation of scalar longitudinal électrodynamique laves, Europhobies Lettres, pages. 514-520, 2002.

Reich, W 1951 :
        L'expérience d'Oran Ur, Orgone energy Press, 1951.

Citations de brevets :

US5929732A 1997-04-17 : 1999-07-27 :
        Société Lockheed Martin   : Appareil et procédé d'amplification d'un faisceau magnétique.

US6960975B1 2003-08-04 : 2005-11-01 :
        Boris Volfson : Véhicule spatial propulsé par la pression de l'état de vide inflationniste.

US7446636B1 2004-11-10 : 2008-11-04 :
        Système utilisant le champ magnétique terrestre pour générer une force opposée à la force de gravité

FR757228A 1932-09-16 : 1933-12-22 :
        Meaf Mach En Apparaten Fab Nv Dispositif réflecteur pour ondes ultra-courtes.

BE729294A 1968-03-06 : 1969-08-18 :.

JPS61140855A 1984-12-14 : 1986-06-27 :
    Nippon Steel Corp : Détecteur de défauts à courants de Foucault.

WO1993023907A1 1992-05-08 : 1993-11-25 :
    Nouveaux systèmes limités : Appareil et procédé de transmission électrique mono ligne.

US5696375A 1995-11-17 : 1997-12-09 :
    Instruments analytiques Bruker, Inc. : Multi déflecteur

JP3673964B2 2000-03-29 : 2005-07-20 :
    Circuit intégré à semi-conducteur de commande d'entraînement de moteur sans balai et dispositif de commande d'entraînement de moteur sans pale.

JP2007234896A 2006-03-01 : 2007-09-13 :
    Toyota Motor Corp : Dispositif de transmission de signaux.

JP4925132B2 2007-09-13 2012-04-25 :
    Dispositif d'émission de particules chargées et moteur ionique.

US20150022031A1 2013-07-17 : 2015-01-22 :
    Harold Ellis Ensle ; Système de propulsion électromagnétique.

US20150037128A1 2013-08-04 date 2015-02-05
    Gerald Küstler :   Aimants monolithiques avec domaines de champ magnétique pour la lévitation diamagnétique.

US20190084695A1 2017-09-19 : 2019-03-21 :
    Harold Ellis Ensle :Système de propulsion magnéto-électrique.

WO2012053921A2 2010-10-22 : 2012-04-26 :
    Alexandro Tiago Baptista De Alves Martins : Système de propulsion électromagnétique et applications.

US10006446B2 : 2018-06-26 :
    Système de propulsion électromagnétique à condensateur segmenté.

Burch 2009 :
    Reconnexion des champs magnétiques : les énormes quantités d'énergie libérées par la reconnexion des champs magnétiques dans l'espace sont à la fois mystérieuses et potentiellement destructrices.

Davies 1980 :
    La recherche des ondes de gravité.

US20120092107A1 : 2012-04-19 :
    Système de propulsion utilisant la force antigravité du vide et applications.

US10135323B2 : 2018-11-20 :
    Système de propulsion électromagnétique à décharge capacitive.

JP2009207176A : 2009-09-10 :
    Convertisseur de champ.

US20190168897A1 : 2019-06-06 :
    Système de propulsion par champ magnétique à courant segmenté.

WO2009025674A2 : 2009-02-26 :
Appareil de cinquième force et procédé de propulsion.

US20110057754A1 : 2011-03-10 :
Méthodes & systèmes pour générer une région neutre en gravité entre deux sources magnétiques contrarotatives.

US20010032905A1 : 2001-10-25 :
Procédé et appareil de conversion d'énergie potentielle électrostatique.

US10322827B2 : 2019-06-18 :
Générateur d'ondes gravitationnelles à haute fréquence

Arbab 2009 :
Rayonnement gravitationnel des objets gravitationnels.

Mourad 2010 :
Les défis du développement de la technologie pour un propulseur de vaisseau spatial réaliste.

US20170025935A1 : 2017-01-26 :
Générateur de champ électromagnétique et procédé pour générer un champ électromagnétique.

WO2012053921A2 : 2012-04-26 :
Système de propulsion électromagnétique et applications

US202000255167A1 : 2020-08-13 :
Système et procédé de génération de forces utilisant une pression électrostatique asymétrique.

Majkic 2020 :
Dérivation de l'électromagnétisme à partir de la théorie quantique des photons : ondes scalaires Tesla.

GB2588415A 2021-04-28 :
Appareil pour générer une force.

Etkin 2017 :
Base de la théorie de la lumière graviacoustique.

Gilet 2017 :
Champs de force.

De Aquino 2007 :
Contrôle de la gravité au moyen du champ électromagnétique à travers le gaz à ultra-basse pression.

LaViolette 2001 :
Comment fonctionne l'effet Searl : analyse du convertisseur d'énergie magnétique.

Froning Jr 1997 :
Réduction d'inertie et éventuellement impulsion par conditionnement de champs électromagnétiques.

Sources pour le Physicien russe Leonov

C. Z. Leshan : The appearance and inversion of bodies at hole teleportation, Hole physics teleportation and levitation, № 3, 2005.

C. Z. Leshan : Constantin Leshan about appearance and inversion of bodies at hole teleportation, Membrana :

http://www.membrana.ru/articles/readers/2005/03/04/204800.html

Enrico Rodrigo : Questions and Answers about Wormholes, 2005 :

http://webfiles.uci.edu/erodrigo/www/

C. Z. Leshan : Teleportation in hole vacuum, Journal of Theoretics, 1999 :

http://www.journaloftheoretics.com/Articles/1-5/leshan%20teleport%20final.htm

C. Z. Leshan : Heisenberg compensator, teleportation as manifestation of wave-particle duality,

Quantum magic, 2008 :

http://quantmagic.narod.ru/volumes/VOL522008/p2132.html

Leonov : Quantum Energetics. Volume 1, Théorie de la Superunification. Cambridge International Science Publishing, 2010, 745 pages.

Léonov : Énergétique quantique, théorie de la Superunification. Viva Books, Inde, 2011.

Léonov : L'énergie quantique, Volume 1, Théorie de la Superunification, Saint-Pétersbourg, Moscou : Amrita, 2017, 707 pages.

AJ Riess : Mon chemin vers l'univers qui s'accélère. Nobel Lectures in Physics - 2011. UFN, 183 : 10 (2013), 1090-1098 5. Résultats des mesures de la poussée spécifique d'un moteur quantique antigravitationnel 12/08/2018 :

https://leonovpublitzistika.blogspot.com/2018/08/blog-post.html

Leonov V.S., Baklanov O.D., Sautin M.V., Kostin G.V., Kubasov A.A., Altunin S.E., Kulakovsky O.M. Moteur quantique non-fusée non réactif : technologie, résultats, perspectives. // Sphère aérospatiale. 2019. N°1. Art. 68-75. DOI : 10.30981 / 2587-7992-2019-98-1-68-75 7.

Brevet Fédération de Russie №2185526 : Méthode pour créer une poussée dans le vide et un moteur de champ (quantique) pour un vaisseau spatial (variantes). Bul. n°20, 2002 (priorité 2001).

Rapport d'essai du moteur quantique du 03.03.2018 :

https://drive.google.com/file/d/1TA_alfEjG0WOh6TlaDyzP-eTKuuZBl_M/view?usp=sharing

G.V. Kostin : Schémas des moteurs hybrides (LPRE + KVD) pour l'espace. Site Internet du MIC, 25/09/2019 :

https://vpk.name/forum/s693.html

A. Artamonov, Combat Grazer : Les armes à gravité sont plus effrayantes et plus efficaces que tout ce que la pensée militaire a à offrir aujourd'hui. Hebdomadaire Zvezda, 04 juin 2019 :

https://zvezdaweekly.ru/news/2019631440-gtzNM.html

Leonov : Brevet RF n°2184384, Méthode de génération et de réception d'ondes gravitationnelles et dispositif pour sa mise en œuvre (variantes). Bul. N° 18, 2002 (antérieur. 2001).

États-Unis : Limitless Space Institute (LSI), le site officiel de l'Institut :

https://www.limitlessspace.org/ .

Roskosmos a démenti des informations sur le développement d'un moteur quantique. RBC, 13 mars 2019 :

https://www.rbc.ru/rbcfreenews/5c88337f9a79476093136f29

Forces nucléaires en mécanique quantique :

ftp://194.187.207.214/pub/science/!E... %20sil.pdf

Leonov : Fusion à froid dans l'effet Usherenko et son application dans l'ingénierie énergétique Agroconsult, 2001.

Leonov : Découverte des ondes gravitationnelles par le professeur Veinik. - M. : Agroconsult, 2001.

Leonov : Théorie d'un milieu quantifié élastique. Minsk : Bisprint, 1996, - 156 p.

Leonov contre La théorie d'un milieu quantifié élastique. Partie 2 . De nouvelles sources d'énergie. Minsk : Polybig, 1997, p 122 :

//www.twirpx.com/file/504243/ http://lib.rin.ru/doc/i/85055p.html

Leonov : Documents de la conférence scientifique de l'Académie des sciences de Russie, Saint-Pétersbourg, 2000 :

http://pandia.org/text/77/435/916.php

Vladimir Leonov crée de nouveaux dispositifs physiques et sans carburant basés sur l'énergie élastique de l'espace et les ondes gravitationnelles.

Leonov Vladimir Semenovich est lauréat du Prix du gouvernement russe dans le domaine de la science et de la technologie, auteur de découvertes scientifiques fondamentales : le quantum de l'espace-temps (quanton) et l'interaction électromagnétique superforte

(CMEA). Physicien théoricien, auteur de la théorie fondamentale d'un milieu élastique quantifié (UKS) et de la théorie d'un champ électromagnétique unifié (TEEP) :

http://g-global-expo.org/index.php/r...tovyj-dvigatel

Brevets dans le domaine des technologies énergétiques et spatiales :

Leonov : Brevet RF n°2185526, Méthode de création de poussée dans le vide et moteur de terrain pour un engin spatial (options). Bul. N° 20, 2002.

Leonov : Brevet RF n°2201625, Méthode de génération d'énergie et réacteur pour sa mise en oeuvre. Bul. N° 9, 2003.

Leonov : Brevet RF n°2184384, Méthode de génération et de réception d'ondes gravitationnelles et dispositif pour sa mise en œuvre (options). Bul. N° 18, 2002.

Leonov : Brevet RF n°2184040, Groupe d'énergie combiné pour un véhicule et une traction à transmission électrique. Bul. N° 18, 2002.

Leonov : Brevet RF n°2184660, Méthode de récupération d'énergie cinétique et véhicule avec récupérateur (variantes). Bul. N° 19, 2002.

Leonov : Brevet RF n°2151900, Turbojet engine Bull. N° 18, 2000 :

http://leonov-laboratory.blogspot.com/

http://www.nkj.ru/forum/forum26/topi...ges/?PAGEN_2=6

Les USA financent des projets sur la fusion froide auteur : Vladimir Leonov :

http://www.nkj.ru/forum/forum26/topic18960/messages/

Article : Qu'est-ce que la masse :

http://www.physics-online.ru/PaperLo...0%F1%F1%E0.pdf

Le photon n'a pas de masse, mais est dévié par le champ gravitationnel, par conséquent, la gravitation et la masse ne sont pas liées de manière rigide :

http://www.physics-online.ru/php/pap...ption_lang=rus

http://forum.lebedev.ru/viewtopic.php?t=4873&start=15

TABLE DES MATIERES

Remerciements :

Nous tenons à remercier chalereusement Laurie Wickens président de l'Association : Shag Harbour Incident Society (crée en 2006), à Nova Scotia, Canada, pour son aide sur les recherches ufologiques au Canada.

Laurie fut le premier témoin a joindre la police lors du crash d'ovni de Shag Harbour le 4 octobre 1967.